京城里的"欢学园"

▸ 学校全景图

▸ 学校行政班子

北京教育科学研究院丰台实验小学
Beijing Academy Of Educations Sciences Fengtai Experimental Primary School

▸ 校园吉祥物：欢宝

▸ 校徽

领导引领学校发展

▶ 时龙院长参加学校落成典礼

▶ 教科院领导到校调研

▶ 方中雄院长指导学校工作

▶ 张熙副院长指导学校工作

▶ 贾美华主任指导学校工作

▶ 课程中心杨德军主任指导学校工作

▶ 德育中心谢春风主任倾听校园小导游介绍

▶ 赵福江主编参加学校班主任工作室活动

人境互动的环境文化

地理园

欢宝绘本小屋

楼道文化

彩虹滑梯

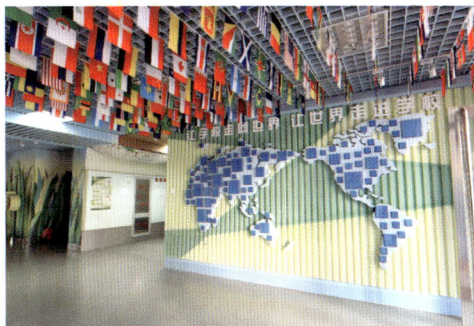

世界墙

"思源"景观

专家助力　品质提升

吴正宪数学工作站成立仪式

张立军语文工作站揭牌仪式

杨广馨特级教师工作站揭牌仪式

张丹主任举办讲座

王蔷老师、王建平主任指导学校英语课题研究

课程中心朱传世主任在"学科＋"研讨会上做点评发言

交流研讨　尽展风采

▶ "体育游戏＋"嘉年华活动

▶ "学科＋"实践活动市级研讨会

▶ 祁红校长做客北京电视台《非常向上》栏目

▶ 动力课程团队在联盟校年会上汇报

▶ 北京市综合实践活动特色学校活动

▶ 北京市科研先进校展示活动

▶ 思考力课程市级交流活动

▶ 在全国首届小学数学思维教学实践研讨会交流

绽放课程　提升素养

▼ 研学旅行

▼ 思维课堂

▼ STEM 课堂

▼ 思维剧《狼和羊》

▼ 城市穿越

▼ 国学考场

▼ 读书日里赶大集

▼ 入学课程：入泮礼

▼ 职业体验课程

▼ 走进身边地铁

▶ 开学日小手拉大手

▶ 香港小伙伴到校交流

▶ 开学典礼

▶ 英语戏剧节

▶ 学生原创游戏：打地鼠

▶ 足球联赛闭幕式

▶ 班会："三好"游戏棋发布会

▶ 小欢宝爱心义卖

▶ 消防课堂

▶ 小小科学家

▶ 学生原创游戏：奔跑吧兄弟

▶ 运动会

"欢之声"合唱团

黄梅戏韵社团

纸艺服装社团

茶艺社团

定向越野社团

版画社团

▸ 海模社团

▸ 古筝琴韵社团

▸ 航模社团

▸ 欢宝足球小将

▸ 书法社团

▸ 网球社团

▸ 无人机社团

▸ 舞韵舞蹈社团

▸ 中华武术社团

在这里：
每一个都重要

一所小学文化建设的"知与行"

祁红　张海燕◎主编

九州出版社
JIUZHOUPRESS

图书在版编目（CIP）数据

在这里：每一个都重要：一所小学文化建设的"知
与行" / 祁红，张海燕主编. —北京：九州出版社，
2021.8

ISBN 978-7-5225-0390-5

Ⅰ.①在… Ⅱ.①祁… ②张… Ⅲ.①小学—校园文
化—建设—丰台区　Ⅳ.①G627

中国版本图书馆CIP数据核字（2021）第156165号

在这里：每一个都重要——一所小学文化建设的"知与行"

作　者　祁　红　张海燕　主编
责任编辑　安　安
出版发行　九州出版社
地　　址　北京市西城区阜外大街甲35号（100037）
发行电话　（010）68992190/3/5/6
网　　址　www.jiuzhoupress.com
印　　刷　天津中印联印务有限公司
开　　本　710毫米×1000毫米　16开
印　　张　24
字　　数　352千字
版　　次　2021年9月第1版
印　　次　2021年9月第1次印刷
书　　号　ISBN 978-7-5225-0390-5
定　　价　69.00元

编 委 会

造就一所好学校

北京教育科学研究院丰台实验小学是在北京市丰台区一个发展相对落后的社区进行拆迁改造过程中配套建立的一所小学校，从先天条件来说，办学环境、教育设施和学生家庭等方面都存在诸多不利因素。在祁红校长带领下，通过学校干部教师短短几年的努力，学校教育教学质量稳步提高，现已享有很好的社会声誉。从"注定"要沦为困难校到迅速崛起成为全区小学优质校，这其中有些什么办学的奥妙？综观学校发展历程，造就这个"老百姓身边的好学校"，无疑是综合施策、整体优化的产物，其中，清晰合理的办学定位、持续深化的实践创新、精准有效的外部支持、丰富适用的工具方法是值得关注的因素。

清晰合理的办学定位　北京教育科学研究院丰台实验小学的生源来自周边小区，总体来看学生家庭情况较为复杂。学校干部教师本着坚定的教育公平信念，以"在普通社区办出不普通教育"为目标，提出了"每一个都重要"的办学理念，努力让每一个学生得到应有的关注，让每一个学生都能融入学校、融入集体、获得发展。学校结合教育教学与管理工作实际，在全面、系统践行这一办学理念的同时，对其进行丰富、完善和发展。学校充分关注个体发展及其个体与群体的互动，设计了一系列的教育教学制度与活动，将办学理念转化为办学现实，使学校真正成为一所在全市有一定影响、在全区有良好声誉、在社区有强大向心力的"老百姓身边的精品学校"。

持续深化的实践创新　当今教育的外部环境变化较快，内部因素也变化多端，学校教育应当在继承基础上不断创新。学校办学需要有定力，也必须有活力。北京教育科学研究院丰台实验小学之所以能够摆脱困难校的宿命而实现高质量快速发展，得益于干部教师真正尊重了教育的规律，乐于开展教育教学的创新尝试，努力在实践中"比别人多走一步、早走一步，在原有基础上再走一步"。学校的思维力课程正是在这种创新精神指引下引入的，从思维力训练再到将思维力引入学科课堂教学，展现出学校不断改革、创新的活力。

精准有效的外部支持　教科研的支持是该校高质量快速发展的重要推动力量。学校在制定发展规划、明确教育理念、完善课程体系、开展教学诊断、实施教改革项目、支持教师发展等方面，都得到北京教科院和其他高校、教育科研机构的大力支持。但外部支持发挥作用的前提条件是学校能够积极、主动争取和合理选择教科研机构的支持与服务，这需要学校干部教师克服依赖心理，代之以积极主动的自主探索、深度思考与精准借力。只有在明确自己想做什么、在做什么、能做什么的基础上，才能说清楚想得到什么样的支持，才能让外部支持有针对性和高效益。

丰富适用的工具方法　北京教育科学研究院丰台实验小学的高质量发展是建立在不断深化课程教学改革基础上的。毋庸讳言，当前中小学也往往存在引入的一些课程教学项目难以直接有效地提升教育教学质量的现象。究其原因，有些项目停步在理念倡导上，没有提供丰富、实用的工具与方法。在课程教学改革过程中，单靠教师自发的感悟和实践的摸索与总结反思，会增加理念转化为行为的时空局限，有时也容易造成实践的偏差。北京教育科学研究院丰台实验小学强调在引导教师接受、理解新理念的同时，为教师甚或是为学生提供有效工具和适切方法，这对于改革项目的顺利落地具有突出重要的意义。举例来说，2015 年 7 月《北京市实施教育部〈义务教育课程设置实验方案〉的课程计划（修订）》提出了各学科要有10%课时开展学科实践的要求，为落实这个要求，学校提出了"学科+"的课程设计理念，在反复研究的基础上对不同学科教师分别提出了"加什么"和"怎么加"的建议，并给出"学科+"设计的基本示例。这样一来，学校的每一位教师都能很好地完成《课程方案》中所要求的实践活动的设计，也促进不同课程的综合与融合。

北京教育科学研究院丰台实验小学作为一个仅有九年历史的年轻学校，能够找到适合自身发展的路径，创造出自己的品牌，让人骄傲；能够给我们诸多办学启示，提供普通新建校快速发展的鲜活经验，难能可贵。《在这里：每一个都重要》这本书记载了这所学校立住脚、走得稳、快步跑的办学历程，全方位地展示了他们的办学思考，为最普通的新建学校提供了一个高质量、高速度发展的精彩范例。相信读者能得到不少的启示和收获，从中汲取持续前行的动力。

方中雄

北京教育科学研究院院长

2021年6月

发展才是硬道理

我们的学校原本是一所普通居民小区中的学校，仅仅九年，这所学校已经成为老百姓口口相传的好学校，这所学校就是北京教育科学研究院丰台实验小学。这所"草根"学校为何在九年之内发生了如此大的蜕变？是谁给了这所学校强大的支持？是一种怎样的办学理念使这所学校在九年间飞速成长？我认为这一切都离不开"创新与发展"这一核心战略。九年来，学校高扬"创新与发展"这面旗帜，准确把握教育改革的政策方向，解放思想，抓住契机、突破瓶颈，做大、做优、做强丰台实验教育品牌，使学校逐步走上可持续发展的道路。

定位发展

2012年4月，就在北京教育科学研究院与丰台区教育委员会合作办学正式签约的那一刻，北京教育科学研究院丰台实验小学被正式孕育。也正是从那一刻，北京教育科学研究院倾全院之力指导学校办学，方中雄院长亲自挂帅，出台了《北京教育科学研究院实验学校指导委员会章程》，建立了相应的工作流程，基教所、基教研、课程中心等部门协同指导，帮助学校提炼办学理念，设计学校环境，建构课程体系，定制教师培训，搭建交流平台……切实引导学校走内涵发展之路。随着学校的逐步发展，"以学生发展为本"愈来愈成为"丰实"教师们的共识，让孩子爱上学习、爱上学校成为"丰实"教师们共同努力的方向。张熙所长提出的"每一个都重要"的办学理念让"丰实"教师找到了前进的动力和方向。为了使学生良好的个性发展能够得到团队的滋养，在北师大高益民教授的助力下，通过逐步修正，确立了基于"团队支持型发展"的"每一个都重要"的办学理念，"自立出智慧 助人显仁德"成为"丰实"学校的校训。

创新发展

在北京教育科学研究院的支持下，教育科研成果的引进成为学校快速发展的催化剂。面对诸多项目，到底应该引进什么样的项目成为摆在"丰实"面前的一道选择题。在多方考察的基础上，学校首先引进了"友善用脑"项目。"友善用脑"是新西兰著名教育家克里斯蒂提出的，"世界上没有完全相同的两片树叶，每一个学生的头脑、记忆以及思维方式都是不同的"，"作为教师，我们要相信每个学生都是天生的学习者，让他们用自己的方式去学习，错误是最好的学习机会，让学生由被动的'要我学'变为主动的'我要学'"。这些理念与"丰实"以学生发展为本的目标不谋而合，因此"丰实"课堂上全体学生动口、动脑、动手，多种感官协同活动，课堂实效提高了。"思维导图"教学法是友善用脑中老师最为喜欢的一种方法，一张张友善用脑思维导图让学生的思维外显，让学生找到了自己思维的路径，从而使思维有序，学习力不知不觉地增强了。为了制定适合学生学情的教学目标引进了"目标教学法"；为了提升课堂合作能力加入了吴正宪老师主持的"分享式"教学团队；为了开发适合学生的好玩的动力课程引进了麦博思考力；为了提升学生的创新精神和实践能力，引进了美国本土的 STEM 课程……每一个项目的引进都源于对学生发展的全面考量。

生态发展

校园文化是一种氛围、一种精神，要让这种氛围浸润师生心灵，让这种精神成为学校之魂。如何让校园文化统领学校整体工作，让学校拥有一张独特的校园文化名片成为摆在每一个"丰实"人面前的一个重要的课题。"让我们的教育建筑，体现丰富的教育性；让我们有限的校园，发挥最大价值；让平民的孩子获得高贵而丰富的教育享受"，这是丰实校园文化建设的愿景。随着学校声誉的不断提升，丰实团队进一步思考，学校不能仅是乐园，更要成为学园，孩子要在欢乐的校园生活中学会学习，这才是学校的根本任务。教科院专家带着学校环境建设方案以及设施开发使用方案与学校进行了多次研讨，最终确立了"五园四馆"的硬件建设目标：努力把校园打造成童趣十足的学习乐园、游戏乐园、健身乐园、探究乐园、交友乐园，要把校园建成图书馆、科技馆、艺术馆和博物馆。文化引领，带来的是科学的管理，教师爱生敬业，学生乐学善思；文化引领，带来的是人际关系的和谐，讲正气、讲奉献，比工作、比贡献。在欢学园中，孩子们能够充分体验自己的童年生活，积累有利于终身发展的规划能力、沟通能力、学习能力和会使用适切工具的能力，为其幸福人生掀开第一篇章。

内涵发展

文化与课程天然不可分割。一方面，文化造就了课程，文化作为课程的母体决定了课程的文化品行，并为课程设定了基本的逻辑起点；另一方面，课程凝聚着文化，课程的精神积淀形成学校文化的特色，学校课程活动的核心价值体现了学校文化的内涵。在前期零散课程开发的基础上，在课程中心专家的调研与指导下，运用SWOT分析法对校情、学情、师情进行分析，理清了学校课程建设的优势、劣势、机遇和挑战，寻找课程建设与学校文化的自洽，形成了学校"绽放"课程体系。课程结构由课程领域和课程功能构成。课程领域分为人文、科技、艺术、运动、国际理解和动力六个维度，每个课程领域根据课程功能层级又分为基础类课程、"学科+"主题实践课程、拓展类课程和个性特色课程。

"学科+"课程是学校在教科院专家方向与方法的双重引领下进行的又一次课程改革的深化，是指向学生核心素养、变革课程内容与结构的新尝试。《北京市实施教育部〈义务教育课程设置实验方案〉的课程计划（修订）》的出台，为学校课程改革指明了方向，如何把过去的实践与新课程计划的精神相结合，找到课程提升的切入点？这有一定难度，为此学校成立了课程开发团队，进行课程开发的实践探索。

2015年1月在"北京市教科研机构支持中小学办学研讨会"上全面展示了三个年级的动力课程，实现了打造精品课程的目标。"动力课程"荣获丰台区精品课程。2018年，学校《基于"每一个都重要"理念的课程体系建设的实践研究》荣获北京市教育教学成果二等奖。

可持续发展

教育是全社会的工程，学校、家庭、社会，一个都不能少。在当前社会中，家庭教育尤其应该受到重视。几年来，在教科院专家的帮助下，学校组建了三级家长教师协会，制订了家长教师协会章程，开展了丰富多彩的家校活动。每一项措施的出台，学校都尽可能征得家长的认可。"家校共研、畅想愿景""我喜爱的校服现场会""我的餐饮我参与"等使家长参与学校活动的热情高涨。"家长大讲堂""欢宝妈妈讲故事""家长义工"等使家长成为学生全面发展的重要资源。过去单纯依赖学校教育与管理，现在家长、教师共成长，拧成一股绳、形成一种力，如一股清泉徜徉在校园之间。

总之，近年来在市区教委的政策、财力支持下，在教科院专家的智力引领下，学校发展迅速，一所富含儿童特质的学校，一所学生站在中央的学校，一所老百姓满意的精品学校正在崛起！

祁 红

北京教育科学研究院丰台实验小学

每一个都重要

教育是人的行为，更是人的艺术。做教育的人需要有教育艺术，被教育者更需要教育艺术来帮助他成长。因此，无论是教育者，还是被教育者，每一个人都是至关重要的。努力"关注每一个，发展每一个，幸福每一个"。简而言之，儿童教育是"每一个都重要"的教育。我们可以将其归类为"儿童主体立场"的教育研究，也是"人性"与"人学"意义中的教育研究。正是基于对教育这样的认识，北京教育科学研究院丰台实验小学把"每一个都重要"确立为学校发展的重要理念。

人人文化

"每一个都重要"的核心价值观的基本内涵是：深刻认识到每个孩子都是生命的瑰宝、亲情的寄托、国家的希望和人类的未来，尊重与呵护每个孩子的独特性，促进他们健康、快乐、自由、全面的可持续发展。具体包含两层含义：每个人都重要；每个人都独特。

"每个人都重要"指每个人都受到尊重和重视。"每个人都独特"指每个人都有价值，都能带来变化，每一名学生的家庭背景、思维类型、认知方式、性格特征等都不同，存在差异。而每一个人的兴趣、潜能、智慧都需要点亮，尤其在成长的关键期。因此，作为教师要了解差异、包容差异、理解差异、善待差异、完善差异。这里包括两层含义，一是每一名学生达到基础底线，即能够达到学校的基本目标以及课程标准的要求。二是每一名学生都能得到个性化发展，差异发展。

"每一个都重要"中的"每一个"强调的是个体，但每一个个体都是社会中的个体，而不能孤立于社会之外。在学校中，每一个个体都是学校中的一员，都是"团体"（或"群体""集体""组织"）中的一分子。每一个人的重要性必然受到团体的制约。基于此种认识，学校将"团队支持型发展"作为实现"每一个都重要"核心价值观的核心策略。这里的团体，就是指个体所属的群体，既包括学校、年级、班级、社团、教研组等正式群体，也包括在学校生活中形成的非正式群体，从不同的维度看，每个人都会同时交叉地属于不同的团体。"团队"是一种特殊的团体。在团体中，那些经过精心设计与锤炼、成员间能够密切合作、对个体发展具备强大支持功能的团体就是"团队"。学校正是要通过团队建设支持个体发展，实现"每一个都重要"的核心价值观。每一个都重要的理念还体现在学校的一系列规章制度中。

近年来，教师们共同制订出了《让规则守望校园》《教师一日生活常规》《教师考勤制度》《教师奖惩制度》《课堂教学评价量表》《教师绩效工资分配方案》等制度。《校本研训手册》是学校落实民主参与管理文化的有效制度。自2014年9月1日以来，《校本研训手册》为学校管理提供了有效的支撑，教师对学校整体工作了然于胸。优秀教研组展示制度成为教师团队共同成长的促进力量，每学期末的展示交流为团队交流搭建了平台，提高了团队建设的凝聚力与执行力。家委会定期交流反馈制度成为家校沟通的窗口，使家长成为教育的同盟军。

"每一个都重要"的核心理念，与我国基础教育改革强调"一切为了学生""为了一切学生"和"为了学生的一切"的基本思想是相一致的。每个孩子都是唯一的、重要的、发展的，具有巨大潜能的、鲜活的、独立的生命个体，教育必须关心每个学生，促进每个学生主动发展。

绽放课程

课程是落实教育理念的主要载体，基于"每一个都重要"的核心理念，祁红及其团队构建了"每个生命独特绽放"的动力课程体系，课程以个性发展、团队共生为教育的出发点和归宿，以促进学生智慧生长为知识教育的终极追求。

"每个生命独特绽放"课程体系遵循人本性原则、科学性、适用性原则、发展性原则、综合性原则，分为人文、科技、艺术、运动、国际理解五个维度，每个课程领域根据课程功能层级又分为基础类课程、拓展类课程、"学科+"综合实践课程和个性特色课程。

基础类课程回归课程本位，促进学生基本素质的形成和发展，注重对学生学会学习、独立思考、问题解决、反思能力、团队合作、自我表达等能力的培养，关注学生学习习惯的养成，着力于国家课程的校本化、高效化实施。

拓展类课程是对基础类课程的补充，关注学生自我表达、交流与沟通、批判性思维、反思能力、阅读与理解、国家认同、国际理解等能力的培养，主要包含中文绘本阅读、英语绘本阅读、国学经典诵读、整本书阅读、麦博思考力数学游戏、生活与科技、游学实践课程、体育游戏大课间课程等。课程方式和实施形式主要采取综合性课程方式，通过实践、活动、主题、表演、项目等方式组织课程，使学生充分参与到课程建构过程中，增强学生的社会责任感、实践能力和创新精神。

"学科+"课程以培养成具有"4C（合作能力、交流能力、批判性思维和创新能力）+1（信息素养）"素养的人为目标，具有综合性、实践性、创新性、开放性的特征。所有活动设计均指向真实问题解决的主题学科实践活动。"学科+"课程有两个维度，一是基于学科：为学生基础课程的学习拓展空间，加强对学生动手操作、合作交流、自主探究等能力的培养，在实践活动中增强学生的创新意识与能力，完善学生的知识结构。目前学校开发出了"语文＋"系列活动课程。二是基于主题：挖掘校内外教学资源，确立探究主题，展开探究实践活动。在教师的指导下尝试运用所学的探究方法，完成相关的专题任务，在真实的情境中进行学习和解决问题，发展学生多元智能。目前学校建构了"欢宝看世界"系列主题。

个性发展课程是校本选修课，是根据学生个性发展需要，教师指导学生共同开发的个性特色发展课程。此课程注重对体育、科技、艺术特长生的培养。学校现有体育舞蹈队、欢之声管乐团、欢之声舞蹈团、欢之声合唱团、书法绘画社、中国结社团、机器人社团、中网社团、足球社团、定向越野社团等特长生社团。每个特色社团均要编写课程计划，制定教学目标及学期训练规划，以课程化建设推动特色发展制度化、规范化。

"每个生命独特绽放"动力课程是通过游戏性、体验式、活动式的教学课程，激发学生学习力量，培养学生观察能力、记忆能力、分析能力、创造能力和表达能力，让学生更爱学习、更会学习、具有学习能力，提升学习品质的课程。

合作课堂

新课改理念的核心理念之一是为了每一位学生的发展。遵循每一个都重要的办学理念，学校提出了"五课堂"教学理念并予以实施。"五课堂"为：目标引领的课堂、思维的课堂、多感官课堂、合作课堂、放手课堂。

合作课堂关注每一名学生智慧融通能力的培养，其目标有二：其一，确保每个学生在合作中的实质性参与，提升每个学生在合作中的实际获得，形成同伴互促的学习效应；其二，依托知识与技能，发展学生的高阶思维能力，如分析、综合、评价、创造等。

学校对小组合作学习进行整体化的设计，凸显出学习过程与结果上深度学习可能发生的点位，确保老师在教学探索中能更加有的放矢。根据不同的教学任务，小组合作学习分成了五大类，分别为探究类、练习类、项目类、评选类、分享类。

探究类学习通过成员间的互相启发、互相提示、互相补充达到解决问题的目标；练习类合作学习组员间的互相观察与指导完成练习，深化认识，在交流中学习他人的优点；项目类合作学习的目的在于培养学生的实践能力、创新能力、全局观、责任担当等，小组成员通过发挥个体优势，合力完成任务；评选类合作学习的目标是锻炼学生的表达展示能力、分析鉴别能力以及协商决策能力；分享类通过好书分享、知识分享、个人经历分享等方式拓展学生的认知范围。

针对每一合作类型，学校都进行了学习策略和工具的开发。小组合作中教师借鉴使用了"发言卡""思—写—论—享""数字头"等方法。

"发言卡"，是一种辅助工具，保证发言相对平衡。在讨论时，每个组员均获发两张发言卡。每个组员发表一次意见，需用去一张卡。当用去两张卡后，便不可再发言，但是可以给未曾发言的组员提供帮助或建议。这样避免了优生或发言活跃的学生"一言堂"的现象，引导这些学生将自己的发言热情转化为对组内个别未发言学生的帮助、指导及鼓励。

"思—写—论—享"照顾到了学生的个体差异。课堂中四人一组，每个人独立思考教师提出的问题，把答案写在纸上。然后，每组再细分A、B两个小组，即每两个人一个小组，对各自写下的答案进行讨论。讨论完成后，A组与B组互相比较答案。如此安排，虽然增加了课堂交流与讨论的实践的时间，但是给足了每一位学生充分回答的实践，促使学习步伐较慢的学生有充分的时间去思考问题；为每一位学生提供"一对一""二对二"配对活动的学习机会，拓宽了学生讨论交流的宽度，增加了组员间的优势互补，较好地照顾了学生间的差异。

"数字头"是指小组中每一个学生都有一个教师提供的编码，一般是1、2、3、4共四个号，教师在学生合作讨论之后，在四个号中随机指定一个号码，所属号码的学生便举手，教师从中选一个或多个学生作答。由于教师选号带有较强的随机性，所以，促使每个组组员在讨论中，无论能力强弱，都要彼此构成积极的合作关系，形成专注、投入与互动的良好学习环境。

合作课堂中每个学生都能参与其中，小组合作使深度学习自然发生，学生在学习中的主体作用被激发，变得爱学、会学、乐学。

"欢宝"评价

教育要促进学生全面发展，教育评价要为这一目标服务。每一个都重要的教育理念，要求在评价中珍视每一位学生的成长。

学校开发了"欢宝诚信月历"，让学生每天反思自己的行为，根据颜色表中的颜色诚实评价自己一天的表现。在这一主题下开展了"声音 level 自主管理"活动，通过让学生根据声音级别图管理自己在校园生活中的声音音量，实现对自己负责，对他人尊重。

在日常班级管理过程中，学校引入"班级优化大师"App，老师带领学生一起定规则，每周完成几个重点评价内容，每周榜单成为孩子们和家长关注的重点内容。

基于班级优化大师的点数，学生换取学校特色的"欢币"。"欢币"是学校"欢宝美德银行"的货币，面向全体学生开展"欢宝美德小达人"的评选。欢币围绕核心价值观进行设计，以社会主义核心价值观的 24 个字为主题，同时结合中华传统文化教育，精选古代文学典籍中与核心价值观相关的语句。在获得"欢币"的过程中，学生储存美德，形成良好的习惯。

同时，为了进一步落实"每一个都重要"的理念，学校启动了"欢宝特色少年"自主申报活动。学生结合各自的特色进行申报，在自主申报的基础上，采用同学互评、教师主评、家长助评的形式。在欢宝特色少年的专场认真活动中，一个个"欢宝小摄影师""欢宝小记者""欢宝设计师""欢宝小舞蹈家""欢宝钢琴家"脱颖而出。

"每一个都重要"的核心理念要求教育者要"了解每一个、尊重每一个、发展每一个、成就每一个",祁红和她的团队以"每一个都重要"的发展理念为引领,为"培养具有独立、自信、坚韧的品格,具有关怀、宽容、合作的美德,能够乐学、敏行、淳美的健康少年"不遗余力。

李　琦

《京华时报》记者

求知篇　知是行之始

践行篇 行是知之成

求知篇　知是行之始

第一章 文化

学校发展的生命与灵魂

建设学校文化，就是建立和完善一种有共同信念的教育生活，或者说，是在共同信念下整合我们的教育生活，提升我们的教育水平。对于每一个丰实人来说，"每一个都重要"就是我们共同的教育信念。

——题记

第一节　构建文化体系

北京教育科学研究院丰台实验小学坐落于丰台区宋家庄家园小区内，是丰台区教委与北京教育科学研究院合作建立的优质资源校。学校于2012年9月正式建立，在"北京教育科学研究院丰台实验小学发展指导委员会"的指导下，切实走向内涵发展之路。在调查研究、广泛论证的基础上，提出了"每一个都重要"的办学理念，以此统领干部、教师的思想，统领师生的人生目标，凝聚人心，鼓舞士气，以优异的成绩实现学校的跨越发展。

一、对学校文化的认识

文化是一个极其复杂的概念，古今学者见仁见智，至今仍没有统一的概念。据现有的不完全统计，文化的概念已有三百多个。最具代表性的是英国人类学家泰勒对文化的定义："从广义的人种论的意义上说，文化或文明是一个复杂的整体，它包括知识、信仰、艺术、道德、法律、风俗以及作为社会成员的人所具有的其他一切能力和习惯。"这一定义对后来的文化概念解释产生了深远的影响。我国《辞海》把文化分为广义和狭义两个方面，广义的文化指人类社会历史实践过程中所创造的物质财富和精神财富的总和，狭义的文化指社会的意识形态化及与之相适应的制度和组织结构。学校文化是学校的生命与灵魂，是贯穿学校发展的命脉。我校认为学校文化是学校内部一切教育力量、教育元素的集合，它一旦形成，就会成为影响教育精神的灵魂，成为学校发展的力量源泉。学校的长久发展和进步，文化起着至关重要的作用。文化是一个国家的灵魂，也是一所学校持续发展的生命。作为教育工作者，有责任去继承和传播优良文化，有义务去摒弃和去除社会上存在的不良风气，更应有能力创造新的文化，以使学校不断注入新鲜的血液，散发出生命活力。

二、构建基于"团队支持型发展"的"每一个都重要"文化体系

健康、向上、丰富的精神文化对学生的品性形成具有渗透性、持久性和选择性。其核心竞争力主要表现在文化的凝聚力和创造力，优秀的校园精神文化能赋予师生独立的人格、独立的精神，激励师生不断反思、不断超越。校园精神文化的形成是与学校的成长相伴相生的，几经调整、不断丰富和完善，专家、教师、家长都参与其中。

2014年5月，聘请北师大的牛志奎教授、丰台区校长工作室的汪东京所长，一同对学校的文化进行了初步的研究。提出了学校发展的核心关键词：开放、个性、探究、民主。

2015年6月，北师大高益民教授对学校现状进行深度调研，基于对文化的认识和理解，我们将"每一个都重要"文化建设纳入学校整体工作中，认真规划并实施，并通过"每一个都重要"文化建设深化"每一个都重要"的办学理念，将"每一个都重要"文化建设的内涵不只停留于营造一种文化氛围，更重要的是将其作为一种品质、一种教育目标来实现。分析学校当前的现状我们发现，因为强调"每一个都重要"，学校为学生的个性发展提供了舞台，孩子们思维活跃、精彩绽放。但是，"团队合作"这个社会生活必备的品质孩子们比较欠缺。为此，我校以"每一个都重要"为核，完善"每一个都重要"的精神文化体系，引入了"团队支持型发展"的理念，让每一个孩子在团队支持下成长。

三、基于"团队支持型发展"的"每一个都重要"文化的形成背景

基于"团队支持型发展"的"每一个都重要"文化的形成背景主要来自三个方面。

第一方面是遵循学校发展规律，基于学校校情。我校的学生均来自周边两个小区，面对以城市平民为特征的社区和生源基础，如何办一所"老百姓身边的精品学校"成为我校办学亟待思考清楚的问题。北京教科院的专家们在多次调研、分析、走访后，帮助学校挖掘出核心价值观为"每一个都重要"，力求

办一所从学生视角出发而建立的学校，一所高度"了解每一个、尊重每一个、发展每一个、成就每一个"学生的学校！

第二方面是社会时代文化，随着社会的发展，学校文化需根据社会的特定要求及社会的主流文化的基本特征精心设计，使之融入学校文化中。科学发展观的核心是"以人为本"，它是社会发展的前提与基础，也是我校文化血脉中始终贯穿的核心。

第三方面是基于中华传统文化的传承。在我国，几千年前孔子就提出了"有教无类""因材施教"的教育思想。我们认为每个孩子都是唯一的、重要的、发展的，具有巨大潜能的、鲜活的、独立的生命个体，教育必须尊重教育规律和学生身心发展规律，关心每个学生，促进每个学生主动地、活泼地发展。然而，我校所讲的"每一个都重要"是一种传统智慧的现代表达、基于我校的表达。首先，"每一个都重要"不仅仅是学校文化的特征和状态，更是学校文化建设的目标和永恒追求。其次，"每一个都重要"文化的教育不能光讲究"每一个都重要"的氛围和状态，更要讲究"每一个都重要"的效率，而这需要"每一个都重要"的素质，其具体体现在培养目标方面。这样，我们所追求的"每一个都重要"文化建设就在一定程度上超越在学校流行的个性教育表象之和，将"每一个都重要"这一文化理念做得深入骨髓，也更有生命力量。

第四是校长、班子集体、师生共同的愿景和共识，全校上下积极参与到学校文化规划和建设过程中，"每一个都重要"文化在广大师生的认同和支持下得以渗透和深化。

四、"每一个都重要"与"团队支持型发展"的内涵

基于学校发展分析及专家的引领，学校确立了办学理念："每一个都重要"的核心价值观和"团队支持型发展"的核心策略的和谐统一，即秉持"每一个都重要"的核心价值观，全面深刻地理解团体对个体发展的支持作用，不断创新团队建设，构建个体发展所需要的真情关怀、有效协作、强力支持的多样化团队，实现每个人的"团队支持型发展"，让学生在团队支持中成长，让教师

在团队支持中成就，也让学校在团体支持下成功。

（一）核心价值观："每一个都重要"

"每一个都重要"是学校的核心价值观。它所要表达的基本含义是：深刻认识到每个孩子都是生命的瑰宝、亲情的寄托、国家的希望和人类的未来，尊重与呵护每个孩子独特性，促进他们健康、快乐、自由、全面的可持续发展。

"每一个都重要"的实质是每个"人"都重要。在人、事、物当中，事与物都是围绕着人、服务于人的，"人"才是一切的核心。事和物，总有重要与不重要、重点与非重点之分；而只有作为教育目的的人，每一个都是重要的。教育中的人不同于其他意义上的人。教育把每个人的发展看作目的，教育的目的就是为了让每个人原有的禀赋得到充分的展现。在学校中，"人"首先是指学生，促进学生的发展是学校的核心。"人"也是指教师，教师既是学生发展最重要的影响要素，教师本身也需要得到发展；"人"也包括职员等其他学校工作人员，他们同样是学校正常运转不可或缺的力量，同样需要得到发展。学生、教师和员工是情感共同体、利益共同体、命运共同体。与学校教育密切相关的学生家长、教职员工亲属、社区成员等，也是非常重要的。学校的发展需要他们的积极参与和支持，学校也要关心他们的利益诉求。当然，由于学校职能和资源等方面的制约，学校内的人是学校的首要关切。

"每一个都重要"是"以人为本"思想在学校教育中的体现。"以人为本"的光辉思想在古今中外均有体现，并发展成为当代社会的主流价值追求。"以人为本"的思想古今有之。我国古代即有"以人为本"和"以民为本"的思想，约2700年前，管仲就提出了"夫霸王之所始也，以人为本。本理则国固，本乱则国危"的思想，《书经》则说："民惟邦本，本固邦宁。"孟子则直接强调"民为贵，君为轻"。古希腊哲学家普罗泰戈拉就提出了"人是万物的尺度"的著名论断。文艺复兴特别是资产阶级革命以后，人文主义、人道主义和人本主义得到发展，对人的重视，不仅仅停留于对人类整体的关爱，而且发展为对每个个体的尊严与自由的关注与保护。马克思主义则在此基础上，提出了"每个人的自由发展是一切人自由发展的条件"的伟大思想。把实现每个人的全面自由发展看作是人类的终极理想。也就是要从"以人类为本"达到"以每个人为本"。中国共产党吸取了我国古代和西方政治文明的精华，依据马克思主义的原理，提出了"以人为本"的科学发展观，从而使"以人为本"的思想在中国社会深入人心。奉行"每一个都重要"的核心价值观正是在教育领域对"以人为本"思想的具体落实。

"每一个都重要"的提出，与我国基础教育改革强调"一切为了学生""为了一切学生"和"为了学生的一切"的基本思想是相一致的。每个孩子都是唯一的、重要的、发展的，具有巨大潜能的、鲜活的、独立的生命个体，教育必须关心每个学生，促进每个学生主动地、活泼地发展。

我校所追求的"每一个都重要"不仅是"有教无类""因材施教"等传统智慧的现代表达，也是基于我校校情的表达。我校志在建成"老百姓身边的精品学校"，而面对以城市平民为特征的社区和生源基础，就必须从"了解每一个学生，尊重每一个学生，发展每一个学生，成就每一个学生"入手。"每一个都重要"不仅仅是我们学校文化的特征和状态，更是学校文化建设的目标和永恒追求。

（二）核心策略："团队支持型发展"

"团队支持型发展"是我校实现"每一个都重要"这一核心价值观的核心策略。在这里，"团体"和"团队"是两个既相联系又有区别的概念。这里的团体，就是指个体所属的群体，既包括学校、年级、班级、社团、教研组等正式群体，也包括在学校生活中形成的非正式群体，从不同的维度看，每个人都会同时交叉地属于不同的团体。"团队"是一种特殊的团体。在团体中，那些经过精心设计与锤炼、成员间能够密切合作、对个体发展具备强大支持功能的团体就是"团队"。我们正是要通过团队建设支持个体发展，实现"每一个都重要"的核心价值观。"每一个都重要"中的"每一个"强调的是个体，但每一个个体都是社会中的个体，而不能孤立于社会之外。在学校中，每一个个体都是学校中的一员，都是"团体"（或"群体""集体""组织"）中的一分子。

每一个人的重要性必然受到团体的制约。如果仅仅强调个体的重要性而对团体避而不谈，将是一种掩耳盗铃的行为，必然影响个体发展。但是，如果仅仅强调团体的重要性而让个体服从于团体，就会陷于传统教育中忽视个体的窠臼。

虽然团体有制约个体发展的一面，但每个人都会在团体中成长，因此团体也有支持个体发展的一面，团体是个体发展的重要资源。我们要深刻认识团体对个体的支持作用，充分调动和利用团体资源促进个体发展，让团体变成个体发展的工具，为个体发展提供滋养。我们也要善于利用团体对个性的制约性，有意识地将这种制约性转变为教育资源，使个体得到最大限度的发展。

帮助个体发展的团体也是由个体组成的。只有人人相互关联、相互作用、相互融合，才能构成一个团体，才能有个体不可能具有的力量。因此，当团体为个体提供支持服务时，必然要求团体内的所有个体间进行有机联结与合作，要求每一个个体有公共心、公益心、团结力和协作力。而这种团体，正是我们要不断打造的"团队"。

因此，我们正是从团体与个体之间的辩证关系入手，找到了实现"每一个都重要"这一核心价值观的核心策略——团队支持型发展。

第二节　完善办学理念

学校理念是学校文化的核心，是学校办学核心价值追求的集中体现，表达了学校对"办一所什么样的学校"和"培养什么样的学生"的独特思考和看法，它体现了学校管理者的哲学思想。

一、教育哲学

"每一个都重要"包括三层内涵：

（一）每个人都重要

每一位教师和学生都受到尊重和重视。每个人的行为很重要，每个人的语言很重要，每个人的表情很重要，每个人把每件重要的事情做好很重要。

（二）每个人都独特

每个人都有价值，每个人都能带来变化。主要是指每一名学生的家庭背景、思维类型、认知方式、性格特征等都不同，存在差异。而每一个人的兴趣、潜能、智慧都需要点亮，尤其在成长的关键期。因此作为教师要了解差异、包容差异、理解差异、善待差异、完善差异。这里包括两层含义，一层是每一名学生达到基础底线，即能够达到学校的基本目标以及课程标准的要求。二是每一名学生都能得到个性化发展，差异性发展。

（三）每件重要的事情做好很重要

与学校相关的一事一物都与全体师生息息相关，每一件事都要以师生的发展为出发点和落脚点，这是非常重要的。因此，将每一件重要的事情做好，努力营造尊重每一个生命个体的氛围很重要。

二、基本理念

办学宗旨：了解每一个、尊重每一个、发展每一个、成就每一个。

办学目标：秉持"每一个都重要"的核心价值观，实施"团队支持型发展"的核心策略，构建充满真情关怀、有效协作、强力支持的共同体，把学校建设成为在全市有一定影响、在全区有良好声誉、在社区有强大向心力的"老百姓身边的精品学校"。

校训：自立出智慧，助人显仁德。（在自立自强中磨砺自己的智慧，在助人为乐中实践自己的仁德。）

培养目标：培养具有独立、自信、坚韧的品格，具有关怀、宽容、合作的美德，能够乐学、敏行、淳美的健康少年。

校风：一个总有同伴牵手的地方。

教风：用心做入心的教育。

学风：以趣兴学，以勤成学，以友助学。

三、管理理念

管理理念：顺着做，越做越顺。充分了解教师的发展需求，顺着教师的发展需求做，管理工作会越做越顺。在这一过程中，让每一个教师都有家的感觉，把实小当成一个温馨幸福的家来经营。

教师培训理念：努力打造一支高研究能力，高专业素养，高包容心的教师群体。

工作中心理念：在"丰实"校园，只要你有梦想就能实现。

德育理念：让每一个孩子成为主角。

教学理念：让每一孩子站在中央，让每一个孩子都有活动的机会，让每一个孩子都有说话的机会，让每一个孩子都有发展的机会。

课程理念：让学习成为好玩儿的事。

环境理念："五园四馆"——努力把校园打造成童趣十足的学习乐园、游戏乐园、健身乐园、探究乐园、交友乐园，把校园建成图书馆、科技馆、艺术馆和博物馆，使校园成为孩子们游戏、探究、交往、发明和创造的天地。

评价理念：每个孩子都是独特的，每个孩子都是精彩的，让每一个孩子都有成功的感受。

四、基本信条

（一）德育工作的基本信条

● 良好人际关系是最佳的德育资源；

● 帮助个体成长的集体才是最好的教育集体；

● 个体的道德认知与情感在集体中确认和深化；

● 团队道德实践是德育的捷径。

（二）教学工作基本信条

● 学是教的尺度；

● 学习是一种痛并快乐着的活动；

- 学友不逊于师；

- 好的教学总伴随着创造。

（三）管理工作基本信条

- 关心成员的利益才能实现组织的目标；

- 优秀的团队成就每一位教师，教师成就学生、成就学校；

- 人人都应参与学校管理；

- 沟通分享、互助共赢是学校管理之魂。

第三节　确定学校标识

一、确定校徽

校徽代表的是学校特有的精神、文化、视觉，既有独特的"外显"形式，又有丰富的文化"内涵"，能够集中体现学校的办学理念、办学宗旨、办学特色、学校精神等。

图 1-3-1　校徽

校徽主体造型是"丰实"首字母"FS"结合传统文化中经典回形纹创意而成的"爱心"。"爱"是教育的核心，丰实人用一颗爱心和耐心，尊重与呵护每个孩子的独特性，倡导学生自信、自主地成长，打造"每一个都重要"的教育理念。以爱育心，用心育人，爱心传递希望，让每一个孩子成长为独立、自信、乐学、敏行的健康少年。同时，这一造型酷似抽象出来的校花合欢花的外形，寓意着学校里的每一个孩子就是一朵朵盛开的合欢花。

校徽选取的颜色为绿色。绿色是生命、健康、活力的象征，是充满希望的颜色。丰实人希望每一个孩子都能积极健康地成长，最终学有所乐，学有所获，学有所成。

二、校树与校花

老师学校办学理念最终的执行者，教师是最终的执行者，因此办学理念的制订一定是在教师全面参与基础上的生成。我校召开了"校树、校花激扬生命——学校文化构建"活动，通过对征集上来的教师关于"校树——合欢树""校花——合欢花"内涵的梳理、整理、提炼，形成文化表征。

我校的校树是合欢树，校花是合欢花。合欢指温柔长久、合心即欢，通过"合"达到"欢"。"合"体现每一个都重要的理念。每个人在我心目中都重要，我在每一个人的心目中也重要，因此体现"合"的意思。"合"的意思体现行为上的合作，思想上的合作，彰显默契、认同、共识。"欢"的内涵是和谐与幸福，不是表面意义上的快乐、欢乐，我们追求的是和谐基础上的幸福。"合"是基础、途径，"欢"是目标。

在理念梳理阶段，倾听群众意见，建立鱼水关系，加强宗旨意识和作风修养，能够更好地助推学校发展。整理教师材料，将出现的高频词汇：温馨环境、个性发展、团队合作等，都纳入学校的建设目标之中。

三、学校吉祥物

依据学校的办学理念，从学生和家长设计的校园吉祥物设计图中，精选并完善了学校的吉祥物形象——欢宝儿。

图 1-3-2　学校吉祥物

（一）颜 色

男欢宝儿是绿色，女欢宝儿是蓝色。蓝、绿是学校的校色。

（二）外 形

头上的五朵合欢花代表五大课程（人文、科学、艺术、体育、国际理解），五课堂理念（目标引领的课堂、思维的课堂、放手的课堂、合作的课堂、多感官课堂），五大路径（教育、教学、教师队伍建设、家校合作、课程建设）。

（三）表 情

欢乐、幸福，预示着教科院实验小学的学生是幸福、快乐的。

四、学生校服

学生校服是学校流动的形象，展现学校的形象特征，根据设计原理充分体现学校的校称、校徽。通过对校服的款式、标准色等进行实用性的规划设计，对提高学校的形象和荣誉感、增强学生的责任心有重大意义。

校服在设计过程中，多方征求学生、家长、专家的意见，才最终确定。校服颜色采用蓝绿两个主色，辅之以黄色、灰色。学校为学生提供了各种校服应用场景，有在不同季节可穿春装、夏装，也有运动服和正装，还有休闲款的棒球服。

春装   夏装

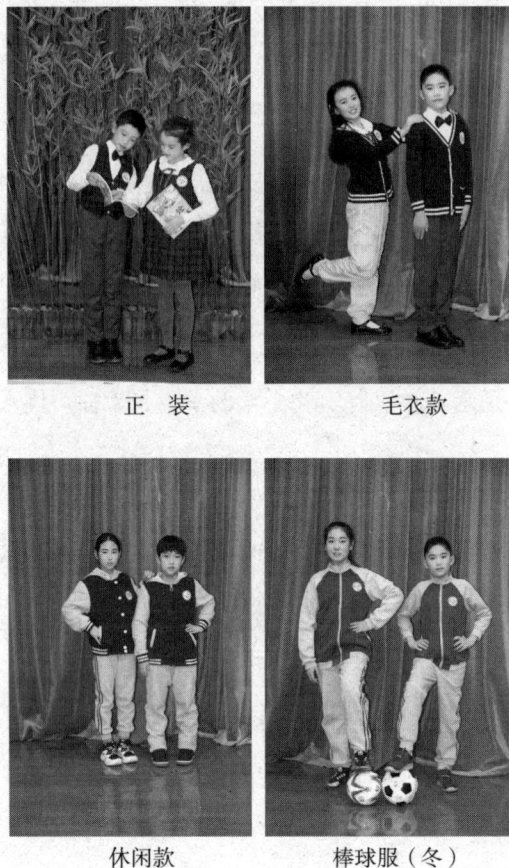

正 装　　　　　　　　毛衣款

休闲款　　　　　　　棒球服（冬）

图 1-3-3　校服样式展示

（一）校服——让学生爱穿

校服让学生有一种自我认知的身份感。欢学园的校服面料舒适、设计美观。校服生活化，生活校服化，让孩子爱上校服，是我们的设计理念。

（二）校服——让团队凝聚

学生穿上校服之后，会对校园产生一种归属感，对穿同样校服的其他同学产生一种认可和亲近感，有助于学生团队意识的培养，增强团队的凝聚力。

（三）校服——让校园彰显特色

欢学园里面，无处不张扬着热情与活力。而校服就是这种热情与活力的载体，很直观、生动地体现了一种校园活力。这是一张移动的名片，是一种校园文化的彰显和体现。

第四节　建设美丽校园

校园文化是一种氛围、一种精神，要让这种氛围浸润师生心灵，让这种精神成为学校之魂。如何让校园文化统领学校整体工作，让学校拥有一张独特的校园文化名片成为摆在每一个"丰实"人面前的一个重要的课题。"让我们的教育建筑体现丰富的教育性，让我们有限的校园发挥最大价值，让平民的孩子获得高贵而丰富的享受"，是方院长对硬件建设提出的方向。

学校空间的设计与布局影响学习者的学习兴趣、效率以及自我意识的形成和发展。心理学家埃里克森认为，人的自我意识发展持续一生，而它形成和发展需要经历八个阶段，每一个阶段能否顺利度过则由个体经历的事件、所处的环境等决定。因此在学校建设过程中，对学校空间的设计与安排要给予重视。

一、全面调研，明晰环境建设目标

在开展环境建设之前，学校就展开了全方位的调研：你希望把学校环境建成什么样？学生说："我最喜欢滑梯和秋千，我希望在学校每天都能够玩到滑梯和秋千。"方院长说："我希望学校有攀攀爬爬的地方，防治男孩子的鸡胸。"张所长说："我希望学校环境具有丰富的教育性，在'人境互动'中促进学生的综合发展。"老师说："我希望学校是个学习、交友、探究、综合体能训练的场所。"家长说："我希望学校是个好玩儿、安全、学生喜爱的地方。"

第一年，我们安装了随处可坐的吸音地板和人性化的课桌椅，让孩子们舒适安全；第二年，我们修建一个滑梯，孩子能从二楼直接坐滑梯来到操场，让孩子们释放天性。第三年，我们的楼道变成绘本小屋，让孩子们置身阅读胜境。随着学校声誉的不断提升，我们进一步思考，学校不能仅仅是乐园，更要成为学园，孩子要在欢乐的校园生活中学会学习，这才是学校的根本任务之所在。

根据全面调研，进行全面梳理与整理，我们确定了"五园四馆"的硬件环境建设目标。努力把校园打造成童趣十足的学习乐园、游戏乐园、探究乐园、交友乐园、健身乐园，使师生在图书馆、科技馆、艺术馆、博物馆中快乐成长。几年来，以上目标已经达成。

二、环境育人，让环境发挥育人功能

有了"五园四馆"的硬件环境，最关键的是将硬件建设与环境育人相结合，发挥环境育人的功能。为此，我校通过研究，研究出了环境育人的"五个结合"：环境与文化相结合，环境与课程相结合，环境与活动相结合，环境与展示相结合，环境与评价相结合。

（一）环境与文化相结合

主要是将学校核心价值体系的内容，在学校最显著的位置展示出来，让环境渗透学校文化理念，让文化价值显性化。这都在潜移默化地影响着学生，熏陶着学生，形成桃李不言的功效。

校园地理园小巧别致，内涵丰富，将我国广博的地理文化、古人的智慧结晶一一呈现，黄河、长江流经省市穿园而过，是学生探究性学习的主场所；漆雕、青花瓷等传统工艺品，富春山居图、独钓寒江等国画仿品，胡同、故宫、鸟巢等古今建筑，宇宙、海洋等自然奇观，古诗大道等学校景观，没有过多注解，等待学生用发现的眼睛提出问题，开展主题探究活动。童话般的走廊、绘本屋为学生阅读提供多元供给。滑梯、攀岩墙等体育设施成为学生释放天性的快乐之地。这一切都让我们的学校建筑体现出了丰富的教育性，让我们有限的校园发挥了最大价值，让平民的孩子获得了尊贵而丰富的享受。

（二）环境与课程相结合

校园环境设计注重趣味性、舒适性和如何更好地促进有效学习。学校应用现有的硬件环境设计开发课程，让每一处环境都承载着课程内容，满足学生的个性需求。如运用体育文化环形带，开发"体育游戏+"课程；运用各种学校文化景观开发"校园一角会说话""八绝畅想"课程；运用古诗大道开发"语文+"课程，等等。孩子们在课程中运用"是什么、为什么、怎样做、做得怎么样、我来创"这五个逻辑拆解的小问题，展开研究，或查看资料，或实地考察，或制作小报，或头脑风暴，在快乐中研究属于自己的课程。学校将校园每一寸空间都用于课程，以可持续发展的理念，实现学生与校园环境的互动。

（三）环境与活动相结合

校园文化是学校教师与学生共同创造的。"我的校园我装扮""校园一角我命名""与最喜爱的校园一角合张影"等活动，使孩子们在"人境互动"中，品德、身心发展等多个方面产生积极的影响。"与最喜爱的校园一角合张影"已经成为一年级的入学课程内容之一。

"我的校园我命名"活动中，孩子们为自己喜爱的校园一角命名。在同一景观中选择学生选票最多的名字制作成名牌，贴于学校的各个角落。在孩子自豪和欣喜的眼神中，可以看出这一活动激发出了孩子们对校园的热爱之情。

"我的校园我来写"活动中，孩子们创作了一首首充满灵性、可爱的小儿歌，得到了家长的一致好评。如，"小鸟小鸟你别怕，我给你安好觅食架。刮风下雨都不怕，这里是你幸福的家。"

（四）环境与展示相结合

每学期，学校都推选出"欢宝特色少年"，将他们的事迹悬挂在"结绳记事"的绳子上。同时，我们给喜爱书法的孩子举办"书法展"，给喜爱绘画的孩子举办"绘画展"，给喜爱思维导图的孩子举办"思维导图展"……助推学生个性发展。而且，每年都在教师中开展"成为榜样是最大的贡献"评选活动，将获奖教师的事迹在学校文化墙中展出，增强教师的自豪感与幸福感。

（五）环境与评价相结合

每学期，楼道、教室内大面积的扎板，都会最大限度地展示学生的作品。展示后的一个重要环节就是使用评价签。孩子们用自己设计的评价签，为喜爱的学生作品写出评价。小学正是孩子养成勤奋避免自卑的关键阶段。因此，评价签让孩子在自我与社会环境的交互中获得更多的体验，在"人境互动"中产生更强烈的勤奋感，获得更多的能力，对品德、身心发展等多个方面产生积极的影响。

文化引领，带来的是科学的管理，教师爱生敬业，学生乐学善思；文化引领，带来的是人际关系的和谐，讲正气、讲奉献，比工作、比贡献，蔚然成风。在欢学园中，孩子们能够充分体验自己的童年生活，积累有利于终身发展的规划能力、沟通能力、学习能力和会使用适切工具的能力，为其幸福人生掀开第一篇章。

第二章 课程

学校发展的内容与载体

课程是办学目标实现的主要载体，是教育事业的核心，是教育运行的手段，没有课程教育就没有了用以传达信息、表达意义、说明价值的媒介。我们"每一个都重要"的理念需要通过课程得以实现。

——题记

第一节 注重顶层设计

课程是学校实现办学理念与育人目标最重要的载体，是学生成长与发展的重要土壤，同时也是学校办学特色的集中体现。

一、课程建设背景

作为一所 2012 年建立的年轻学校，北京教育科学研究院丰台实验小学从建校之初就将课程建设作为学校工作的着力点之一，在初期引进和开发关键性课程的基础上依托理念建构课程体系，秉持"每一个都重要"的核心价值观，为普通小区中的孩子们提供不普通的教育，打造一所老百姓身边的精品学校。2016 年学校加入北京市遨游计划项目学校，学校以此为契机，在课程中心专家的调研与指导下，运用 SWOT 分析法对校情、学情、师情进行分析，厘清了学校课程建设的优势、劣势、机遇和挑战，梳理出了学校课程建设的主要问题。

（一）亟须与核心素养对接

教育部颁布的中国学生发展核心素养成为培养学生的引领性文件，学校的培养目标应与核心素养对接，并让核心素养在学校的各项工作中落地。

（二）文化表层化风险存在

学校十分重视文化建设，竭力打造"每一个都重要"的学校文化，但目前还主要停留在物质、制度、观念层面上，未与教育教学活动深度融合，长此以往会产生文化"漂浮"于学校教育之上的危险。

（三）亟待建立课程体系

尽管学校搭建了"每个生命独特绽放"课程体系，但没有根据学校办学目标进行总体设计，没有形成独具特色的课程框架，以及课程框架标准不统一，出现了标准交叉，分类不清的现象。

(四) 亟须形成精品课程资源包

前期学校自主开发了动力课程、跑酷课程、"学科＋"课程、攀登阅读课程、STEM 课程，引入"麦博思考力课程"等，但都是在开发与建构过程中形成的零散课程，有些成熟的课程需要形成精品课程资源包。

基于以上分析，学校依托遨游项目进一步开展课程体系建设的实践研究。深入贯彻党的十八大精神，落实教育部《关于全面深化课程改革落实立德树人根本任务的意见》《中国学生发展核心素养》、北京市出台的《各学科改进意见》，深化课程建设，坚持立德树人，坚持学生为本，坚持全过程育人，全员育人，全科育人。构建基于"每一个都重要"教育理念的课程体系，促进学生全面而有个性的发展，为学生人生幸福和事业成功奠定坚实基础。

二、学校办学定位

(一) 育人目标

依据学校"每一个都重要"的核心价值观，确立了学校的育人目标：培养具有独立、自信、坚韧的品格，具有关怀、宽容、合作的美德，能够乐学、敏行、淳美的健康少年。这一育人目标以人的整体发展为核心，涵盖了核心素养的三个方面（自主发展、社会参与、文化基础）。对被培养人来说，核心素养的三个方面最终反映在性格上，而性格指向了人的发展的角度。具体见下表。

表 2-1-1　基于教育哲学价值体系解构学校育人目标

性格解构的维度	个体性格（自主发展）	社会性格（社会参与）	文化性格（文化基础）
行为维度	发展个性与完善个性	社会适应与社会参与	文化修身
教育维度	个体自育过程中形成的素养	社会共育过程中形成的素养	文化他育过程中形成的素养
我校育人维度	个性发展（独立、自信、坚韧的品格）	团队共生（关怀、宽容、合作的美德）	智慧生长（乐学、敏行、淳美的健康少年）

备注：借鉴北京教科院朱传世主任《基于以核心素养培育为目标的课程创新与实践》一文。

我校学生发展素养按性格维度进行划分。性格维度是从教育作用于人后，所形成的性格多样性角度谈的。人要自我发展，便有了区别于别人的个体性格。人要参与社会生活，便有了对社会的情感态度，从而形成社会性格。人要学习文化，修身养性，便具备了文化性格。

性格——个体在思想、言谈举止中稳定的心理倾向。

个体性格——个体生活中表现出的品格。个体性格是人接受教育后的自我觉知在言行举止等方面的反映与表现。良好个性的发展方向是完善人性。什么样的个体性格是好的性格？我们认为是独立、自主、坚韧的品格。

社会性格——社会生活中表现出的品格。社会性格是人参与社会活动后，对社会的适应性反映与表现。什么样的社会性格是好的？在社会生产中产生的稳定的态度、情感与价值取向。比如，关怀、宽容、合作。

文化性格——学习生活中表现出的品格。文化性格是人在文化修身过程中，学识涵养在人身上的体现。什么样的文化性格是好的？我们认为是乐学、敏行、淳美。

个体性格、社会性格、文化性格直接指向国民性格。个体性格是自己主动培养的（个人自育），社会性格是在公共环境下言行约束出来的（社会共育），文化性格是通过学习知识产生的（文化他育）。三种性格良性发展，一个人就会走向自我的"绽放"。

（二）校本化核心素养

中国学生发展核心素养为"每个生命独特绽放"提供了实践性维度，为学校教育促进学生全面发展提供了操作性依据，这将是我校课程建设的重要依据。

学校"每一个都重要"校本化素养体系包括个体性格素养、社会性格素养、文化性格素养三个素养领域。综合表现在人文、科技、艺术、身心健康、国际理解五个领域。校本化核心素养是对中国学生发展核心素养的具体化、系统化整合，以便更加适应和贴近我校学生发展目标，并在此基础上建立学生发展评价体系。

表2-1-2　学校育人目标与校本化核心素养

校本化核心素养			对应国家发展学生核心素养	贯穿能力素养始终的指标
素养领域	一级指标	二级指标		
1. 个体性格——个性发展（独立、自主、坚韧的品格）	能自主行动	规划能力	理性思维	有动力　有能力　有方法　有活力
		探究能力	勇于探究	
		问题解决能力	问题解决	
		反思能力	勤于反思	
		批判性思维与质疑	批判质疑	
		实践与创新能力	勇于探究	
		独立思考能力	自我管理	
		自我表达能力	自我管理	
		运动健康	健全人格	
2. 社会性格——团队共生（关怀、宽容、合作的美德）	能在社会异质团体中生活	适应能力	社会责任	
		敬业与担当	社会责任	
		团队合作	社会责任	
		处理冲突	自我管理	
		多元包容	人文情怀	
		社会参与及贡献	社会责任 劳动意识	
		尊重与关怀	人文情怀	
		中国文化认同	国家认同 人文积淀	
		国际理解	国际理解	
3. 文化性格——智慧生长（乐学、敏行、淳美的少年）	能使用适切工具	阅读与理解	国家认同 乐学善学	
		沟通表达	乐学善学	
		数的概念与应用	乐学善学	
		审美能力	审美情趣	
		学习如何学习	学会学习	
		信息技术	技术应用	

三、绽放课程体系建设

课程体系是学校办学理念的实践表达，是育人目标的实现途径。因此，学校课程体系要依据办学理念构建，为育人目标的实践服务。基于学校办学理念和育人目标，我校构建了"每一个都重要"的绽放课程体系。

（一）课程体系

绽放课程体系以校树——合欢树作为整体外形，以合欢花的形状作为课程的承载，树干部分是三个维度的育人目标，树根是作为学生发展动力来源的"动力课程"。

"绽放"课程体系包括五个维度：动力课程培养学生的学习力，为其他学科的学习提供动力。基础课程重在培养学生的学科核心素养。拓展性课程重在培养学生学科知识的联系与建构能力，迁移与应用能力。"学科+"课程是重在让学生在实践中解决问题、合作沟通，同时提升创新能力。个性化课程是以学生兴趣为主的选择性课程。

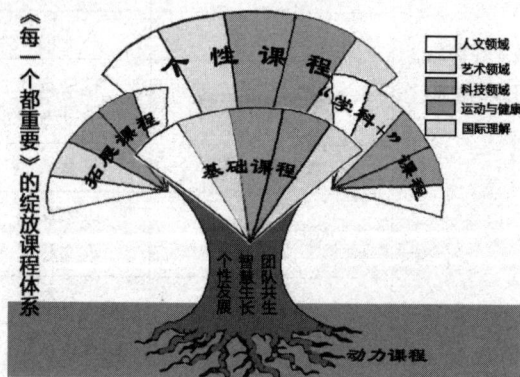

图 2-1-1 "绽放课程"体系 2.0

（二）课程设置

绽放课程体系采用横纵贯通的方式进行课程设置。纵向贯通了五大领域（人文、科技、艺术、体育与健康、国际理解），横向分成了五类课程（基础课程、"学科+"课程、拓展课程、动力课程）。

表 2-1-3 "绽放课程"设置

课程类属	课程层级					
	基础课程	拓展课程	"学科+"课程		个性课程	动力课程
			基于学科	基于主题		
人文课程群	语文	国学经典诵读（一至六）	"语文+"课程	1. 校园一角会说话 2. 地铁里的新发现 3. 研学旅行行中研 4. 欢宝志愿者 5. 欢学园STEAM课堂 6. 欢宝职业体验营	小记者课程	思考力课程
		绘本（一二年级）			朗读者课程	
		阅读课程（三至六年级）				
		古诗词赏析			戏剧课程	
	道德与法治	少先队活动课程	入学课程			
			毕业课程			
科技课程群	数学	好玩的数学	"数学+"我身边的测量工具		数独课程	
		数学日记			魔方课程	
	科学				未来工程师课程	
					海模课程	
					无人机课程	
	信息技术	人工智能课程			疯狂博士课程	
					绘美电子课程	
艺术课程群	音乐		艺术欣赏		合唱课程	
					古琴课程	
	美术				版画课程	
					服装设计课程	
					衍纸课程	
	舞蹈				拉丁舞课程	
					中国舞课程	
	书法				翰墨课程	

课程类属	课程层级					
	基础课程	拓展课程	"学科+"课程		个性课程	动力课程
			基于学科	基于主题		
身心健康课程群	心理	心理活动课	体育游戏+	1. 校园一角会说话 2. 地铁里的新发现 3. 研学旅行行中研 4. 欢宝志愿者 5. 欢学园STEAM课堂 6. 欢宝职业体验营	成长课程	思考力课程
					养蒙书院（家长）	
	劳动技术	劳动小欢宝			种植课程	
	体育	形体课程（一二年级）			网球课程	
		跑酷课程			小牛训练营	
		定向越野课程			高尔夫	
国际理解课程群	英语	外教			英语趣配音	
		英语绘本			英语棋	
		国际学院课程			英语戏剧	

1.课程层级结构

（1）基础课程

国家必修课程，由各学习领域体现共同基础要求的学科课程组成，促进学生基本素质的形成和发展，注重对学生学会学习、独立思考、问题解决、反思能力、团队合作、自我表达等能力的培养，关注学生学习习惯的养成，着力于国家课程的校本化、高效化实施。小学阶段"绽放课程"智慧生长课程包括：语文、数学、英语、科学，个性特色发展课程包括：体育、音乐、美术。团队共生课程贯穿在两大课程始终。

（2）拓展课程

拓展课程是校本必选课程，是国家课程和地方课程的校本化发展课程，是学校根据育人目标的需要，对基础性课程的拓展课程。拓展性课程目标是在基础型课程知识目标的基础上，拓展促进学生的个性发展、团队共生、智慧生长。拓展性课程主要由学校教师进行开发，课程内容依据国家学科课程标准，关注学生自我表达、交流与沟通、批判性思维、反思能力、阅读与理解、国家认同、国际理解等能力的培养。

（3）"学科＋"综合实践课程

新修订的北京市义务教育课程计划规定，"各学科平均有不低于10%的学时用于开设学科实践活动课程。"学科＋"课程是义务教育课程计划的具体落实。"学科＋"课程是校本必修课程，指以学科知识为基础，在真实的社会生活情境中，进行学科实践（活化）、学科拓展（深化）、学科融合（立体化）、学科超越（综合化），旨在促进学生自主探究、自主应用、自主建构知识的学习活动课程。"学科＋"课程是由教师以团队的方式自主开发，课程内容依据国家学科标准，运用研究性学习方式，关注学生规划能力、探究能力、解决问题能力、沟通与交流能力、信息检索、社会责任与贡献等能力的培养。内容上主要包括欢宝看世界、语文＋、美术＋、体育＋等课程。

（4）个性特色课程

个性特色课程是校本选修课程，是根据学生个性发展需要，教师指导学生共同开发的个性特色发展课程。在学校统一管理和协调下，开发体育、科技、艺术等社团课程，加强对体育、科技、艺术特长生的培养。欢之韵舞蹈团、欢之声合唱团、书法绘画社、纸艺服装社团、网球社团、足球社团、定向越野社团等社团，成为学生个性化发展的摇篮。

（5）动力课程

动力课程是一切学习力量的来源，是促进学生学习发生、发展的推动力量，为所有学科教学提供动力、能量的课程。动力课程是通过游戏性、体验式、活动式的教学课程，激发学生学习力量，培养学生观察能力、记忆能力、分析能力、创造能力和表达能力，维持学习效果的来源，让学生更爱学习、更会学习、具有学习能力，提升学习品质的课程。

动力课程是学生学会学习的训练课程，动力课程形成的能力对其他课程有极强的促进作用，因此它在乘方的位置。动力课程是用乘方来链接基础课程、拓展课程、"学科＋"课程、个性发展课程的。若动力课程为正值，其他课程的学习效果皆会产生乘数效应或者放大效应；若动力课程为负值，其他课程的学习效果皆会产生缩小效应甚至出现负面效果。这充分显示出动力课程在整个课程体系中的重要性，也显示出动力课程对人的核心素养形成的深层价值。

2. 课程类属结构

依据学科本质及相关课程特性，建立人文、科技、艺术、运动与健康、国际理解五大课程群。

（1）人文课程群

塑造学生深厚文化底蕴，形成以人为本的文化价值观，独立思考的思想力，尊重、开放、包容的文化态度，批判、思辨、创新的文化能力。包括语文、道德与法治、"语文＋"学科实践活动、绘本课程、"悦"读课程、人文研学课程等。

（2）科技课程群

塑造学生观察思考、质疑求证、分析决策的能力，善用科学方法，形成科学态度。包括数学、科学、信息技术、动力课程、STEM课程、未来工程师、无人机课程、人工智能课程、科技研学课程等。

（3）艺术课程群

使学生具有敏于感受艺术世界、积极享受高雅文化、大方表现内心情感、乐于参与艺术创造的能力。包括音乐、美术、书法、舞蹈、形体、艺术欣赏、相关个性艺术课程及艺术研学课程等。

（4）运动与健康课程群

使学生树立"健康第一"的理念，养成终身锻炼的习惯，获得擅长的运动项目技能，形成健美的体魄、乐观进取的心态、坚定不移的意志。包括体育、心理活动课、跑酷、"体育游戏＋"、相关个性体育课程（足球、网球、定向越野）及运动研学课程等。

（5）国际理解课程群

理解多元文化、扩大国际交往、参与国际竞争与合作。包括英语、英语绘本、外教、国际学院课程及国际研学课程。国际学院是各学科开发的提升学生国际素养的实践活动。

综上所述，我校的"绽放"课程基于"每一个都重要"的教育理念构建，以实现学生个性发展、团队共生、智慧生长为目标，以落实立德树人根本任务和中国学生发展核心素养为关键，形成了整体育人的架构。

第二节　课程稳步发展

一、基础类课程

（一）构建"绽放课堂"模式

基础类课程回归课程本位，指向基础知识和基本技能的落实，实现学科核心素养体系的建构，促进学生学科个性发展、团队共生、智慧生长。为落实校本核心素养，学校提出"绽放课堂"的建设目标——打造五个课堂，具体是指目标引领的课堂、思维的课堂、多感官课堂、合作课堂、放手课堂。"绽放课堂"的教学模式力求满足不同认知类型学生需求。

表 2-2-1　"绽放课堂"要素解析

校本核心素养	类型	特点
个性发展	目标引领课堂	依据布鲁姆目标分类学确定学习目标
智慧生长	思维课堂	1.学科教学要抓学科思维，老师要明确每节课学科思维的训练点。 2.通过思维导图的梳理与完善，帮助学生整体建构知识，让课堂成为学生智慧生长的地方。
智慧生长 个性发展	多感官课堂	1.多感官课堂：调动多个感官引导学生进行学习。学生的认知类型包括视觉型、听觉型、动觉型、综合型，针对不同的认知类型，采取不同的授课方式，因此提出了多感官课堂的目标。它包括：视觉课堂、听觉课堂、体验课堂几个方面。 2.视觉课堂：颜色鲜艳具有冲击力，语言简洁便于记忆，设计美观激发兴趣，呈现思维核心。 3.体验课堂：协调身体、大脑，经历知识形成的过程，进行体验学习。同时在体验中缓解压力，让学生在放松的状态下进行高效学习。

续　表

校本核心素养	类型	特点
团队共生	合作课堂	通过小组合作开展学习活动。生生之间的交流使学习丰富化、厚重化。
个性发展	放手课堂	1. 能让学生说的、想的、写的、做的、总结的，放手让学生做，最大限度地调动学生参与课堂全过程的积极性。 2. 教师由"台前"退居到"幕后"，适时退出。

（二）提出课堂关注策略

我们提出了绽放课堂中关注每一名学生发展的具体策略：

1. 名签抽签法

每班建立名签及名签筒。课堂教学中，学生发言以抽名签的方式进行，促进每一名同学认真听讲的习惯养成。

2. 手势反馈法

大拇指向上——代表我学会了，还能教别人。

大拇指横向——代表我需要时间与同伴讨论。

大拇指向下——代表老师讲的内容我听不懂，有问题要问。

引导教师高度关注学生的学习状态，学习效果，使教师切实转变观念，由关注"如何教"转向"如何学"。

3. 白板展示法

为每一个学生准备一块可供擦写的白板，课上学生及时在上面书写答案，大胆展示。

（三）设计心智助力工具

为了深化"绽放课堂"的实施，我们进一步带领教师学习布鲁姆目标分类学，帮助教师熟悉有效的学习策略，并且能够将这些心智工具融入学习活动当中。例如，针对思维课堂，我们帮助教师建立高品质学习活动设计的心智工具，倡导设计高品质学习活动。

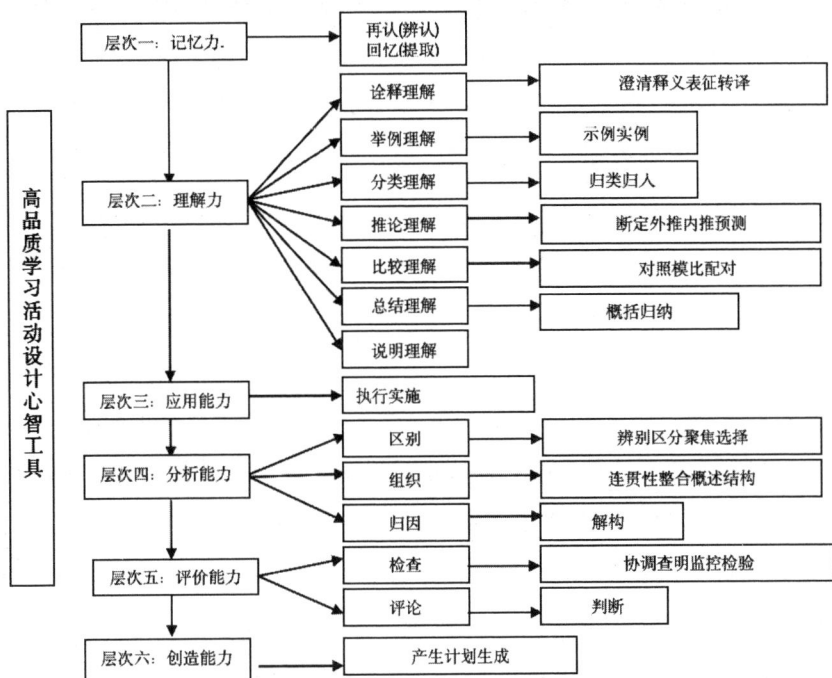

图 2-2-1　高品质学习活动设计的心智工具

层次一为机械学习。其他层次为有意义学习。机械学习是死记硬背。停留在这个学习层面的人，喜欢固定，将来喜欢固定的工作，固定的惯性，最适合的工作就是代工。停留在这一层次的学生不具备良好的国际竞争力。层次二及以上为有意义学习。掌握这些学习策略的人喜欢变化，喜欢尝试新的东西，尝试改变，更具有创新精神和实践能力，因此更具有国际竞争力。因此培养学生有意义学习很重要。怎样实现有意义学习，教师、学生头脑中，要有高层次思考的工具。教师依据该工具设计高品质学习活动，学生依据该工具掌握有意义的学习策略。

【案例】层级式阅读读书卡

在教学实践中，教师们正在应用高品质学习设计心智工具，进行教学活动设计。在三年级开展的"墨文化"实践活动中，引领学生走进王羲之，以文会人、以文识人，设计了《我眼中的王羲之》阅读卡。

在以往的教学中，在没有学习高品质学习心智工具前，我们制作阅读卡的时候更加关注的是如何培养孩子提取信息的能力，但是学习了高品质学习工具之后，我们的读书卡由低阶逐渐走向了高阶。我以我眼中的王羲之为例为大家介绍。阅读卡的第一部分是提取信息的内容，孩子们通过阅读找到王羲之的雅称是书圣，他的代表作是《兰亭序》，他的气质特点是超脱不羁、洒脱纯真和气度不凡等信息。但是这些内容孩子们通过阅读都能够找到相应的信息。所以第二部分我又设计了分析与应用的内容，孩子们在回答王羲之为什么会创作出《兰亭序》这幅传世作品这一问题时，这样写道："我觉得这和王羲之有较高的书法水平有关系，王羲之的字不仅被称为天下第一行书，而且他写的隶书、草书、楷书都得到了后人的称赞。"在应用的环节我们设计了这样一个情境，假如王羲之受邀参加我校的国学诵读展示，他会写些什么？怎么写？我们看有的孩子这样写道："我觉得他会提笔写下'庄子有云真者，精诚之至也。不精不诚不能动人'这句话，因为王羲之是想告诉大家无论是练习毛笔字还是做事情都要非常认真，只有把事情做到极致才能完美。"孩子们通过这样一个情景在与经典对接的同时又做到了真正的古为今用，将经典传承。然后孩子们对于王羲之这个人物进行了评价，在以往的学习中孩子们对于人物只能进行简单的评价。而评价能力其实包括检查和评论。所以我们要求孩子进行有理有据的评价。孩子们这样写道："我觉得王羲之身上有不断探索的精神，从他的故事中我了解到他在学习书法的时候师从很多人。他先和卫夫人学习，但是他并没有满足于此而是又自己拓写李斯、曹喜等书。之后学生还'下载'了蔡邕的《石经》三体书，就是在这样不断探索与学习中才自成一家，最终成为书法大家。"孩子们不仅对人物做出评价，还反观自己进行了思考，有的孩子这样写道："我也要学习王羲之身上不断探索的精神，这不禁让我想起孔子的'三人行，必有我师焉'。"

1. 提取信息

"墨文化" ——文本阅读《王羲之》 我眼中的王羲之			
人物特点		字如其人	
雅称	书圣	代表作	《兰亭序》
气质特点	超脱不羁、潇洒纯真、气度不凡	书有四美	笔法之美、墨法之美、章法之美、意境之美
品行特点	性格耿直、甘于淡泊、志向远大	历史成就	千古独绝，开创了书法艺术审美价值

2. 形成解释，进行分析，实际运用

以文会人	故事；语录；他人评价…… 学生1：他的门生称他是奇人；王导是大官，非常看重他。我觉得王羲之与众不同，内在气度不凡。 学生2：书法研究者都认为他有很强的鉴赏能力，和耿直的性格，还有一流的人品	以字识人	他人评价；艺术成就；其他作品……
	如果换成（　），他会怎么样做？ 学生3：如果换成谢安，他性格比王羲之平和一些，可能不会很耿直的说出自己的想法。因为直白地说出自己的想法，别人可能会不听。		王羲之受邀参加我校国学诵读展示，他会写什么？怎么写？ 学生1：他会用行书写，因为他是行书方面的书圣；他会写：希望你们爱祖国；更希望你们了解更多关于国学的知识。 学生2：他会写：这个学校真美好，老师同学爱古诗。应该用行书写，我们都能看得懂。

3. 做出评价

我的评价	学生4：从《东床坦腹》这个故事，我知道王羲之是个心境清虚的人。别人都把招亲当成非常重要的事，而他在床上躺着觉得没什么大不了的。 学生5：我认为他甘于淡泊。因为他在平时学习书法上不受名利的诱惑，专心写书法。

在传统文化的学习中，不仅仅关注学生的积累，还要引进多元的学习策略，重新理解这些文化资产，重新组合学习材料，从而开发学生高层次思考的潜能。

（四）挖掘落位核心素养策略

为进一步提升学生综合素质，着力发展核心素养，使学生具有理想信念和社会责任感，具有科学文化素养和终身学习能力，具有自主发展能力和沟通合作能力。在学科教学中充分挖掘各学科课程教学的独特育人价值，各学科基于学科本质进行凝练，形成了落位核心素养的策略。

表 2-2-2　二年级数学"5 的乘法口诀"核心素养落位策略

领域	知识点	能力点	情意点	核心素养点	教学策略
数与代数	5 的乘法口诀熟记 5 的乘法口诀，会用口诀进行计算。	在"数一数""算一算"的学习活动中，经历 5 的乘法口诀的归纳过程。	1. 培养学生的合作意识和竞争意识。 2. 让学生通过数学活动进一步体会数学在现实生活中的应用，增强学习数学的积极情感，并获得成功的体验，提高学好数学的信心。	自主发展——学会学习——乐学善学：学生根据 2 的乘法口诀编制过程，自主编制 5 的乘法口诀，过程中感受自主学习的乐趣。	自主探究策略：学生通过 2 的乘法口诀编制，自己编制 5 的乘法口诀，然后小组合作进行修正。 1. 填写表格 2. 编写口诀 3. 发现其中规律

表 2-2-3　二年级语文《我要的是葫芦》核心素养落位策略

领域	知识点	能力点	情意点	教育价值点	教学策略
讲究思维方法《我要的是葫芦》	1. 了解反问句、感叹句与陈述句的不同语气。 2. 知道葫芦生长规律，长虫的原因。	通过对比朗读，体会反问句、感叹句与陈述句的不同语气。	懂得事物之间是有联系的，要联系地看问题。	社会参与—实践创新—问题解决懂得事物之间是有联系的，要联系地看问题，更有利于解决问题。	对比朗读，懂得"种葫芦的人最后为什么没有得到葫芦"的原因，懂得事物之间是有联系的。

（五）我的动力十分钟

在教科院专家的指引下，我们探索性地开设了动力课程，希望通过固定的短课程时间，采用参与式游戏的形式，实现巧手健脑、激趣启智的育人目的，为学生提供学习的能量。随着实践的推进，我们发现学生对"动力课程"的喜爱程度远远超出了我们的想象，由此引发了我们对课堂教学的思考。"我的动力十分钟"课堂改革方案由此诞生。"我的动力十分钟"的本质追求是实现学生"我的学习"。

"我的动力十分钟"就是在课堂上要设计动力十分钟，遵循的原则：（1）动静协调。"动"不是一般所说的热闹。其外显形式是活跃的课堂气氛，是热烈的课堂游戏、课堂合作、课堂讨论；尤为可贵的是内在的积极思考，表似"静"，实则"动"。（2）教与学相长。课堂上，教师的讲课一般都得到了时间上的控制，课堂不再是"讲堂"，而是成为"学堂"，是真正的在教师组织下学习的场所，是必须动脑、动手、动口的学习过程。"我的动力十分钟"是课堂教学内容的重要组成部分，不能剥离于教学内容之外；它是现实的、有意义的、富有挑战性的，不是可有可无的，更不是贴标签，它为孩子创设一个自由学习的空间。

教学中"贴名卡""猜一猜""我问你读""当一当""大小声""打拼音牌""找朋友"等十分钟游戏，已经成为教师自觉应用的教学策略，学生在玩儿中爱上了课堂，掌握了有趣的学习方法。

新课标中强调："教学是教与学的交往、互动，师生双方互相交流、相互沟通、相互启发、相互补充……"交往昭示着教学不是教师教、学生学的机械相加，传统的严格意义上的教师教和学生学，将不断让位于师生互教互学，彼此形成真正意义上的"学习共同体"。在教师的课堂里，我们确实真真切切地感受这"不断让位"的过程，教师越来越多地关注学生的"学"，反思自己的"教"，这正在成为一种更为普遍的现象。"我的动力十分钟"就是这样的一种努力与尝试。

二、拓展类课程

拓展类课程是对基础类课程的补充。拓展类课程主要由学校教师进行开发，课程内容依据国家学科课程标准，关注学生自我表达、交流与沟通、批判性思维、反思能力、阅读与理解、国家认同、国际理解等能力的培养。课程方式和实施形式主要采取综合性课程方式，通过实践、活动、主题、表演、项目等方式组织课程，使学生充分参与到课程建构过程中，增强学生的社会责任感、实践能力和创新精神。拓展类课程主要开设：国学经典诵读课程、攀登阅读课程、中文绘本阅读课程、英语绘本阅读课程、数码钢琴课程、双排键课程、跑酷课程、少先队活动课等。

表 2-2-4 "国学经典诵读"书目

年级	第一学期	寒假	第二学期	暑假
一	《弟子规》	《三字经》	《千字文》	《百家姓》
二	《笠翁对韵》	《笠翁对韵》	《声律启蒙》	《声律启蒙》
三	《大学》	《大学》	《大学》	《大学》
四	《唐诗三百首》五言	《唐诗三百首》七言	《唐诗三百首》五律	《唐诗三百首》七律
五	《论语》（学而篇）	《论语》（学而篇）	《论语》（里仁篇）	《论语》（里仁篇）
六	《诗经》	《诗经》	《世说新语》	

备注：
1.《增广贤文·弟子规·孝经》：上学期《弟子规》全部；下学期《千字文》全部
2.《声律启蒙·笠翁对韵》：上学期《笠翁对韵》全部；下学期《声律启蒙》全部
3.《唐诗三百首》：五言首；七言首；五律首；七律首。
4.《老子·大学·中庸》：上学期《大学》全部；下学期《老子》全部
5.《诗经》：上学期·国风 7 首；小雅 5 首；下学期·国风 10 首
6.《论语》：（学而篇：讲"务本"的道理）（里仁篇：主要讲仁德的道理）

表 2-2-5 攀登阅读分级阅读书目

	类别	低年级	中年级	高年级
欢宝悦享达人	文学	蝴蝶·豌豆花	亲爱的汉修先生	西游记（对接九册《猴王出世》）
		不一样的卡梅拉（我想去看海）	三毛流浪记	城南旧事
		猜猜我有多爱你	宝葫芦的秘密	草房子

续　表

	类别	低年级	中年级	高年级
欢宝悦享达人	文学	小猪唏哩呼噜	一个孩子的诗园（对接5册《我上学了》）	我的妈妈是精灵
		世界四大童话：《豪夫童话》《王尔德童话》《安徒生童话》《格林童话》（对接第3册《请鹳鸟到咱们家过冬》）《中国传统童话故事》	世界四大神话：《埃及神话》《波斯神话》《希腊神话》《印度神话》《中国古代神话故事》（对接六册《羿射九日》）	世界四大寓言：《拉封丹寓言》《克雷洛夫寓言》《莱辛寓言》《伊索寓言》（对接6册寓言两则）《中国古代寓言故事》
		《北京的春节》（绘本）、《北京，中轴线上的城市》（绘本）、《北京记忆小时候的故事：水牛儿》（绘本）（对接第4册《北京城真漂亮》）	新课标名著小书坊：三国演义（对接5册《称象》）吴然《天使的花房》（对接7册《珍珠泉》）《夏洛的网》	《巴金散文集》（对接10册《鸟的天堂》、11册《海上日出》《索桥的故事》）《老舍散文集》（对接9册《猫》、12册《养花》）；《内蒙风光》（对接11册《林海》《草原》）
	科学	《第一次发现》（濒临危机的动物）	《科学家故事100个》	《地心游记》
		《神奇校车》（在人体中游览）	《让孩子着迷的77×2个经典科学游戏》	《昆虫记》（对接8册《蟋蟀的住宅》和9册《蝉》）
	人文	《千字文》《三字经》《弟子规》《笠翁对韵》	《唐诗三百首》《大学》	《论语》《老子庄子选》
			《林汉达历史故事集》	《孔子的故事》
欢宝善学达人	文学	《百岁童谣》	《窗边的小豆豆》	《寄小读者》
		《寻找快活林》		《福尔摩斯探案全集》
		《熊梦蝶蝶梦熊》	《让太阳长上翅膀》	
		《月光下的肚肚狼》	《彼得·潘》	《我要做好孩子》
		《了不起的狐狸爸爸》	《雪花人》	《狼王梦》
		《让路给小鸭子》	《时代广场的蟋蟀》	《狼獾河》
		《我和小姐姐克拉拉》	《稻草人》（对接6册《爬山虎的脚》）	《铁丝网上的小花》
		《木偶奇遇记》	《丁丁历险记》《爱丽丝漫游奇境记》	《汤姆·索亚历险记》《鲁滨孙漂流记》

	类别	低年级	中年级	高年级
欢宝善学达人	文学	《父与子》	《爱的教育》	《三国演义》（对接 11 册《用奇谋孔明借箭》）；
		《昆虫记》图说版（对接 4 册《法布尔小时候的故事》）	《冯骥才作品集》《一百个中国人的十年》（对接 8 册《捅马蜂窝》、10 册《挑山工》和 11 册《珍珠鸟》）	托尔斯泰小说《战争与和平》《安娜卡列尼娜》《复活》（对接 10 册《跳水》，12 册《穷人》）；《故土》（对接 12 册《理想的风筝》）《水浒传》（对接 10 册《景阳冈武松打虎》）《毛泽东诗词》（对接 12 册《毛泽东词二首》）
	科学	《一粒种子的旅行》	《生命的故事》	《森林报》
		《鼹鼠博士的地震探险》	《最美的科普》《四季时钟系列》	《万物简史（少儿版）》
		《动物王国大探秘》	《101 个神奇的实验》	《科学家工作大揭秘》
	人文	《成语故事》	《图说中国节》	《我们的母亲叫中国》
		《人》	《儿童哲学智慧书（第一辑）》	《居里夫人的故事》

三、"学科+"实践课程

（一）课程定位

1.理论依据

课程改革是教育改革与发展的重要组成部分。国际课程改革的发展趋势与特点显示，当前世界各国注重促进学科融合，发展学生综合能力，以学生发展核心素养来推动和促进课程改革的发展成为重要方式。主要体现在以下一些共同发展的趋势与特点。

（1）关注学生发展，强调培养适应现代社会所需要的能力。无论怎样进行课程改革，世界各国在课改中越来越重视学生的发展，认为学习不仅仅是课程内容的学习，还是学生智力建构与社会性发展的综合过程。学生能在学校学到什么、获得怎样的进步成了课程改革的关注焦点。各国的课程改革从之前对课程内容简单识记的关注转向如何灵活运用知识的能力的培养，强调学生需要掌握适应现代社会所需的各种技能。

（2）强调课程的整合性，注重学科之间的相互融合。各国充分认识到知识相互之间不是孤立存在的，在解决实际问题中，学生需要综合运用多种学科知识。因此越来越强调传统学科相互之间的融合。强调学科知识的整合已成为各国的共识。

（3）《基础教育课程改革纲要（实行）》指出"倡导学生主动参与、乐于探究、勤于动手，培养学生搜集和处理信息的能力、获取新知识的能力、分析和解决问题的能力以及交流与合作的能力"。

2. 实践依据

基于以上认识，学校自 2012 年成立之初，在北京教科院专家的指导下，开始综合实践活动课程的研究。进行了大小课、长短课、联排课、综合实践活动周等的改革。改革中我们发现：

（1）培养什么能力，教师不明晰

教师们执教的学科教学，在课程标准中有完备的知识结构和内容，有从易到难循序渐进的结构安排，使教师有抓手。教师们也明白学科教学的内容有些脱离学生的现实生活，并且无法实现运用学过的知识解决现实生活的问题等。教师心中不明晰的是，综合实践课程到底培养学生什么能力。

（2）整合什么内容，成为教师的困惑

传统教学中教师们注重学科知识体系的科学性与完备性，以学科知识为导向，追求知识技能。各学科间相互独立，对所教知识彼此之间很少沟通，各学科之间缺乏相互联系的现象已经成为教师的惯性思维，严重阻碍了学生综合能力的发展，这是传统教学的弊端。这种弊端直接影响了教师的思维方式，在整合之初，如何打破壁垒，以促进学生全面发展为导向，以培养学生核心能力和素养为主线，整合学科知识内容，成为教师的困惑。不仅如此，还要把各学科、校园生活、家庭资源、社会资源整合起来。

（3）整合后如何落实，成为教师的难点

实施中，有些教师能够实现学科间的初步整合，但整合的内容就像是"拼盘"，各是各的菜，没有真正融合、揉融在一起，是为了整合而整合。怎样在现实生活中，把表象的"菜单式"的学科的孤立整合模式，转变为"以学习者为中心"的教学为学生提供学科融合的课程，培养学生的综合能力，也是急需要解决的问题。

因此，学校选准"学科+"综合实践活动课程为突破点，通过解决"怎样促进不同学科间的融合与支撑，有效开展综合实践活动课程"这一核心问题，以此解决教师心中困惑的三个小问题，从而促进学生核心素养的提升。

（二）课程开发

1. "学科+"课程的目标、概念与原则的确立

（1）课程目标依据一："学科+"课程目标分析

学校学生均来自周边两普通小区，面对以城市平民为特征的社区和生源基础，如何办一所"老百姓身边的精品学校"？在多次调研、分析、走访后，挖掘出核心价值观为"每一个都重要"，包括三层内涵：

①每个人都重要：指每个人都受到尊重和重视。

②每个人都独特：每个人都有价值，每个人都能带来变化。主要是指每一名学生的家庭背景、思维类型、认知方式、性格特征等都不同，存在差异。而每一个人的兴趣、潜能、智慧都需要点亮，尤其在成长的关键期。因此作为教师要了解差异、包容差异、理解差异、善待差异、完善差异。这里包括两层含义，一是每一名学生达到基础底线，即能够达到学校的基本目标以及课程标准的要求。二是每一名学生都能得到个性化发展，差异发展。

③每件重要的事情做好很重要。

（2）课程目标依据二：培养目标

具有独立、自信、坚韧的品格，关怀、宽容、合作的美德，乐学、敏行、淳美的健康少年。

（3）课程目标依据三："绽放课程"体系

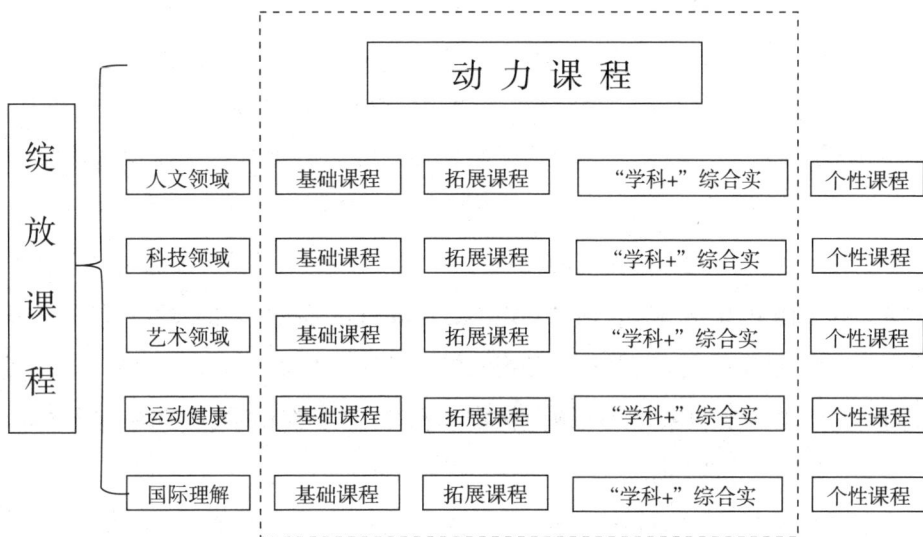

图 2-2-2 "绽放"课程体系 1.0 版

课程体系是学校办学理念的实践表达，是育人目标的实现路径。"绽放"课程是对"每一个都重要"理念的补充与完善，即每一个不仅都重要，还要绽放。课程领域分为人文、科技、艺术、运动、国际理解五个维度，每个课程领域根据课程功能层级又分为基础类课程、拓展类课程、"学科+"综合实践课程和个性特色课程。

（4）"学科+"课程目标确定

结合学校培养目标，确定了"学科+"综合实践活动课程培养目标：通过"学科+"课程把学生培养成具有"4C（合作能力、交流能力、批判性思维和创新能力）+1（信息素养）"素养的人。

"4C+1"的培养目标旨在促进学生核心能力的培养，从过去重视教学当中学科知识体系的科学性和完备性，转向重视学生核心能力和素养的生成；从过去重视学生知识结构而忽视能力培养，转向促进学生能力提升和全面发展。

2. "学科+"课程概念

"学科+"课程是指以学科知识为基础，在真实的社会生活情境中，进行学科实践（活化）、学科拓展（深化）、学科融合（立体化）、学科超越（综合化），旨在促进学生自主探究、自主应用、自主建构知识的学习活动。所谓的"+"绝不是简单的加法，而是丰富的乘法。这一概念突出了学科实践、学科拓展、学科融合、学科超越这四方面特质，强调以学科知识为基础，不脱离学科知识，不盲目地凭空拓展、实践与融合；强调真实的社会生活情境，不是教授学生孤立、抽象的学科知识，而是把学习与生活做了非常好的连接，还原于丰富的生活。结合生活中有趣、有挑战的问题，通过学生对问题的解决完成学习；强调学习不是知识的接纳过程，而是知识的运用和自主建构新知的过程；强调学科融合、学科超越。让学生学会一种把各门学科的知识整合起来，把各门学科获得的能力加以统整，来探究问题、解决问题，这对于学生的终身发展特别重要。

3. "学科+"课程原则

（1）综合性：是指万事万物中自然涵融的各类知识，将蕴涵知识进行统整。培养学生整体认知能力、整体思考能力，整体设计与创造能力。学校统筹学科课程，构建跨学科与超学科的综合性课程；统筹学校与社会资源，构建学校与社会资源结合的开放性课程。通过综合性课程促进学生超学科智慧及社会融合发展的能力，增强学生的社会责任感、创新精神和实践能力。

（2）实践性：是指兼具心智与行为运作的活动，而此活动应具有教育价值，其价值是在学生"行、思、知"统整过程中的展现。数学家克雷·夫曾深刻地指出："在从事的任何事业中，思想只占2%~5%，其余95%~98%是行动。"可见，实践性对成功起着决定性作用。

（3）创新性：在学生的认知中，没有接触到的，而又被学生所发现的新观点、新方法、新见解、新作品等。

（4）开放性：解决问题的方式、方法不唯一。

4. "学科+"课程的实施路径

"学科+"课程主要有两大实施路径：基于学科和学科超越

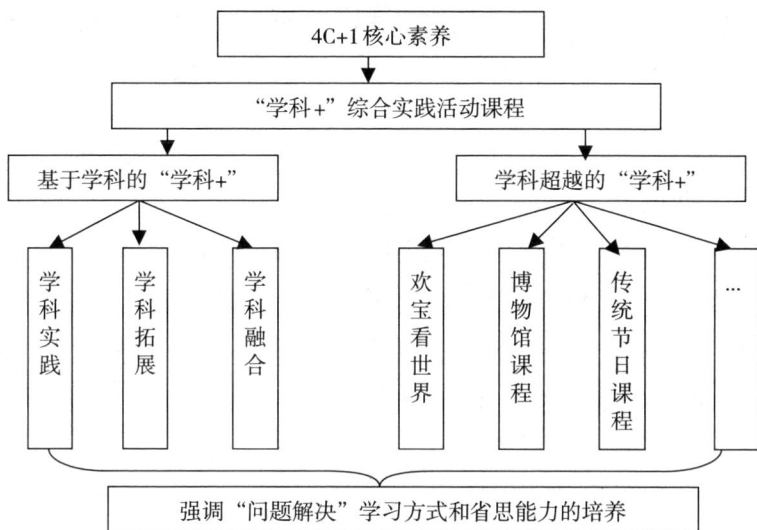

图 2-2-3 　4C+1 核心素养

基于学科的"学科+"课程。更加注重学科性，将学科本质、学科思维、学科方法、学科策略、学科能力的培养，贯彻课程的全过程。主要包括三个小路径。

学科实践类：某一内容的活化。

学科拓展类：某一内容的深化。

学科融合类：基于课标和教材，以学科为主，辐射到其他领域。

需要注意的是这里的整合不是几个学科简单拼凑而成的四不像的怪物，而是有着鲜明学科立场的整合。各科教学在内容的安排上，注重彼此间的联系。相对于独立学科而言，需要教师进行彼此沟通，对课程安排进行详细、周密的协调和计划。

5.学科超越的"学科+"课程

学科超越的"学科+"实践活动课程，取消了学科概念，将所有学科内容整合到新的学习领域，形成探究主题，实现学科超越，是学科知识与能力的综合化应用。学生围绕主题进行合作探究学习，每位学生在主题探究的过程中，发现、形成自己的思考和研究成果。

如果说基于学科的实践活动关键在于培养学生的学科核心能力，那么学科超越的实践活动就是运用多学科的核心能力解决实际问题，是学科能力的高级应用。

（三）课程模型

教师在做"学科＋"课程之初，如何在学科教学或主题研究中整合其他学科？整合什么内容？整合后怎样落实？思之无方，思之无法，无从下手。因此在研究中，我校总结出了综合实践课程建构的一般模型，即两个实用性工具：整合模型（理论层）和实践模型（活动层）。

1. 整合模型（理论层）——怎样设计课程

表 2-2-6　整合模型

项目	4C+1目标 学科核心目标	人文／历史	评论	创造	整合其他学科
学科研究主题	"4C"包括合作与协作，沟通与交流，创新能力，批判性思维。"+1"为信息素养。"学科核心目标"指各学科课标要求培养的最主要能力。	文化 事件或故事 文学家 趋势	描述 分析 解释 评价	产生 计划 生成	整合其他学科知识 整合社会生活经验 整合社会资源

具体说明：

（1）4C+1目标和学科核心目标：之所以在这一栏目中设立了两个目标，是因为教师在具体操作的过程中，往往出现重视本学科或现阶段的培养目标，而忘了初心"学科＋"课程的培养目标。制定研究项目时两个目标缺一不可，要相互结合进行制定。

（2）人文与历史：任何一项研究都要有追根溯源的严谨态度，因此在课程设计之初，能整合人文与历史的内容，要尽可能考虑在范围之内。

（3）评论与创造：在《布鲁姆目标分类学》中，评论与创造属于高阶思维。而教师在设计"学科＋"课程中，往往忽视高阶思维的培养，因此为了使学生在"学科＋"课程中真正走向"高能"，我们在整合模型中融入了评论与创造。

评论涉及基于外部的准则和标准对产品或工作进行判断，是我们称之为批判性思维的核心。关键词是描述、分析、解释、评价。创造过程分为三个阶段：

问题表征（学生试图理解任务并产生可能的问题解决方案——产生），方案计划（学生审视可能的方案后形成可行计划——计划），方案执行（学生建构的问题解决方案得以执行——生成），因此三个关键词是产生、计划、生成。

2.实践模型（实践层）——怎样实现课程

当教师应用整合模型进行发散性思维的设计之后，课程怎样实施？这时我们研制出了实践模型，即怎样实现这一课程。

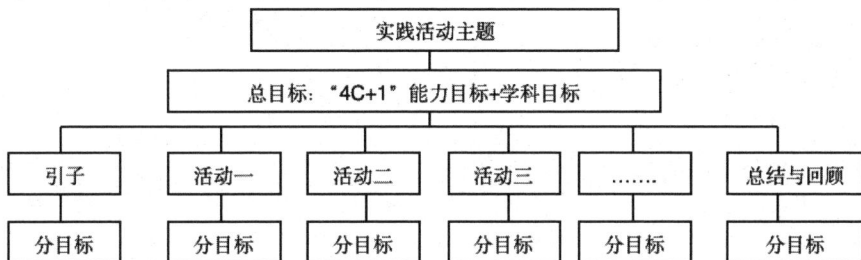

```
┌─────────────────────────────┐
│         实践活动主题          │
└─────────────────────────────┘
┌─────────────────────────────────┐
│   总目标："4C+1" 能力目标+学科目标   │
└─────────────────────────────────┘
┌────┐ ┌──────┐ ┌──────┐ ┌──────┐ ┌──────┐ ┌──────────┐
│引子│ │活动一│ │活动二│ │活动三│ │ …… │ │总结与回顾│
└────┘ └──────┘ └──────┘ └──────┘ └──────┘ └──────────┘
┌──────┐┌──────┐┌──────┐┌──────┐┌──────┐┌──────┐
│分目标││分目标││分目标││分目标││分目标││分目标│
└──────┘└──────┘└──────┘└──────┘└──────┘└──────┘
```

图 2-2-4　实践模型

具体说明：

（1）引子：所有引子都是基于教材，基于学科内容，由学科引发出深度化、系列化的课程。

（2）活动一、二等活动串：活动之间呈递进关系或并列关系。值得关注的是每一个活动，又可以应用整合模型进行二次开发。

（3）分目标：不同的活动有不同的目标，分目标是总目标的具体落实，与总目标要高度契合。

（四）课程实践

1.成立跨学科研究团队，为课程实施提供保障

相对于独立学科教学而言，"学科 +"综合实践课程，更需要不同学科教师之间的沟通、交流、研讨，因此学校根据不同教研组的需要，组建了不同的教师研究团队。依据"学科 +"建设目标，我们组建了 6 个基于学科的团队，同时兼顾"语文 +"和"数学 +"的开发任务。3 个超越学科的团队，负责"校园一角会说话""美术 +""体育 +"的开发任务。在进行团队成员划分时，考虑

到学科互补、年级互补还不够，还要考虑成员的个性互补和能力互补。从不同的维度看，每个人都会同时交叉地属于不同的团队。

2.建立模块化的时间带，为综合实践活动保驾护航

表 2-2-7　学校模块化时间带

时刻	时间	课节	星期一	星期二	星期三	星期四	星期五
7：55	10分钟		动力课程				
8：10	30分钟		体育大课间游戏课程				
8：45	40分钟	第一节课					
9：30	40分钟	第二节课					
10：20	40分钟	第三节课					
11：05	5分钟		眼操				
11：15	30分钟	第四节课			一年级体育自主选课	二年级体育自主选课	
11：45	25分钟		午餐				
12：10	70分钟		午间大课间活动				
13：20	30分钟	第五节课	艺术欣赏课				
13：50	5分钟		眼操				
14：05	30分钟	第六节课			"学科+"综合实践活动课程	一二年级自主阅读日	
14：45	30分钟	第七节课					
15：30	60分钟		社团活动	社团活动			
			教师分学科业研			教师理论学习日	"庖丁解课"日

3.基于学科的"学科+"课程——以学科素养为统领，让课程闪耀素养之光

基于学科的"学科+"综合实践活动课程，怎样突出学科性呢？以语文教学为例。

（1）应用整合模型设计某一年级的课程

表2-2-8 "月文化"理论层设计表

项目	4C+1目标 学科核心目标	人文/历史	评论	创作	整合学科
月文化	1.通过参与月文化综合实践活动，了解月意象的丰富内涵，感受月文化的历史，激发文学艺术想象力、创造力。 2.通过合作学习的形式，锻炼听、说、读、写、诵等多方面语文能力； 3.学习利用图书和互联网获取资料，进行筛选、研究问题、解决实际问题的方法，形成能力。 4.感受中华传统文化中"月"的意象，增强民族自豪感和自信心。	文化： 1.搜集有关月亮的传说故事，与月相关的传统习俗。 2.搜集描写月亮的词语、童谣、古诗名篇，感受月文化的丰富内涵，感悟"月"这一意象。	描述：关于月亮的传说故事与习俗；关于月亮的古诗、词语、童谣、现代咏月名篇。	1.做剪贴报、手抄报。	1.信息技术： 通过互联网能够根据所需查找信息。掌握基本的搜索方法，了解正规的官方网页，养成良好的信息检索素养。 2.传统文化： 通过阅读资料，了解"月"是古今中国人寄情抒怀、独有的意象。了解历代名家咏月诗篇所寄托的情思，感受"月"丰富的内涵。传承古典文化，增强民族自豪感和自信心。
		事件或故事： 1.应将胡饼邀蟾蜍 2.嫦娥奔月 3.吴刚伐桂 4.人类第一次成功登月。	分析：从古至今，中国人对月的情思与爱国、爱家、爱亲友密切相关，亘古不变。分析月的几种典型意向。	2.讲故事、表演。	
		文学家： 古代写过咏月诗的著名诗人（李白、张九龄、杜甫、王安石等）	解释：体会诗人对月抒怀所表达的情感。	3.写古诗内容的硬笔书法作品，并创造诗配画作品。	3.书法及美术： 借助美术基础，创作诗配画。懂得选用恰当的色彩，合理构图，相关技法表现诗意。借助书法技法，运用适当的行款、字体，合理设计版面，达到诗意、字体、画面和谐相容。
		趋势：学习以月寄情，即兴吟诵应景诗篇名句。能产生进一步探索月球奥秘的好奇心。能尝试对月抒怀，编写自己与月亮的故事，创编诗歌、童谣。	评价：你认为谁搜集的资料好？谁介绍的好？	4.创编童谣。 5.动手实践做月饼。 6.写活动日记。	4.整合食堂、社区、社会资源： 通过做月饼的实践活动锻炼学生综合能力；懂规划：小组研究，明确做月饼过程、各阶段任务、各阶段人员分工（承担协商时间、服装、邀师傅、送月饼等任务）。

根据模型提示，教师多元开发课程内容，上至历史文化，下到学生创作诗歌；既包含本学科基本能力的训练，又有机整合多学科形式为学生实践活动的学习服务，从而保障了语文核心目标的实现。

（2）应用实践模型设计活动系列

表2-2-9 "蛋文化"实践层设计表

一年级语文"蛋文化"实践活动计划书			
总目标： 1. 感受生命的神奇、伟大；感受生活的趣味、美妙；激发热爱生活、珍惜生命的情感。 2. 培养听、说、读、写等语文综合能力；懂得欣赏的审美情趣；勇于创新的思维能力。 3. 学会与人交流、沟通、合作，锻炼动手能力，培养爱生活、会生活的能力，学会一些增加生活情趣的技能。 三项活动之间螺旋上升，逻辑关系密切。			
主题	目标	活动	课时
活动1 宝贝蛋上学记	1. 懂得先规划再行动的做事方法，锻炼创新思维，寻找最佳护蛋行动。 2. 通过起名字、护蛋行动，产生珍爱生命的情感，懂得热爱生活。 3. 学习抒写感受，表达情感。	1. 定计划 2. 制保护壳 3. 护蛋上学记 成果：起名卡、护蛋日记、感恩卡	9
活动2 童心绘彩蛋	1. 独立创作蛋画，能利用文字和图画表达对美好生活的向往，提高思维的完整性和逻辑性。 2. 共创"美好生活"的作品，学会合作，能与他人分享自己的创作，能与他人合作创新作品。 3. 能完整、清楚地介绍自己的设计，综合提高语文素养。	1. 合作创意生活 2. 合影 成果：创意卡、合影微说	3
活动3 《猜猜蛋里住着谁》《先有蛋》	1. 感受生命的诞生、成长，感悟生命神奇。 2. 学习读故事、讲故事。	1. 共读整本书 2. 讲故事 成果：阅读卡	3

根据学校课程目标，制定了的语文实践活动目标在每一个具体的活动中落实。这一实践活动目标，兼顾了领域特点、学生特点和教材实际，围绕这一目标设计了实践性强的活动序列，保障了一步步实施，达成课程总目标。

4. 学科超越的"学科+"课程——以主题课程为核心，让课程闪耀立体之美

（1）依据整合模型，设计某一主题整体结构图

超学科课程的每一个主题要根据年级学生特点分层落实活动主题。根据我校"4C+1"的核心能力，梳理出各个年级主题课程实施的整体结构图。

表 2-2-10 "解码神奇大自然"结构表

	人文与历史	学科知识		评论	创造
内容	植物的演变 地球的演化 动物的演化	1 册	亲近大自然	描述观察到的现象； 分析种子萌发的影响因素； 评价、评判。	观察记录表 电子相册 图画 研究报告
		2 册	认识自我		
		3 册	大自然的植物		
		4 册	植物的一生		
		5 册	大自然的动物		
		6 册	动物的一生		
		7 册	大自然的资源		
		8 册	大自然的能源		
		9 册	声音		
			大自然的演变	描述动物的特点习性； 分析同一类动物的相同点、不同。	调查表 动物泥塑 小小解说员
		10 册	航天技术		
		11 册	宇宙奥秘		
		12 册	自然资源的合理利用		
4C+1 能力	合作协作 沟通交流	合作 创造创新		批判性思维 合作协作沟通交流	创造创新 合作沟通
思维图	流程图、圆形图	流程图、双泡图、圆形图、括号图、树状图		树状图、括号图、圆形图、双泡图	
整合学科	历史、地理、生物	科学、劳技		语文	美术、劳技、信息、多媒体制作

（2）依据实践模型，建构某一年级的主题学习实践课程体系

在整体架构的基础上，我校综合实践活动团队在实施中继续深挖每一个学年主题的实施过程，力求形成细致的主题学习体系。

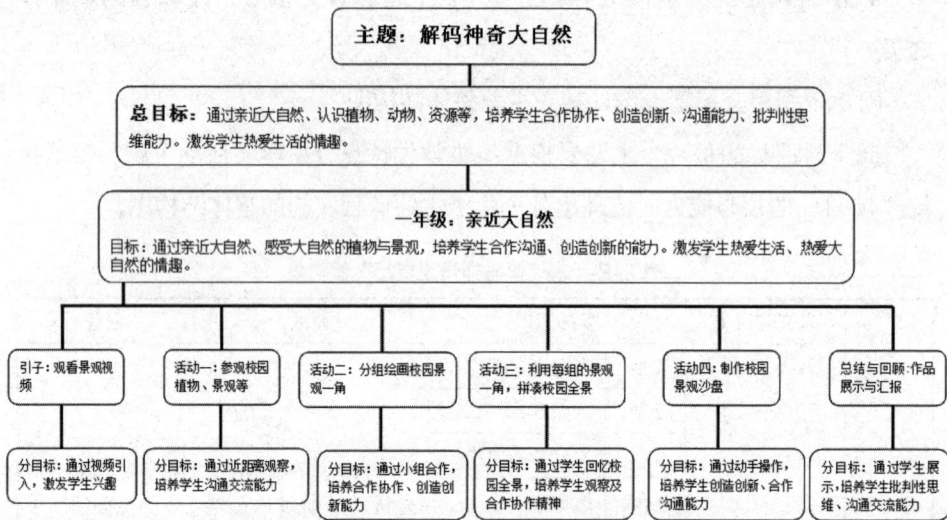

图 2-2-5　一年级"解码神奇大自然"实践层设计图

（五）课程反思

1. 提炼了"学科+"课程的概念

概念在前文有述。该概念是在《北京市落实义务教育新课程计划》出台之前，学校就旗帜鲜明地提出了综合实践活动课程的主题"学科+"。"学科+"这一主题直接指向了学科活化、学科拓展、学科融合、学科超越，为一所新建学校的课程改革指出了明确的方向。

这一概念指明了：课程的建构应该从知识导向走向能力导向，再延伸到价值导向。第一个维度，关注了学生的生活。基于学生生活，把学习与生活做了非常好的连接，培养学生观察生活、洞察生活、适应生活的能力。第二个维度指向"学科融合、学科超越"。让学生学会一种把各门学科的知识整合起来，把各门学科获得的能力加以统整，来探究问题、解决问题，这对于学生的终身发展特别重要。

2. 研究了"学科+"课程的模型

我校总结出了"学科+"课程的两个工具：整合模型（理论层）和实践模

型（活动层）。"整合模型"使教师在明晰课程目标后，可以利用模型整合人文与历史中的文化、事件与故事、文学家等，也可以整合其他学科的知识、生活经验、社会资源，同时还可以进行评论与创造性的设计，以此走向高阶思维。"实践模型"是基于教师在应用"整合模型"进行发散性思维的设计之后，用于改善课程具体实施的有效工具。即教师将整合后的内容再加工，再排序，设计成"引子、活动一、活动二……总结与回顾"的活动串。通过落实活动串中的一个个活动，推动"学科＋"课程的有效实施。

3. 建构了不同学科的"学科＋"课程体系

学校先后建构了不同学科的课程体系，使学校课程系列化、结构化、丰富化，切实为学生提供了"好吃有营养"的课程。

（1）建构出了"语文＋"课程体系

（2）建构出了"欢宝看世界"主题探究体系

第三节　评价适时跟进

课程评价是学校课程建设的重点和难点。为了充分发挥课程评价对课程的诊断、激励、调解等功能，我们设计了三种评价方式。学校课程评价分为校本课程开发评价、课堂教学评价和学生学业质量评价。学校制定学校课程开发与课堂教学评价方案，对课程实施情况进行评价反馈。同时，学校每学期安排固定的学生学业质量评价测量，对学生学业质量进行监控。考核结果与教师奖惩、晋升、职务评聘、业务进修等挂钩。

一、校本课程评价

为了规范教师课程的开发，我们实行校本课程的上报审批制度，依托"校本课程评价表"指导教师进行课程开发。

表 2-3-1　校本课程评价指标体系表

一级指标	二级指标	权重分值	评价依据
课程开发价值 30 分	核心素养价值	10	申报书
	学校育人目标价值	10	申报书
	学段发展价值	10	申报书 答辩表现
课程开发条件与可行性 35 分	师资条件	10	附件材料 达标表现
	设备与空间	5	申报书
	课程资源与经费	5	附件材料
	学生基础	10	附件材料
	家长认同	5	附件材料
课程开发与实施方案 25 分	课程开发思路与过程	10	申报书
	课程实施安排	10	申报书
	课程固化成果	5	申报书
课程评价 10 分	课程自评方案	10	申报书 答辩表现

二、课堂教学评价

在课堂教学评价中，强调"绽放课堂"的五个要素，即目标引领、思维、多感官、合作、放手。

表 2-3-2　"绽放课堂"教学评价指标体系

授课人：　　课题：　　年级：　　评课人：　　评课时间：

评价维度	评价内容	评价要点	评价要点分值
教材 15 分	教学目标	核心素养目标准确、重点突出、难点突破；思维品质明晰，习惯养成明确。（10 分）	
		亮出目标，呈现方式多样（5 分）	
教学过程 40 分	策略	1. 教法灵活：调动多感官参与学习，关注学生生活经验，尊重儿童天性，体现个性发展的理念。（5 分）	
		2. 自主活动：团队学习与独立思考有机结合，促进探究，积极思维；教师讲授少于学生活动时间。（10 分）	

续　表

评价维度	评价内容	评价要点	评价要点分值
教学过程 40分	策略	3. 评价多维：尊重个体差异，积极鼓励学生。（5分）	
		4. 教给学法：过程合理，层层推进，环节紧扣。适时、清楚地教给学法。（15分）	
		5. 关注每一个：发言面广，保证全体参与，全程参与。（5分）	
		6. 及时反馈：通过手势及时反馈学生学习效果，并给予补救措施。（+5分）	
学生 30分	学习能力	课堂生成效果明显，不同程度的学生都有提升。（10分）	
	思维习惯	思维活跃、有独特见解；语言表达完整。（15分）	
	养成习惯	养成学习习惯。（5分）	
环境 10分	精神状态	教师情绪饱满，教态亲切，语言有感染力；激励性语言具有启发性、导向性、多向性。（5分）	
	师生关系	师生相互尊重。课堂气氛融洽，学生学有兴趣，思维活跃。（3分）	
	环境布置	通风、健脑操、绿植、小动物……（2分）	
板书 5分	思维导图	思维可视化；突出重难点。（5分）	
总评		优（100-85分）良（84-75分）达标（74-60分）待达（60以下）	
合理建议			

三、学生发展评价

学校构建的"激励、导向、发展"的评价体系成为我们评价的重点。从学生发展的维度出发，我们以"个性发展、团队共生、智慧生长"为关键词，构建了多元化与差异化为一体的"欢之星"评价体系，对学生进行综合评价。

针对学习的过程设计了"学习之星"，对学习进行过程评价。这一过程的实施依托"班级优化大师"这一软件，进行评价前班级任课教师针对班级当前现状进行分析，确立本阶段的评价重点。比如，学生回答问题的情况，以及是否认真听讲、上交作业、带齐学具等。根据预先设定的评价项目，教师能够随时对学生进行评价记录，每一项记录都可追溯到事件的原因、时间。根据学生表现，每周颁发电子奖章，同时根据奖章获得情况奖励学校特质的"欢币"。依据所获欢币的数量由学生自主确定是否进行"心愿卡"的兑换。心愿卡有普通心愿卡和自选心愿卡。普通心愿卡有免作业卡、选座位卡等激励学生。自选心愿卡则让学生许下一些特别心愿，如担任学校升旗手，免学期检测等，从而激励学生注重学习过程，实现课程全程育人。

第四节　实验效果丰硕

课程建构过程中，我校借《北京市实施教育部义务教育课程设置实验方案的课程计划（修订）》方案出台的东风，加快课程建构的步伐。由于我校的研究在全市具有较强的引领作用，2015年12月4日我校召开了"北京市落实义务教育新课程计划研讨会——'每一个生命独特绽放'暨'学科＋'综合实践活动研讨会"，以及三场分学科的"学科＋"系列现场会。课程建设获得了丰硕的成果。

一、学生的关键能力显著提升

（一）学生走向了"问题解决"的思维方式

"绽放"课程更加关注"问题解决"的学习方式。旨在让学生在"发现问题—确定问题—收集资料—研究问题—发表成果—总结反思"中应用知识、锻炼能力、发展思维、彰显个性。在"数学＋"《开放空间可以摆下几块展板？》的探究中，孩子们自己设计的解决问题的计划书多种多样，解决办法各具千秋。参会老师普遍反映，这个学校的学生思维特别灵活，总是处在自己积极想办法解决问题的状态，非常让人感动。

（二）学生走向了深度学习

深度学习意味着理解与批判，联系与建构，迁移与应用。几年下来，有家长将我们的学生与幼儿园时其他学校的小伙伴进行对比，发现学生在看问题思维的深度，关联多方面知识解决问题的意识显著优于他的小伙伴。

（三）学生个人省思意识显著提升

在整个课程实施过程中，我们更加关注学生省思意识的培养。我校将省思分为三个阶段：事实省思、差异省思和整合省思。经过一段时间的培养，学生的省思意识已经传递给了家长。家长说："校长，这种回顾以前做的事、什么是有用的、以后可以再用的思维方式是我儿子教我的。这种方法对成人的作用也很棒！谢谢学校培养孩子的这种能力。"

（四）学生沟通交流能力显著提升

沟通交流包括发出信息和接受信息两部分。该课程关注学生的交流能力培养。一个个活动，一次次沟通交流，学生的状态悄悄地发生了变化。过去在众人面前说话声音细若蚊蝇的学生，开始以嘹亮的声音发言了；过去兴趣不能持续，对活动不能集中精力的学生，都能持续地精神饱满地参与活动……在小升初的特长生考试中，我校的学生在不同层级的测试中脱颖而出，尤其在以团队进行的测试中，我校学生的领导力极为凸显。

二、教师走向课程开发的自觉

由于明确了课程开发的目标，有了课程开发的三个工具：整合模型、活动模型和操作模型，老师们在实践层面上知道了为什么融合？怎样融合？融合后如何落实？解决了老师们的困惑后，教师自觉地走向了课程开发之路。教师的教育观念发生了极大的改变，由知识导向向能力导向、价值导向转变。"学科＋"课程促进了课堂教学方式的转变，传统意义上的教师教学生学，不断地让位于做中学、体验中学、探究中学，学生们喜爱的教学方式已成为课堂教学设计的自觉。

三、知名度、美誉度迅速攀升

在研究开展的短短六年间，学校迅速成长。"学科+"课程的开发与建构，使我校学生的综合素养显著优于其他学校，百姓对学校的态度由最初的质疑观望转变为赞赏向往；"学科+"课程召开了系列学科的市区级研讨会；学校先后被评为2016年京城最具创新领军小学、2017年北京市最具幸福感小学、北京市文化建设示范校、北京市科研先进校，等等。

2017年12月教育部教师工作司王定华司长到学校调研时用五个精彩的短语概括了学校六年的建校史：一枝独秀宋家庄，特色办学提质量，以生为本促发展，中西合璧理念新，面向未来展宏图。定华司长的高度评价成为"丰实人"继续奋进的不竭动力。

"以课程文化建设促学校文化内涵发展"的路径成为学校"弯道超车"的捷径。建校以来，在课程建设方面，我校进行了诸多尝试，力求从整体设计、课程改革、模式创新等方面不断探索，寻求一条适合我校课程建设的特色之路。课程建设，我们永远在路上……

学校发展的核心与关键

　　教育的唯一工作与全部工作可以总结在这一概念之中——道德。只有我们把每一个学生都理解为一个具有个人特点的、具有自己的志向、自己的智慧和性格结构的人的时候，才能有助于教师去热爱孩子和尊重孩子。

——题记

第一节　心智共育模式

学校工作要坚持"德育为先、立德树人"，要把社会主义核心价值体系融入国民教育全过程。学校德育一体化的工作目标应该是着力提升学生社会责任感、创新精神和实践能力，培养学生高尚的道德情操和公民素养，培育德智体美劳全面发展的社会主义建设者和接班人。在近8年的办学历程中，北京教育科学研究院丰台实验小学始终牢记党的教育方针，秉承"自立出智慧　助人显仁德"的校训，以"每一个都重要"为办学理念，以"团队支持型发展"为核心策略，创新开展德育工作，逐步建构起心智共同发展的学校育人体系。

一、心智一体化

所谓"心智教育"是指遵循学生心智发展规律，在教育实践中融入心智发展策略，促进学生心智发展的教育。通过心智教育，教育学生要悦纳自己、悦纳生活，唤醒心底里面最美好的情绪。基于此，学校建设"心智课堂"，为孩子们创建了深刻而有内涵的心智教育生态学习空间，浸润孩子心灵，放飞心智梦想。

人，视不如鹰，嗅不如犬，听不如蝙蝠，力不如大象，敏捷不如虎豹，然何以成为"万物之灵长，宇宙之精华"？答曰：心智发展水平高也！人的心智结构由"横向结构"与"纵向结构"交织构成。在"横向结构"里包含着"心之维"和"智之维"两个维度，其中"心之维"是我们的欲念（欲望及观念）调控子系统，而"智之维"是我们的认知加工子系统。其中"心之维"由低到高的发展次序分别为原欲层、社会层、升华层，而"智之维"由低到高的发展次序分别为粗疏态、精晰态、创见态。人与人之间，心智发展水平的差异主要是由"纵向"发展层次上的差异造成的——若个体在"心之维"的发展上受阻，会造成社会化不良，人生境界低，极易被"虚荣"和"原欲"所困扰，既不能

"安己"又不能"利他"，成为离幸福很远的"半兽人"；若个体在"智之维"的发展上受阻，会造成学习力弱，缺乏创造力，特别容易被肤浅、僵化、混乱所困扰，无法取得较高的社会成就。

心智教育分成两大教育体系：心育，关注学生情感，培养良好的意志品质，以心育心，赋孩子以心灵成长的力量；智育，提高学生能力，培养学生的认知和思维，以智启智，赋孩子以思维成长的力量。同时，心育与智育又相互贯通，相互促进，在情感教育的同时，促进智力发展；在培养思维能力的同时，促进意志品质的提升，以心促智，以智润心，发展学生综合素养。

教育的天然和根本使命就是促进个体的心智发展。人的心智是在"心智场"中被逐渐形塑出来的，只要"心智场"被优化了，场中之人的心智便会逐渐发生改变——蓬生麻中，不扶而直。一旦优质高能的"心智场"被营造出来了，就会产生强大的文化同化作用，新进入的成员很快就会被感染——对于一校而言，这是校风；对于一家而言，这是家风。如何营造"心智场"，破解这一难题的关键就是"一盘棋"的思想，要建立起学校一体化的育人体系，为学生的健康成长营造心智共同发展的良好氛围。

"教学永远具有教育性"这是教学的重要规律。加强学生思想教育，其意义不言而喻，学科教学在培养学生良好的道德品质、行为习惯方面担负着重要任务，而教学活动是对学生进行思想教育的主渠道，是学生道德修养之"源"。在近8年的办学历程中，北京教育科学研究院丰台实验小学始终牢记党的教育方针，秉承"自立出智慧 助人显仁德"的校训，以"每一个都重要"为办学理念，以"团队支持型发展"为核心策略，创新开展德育工作，在学科育德方面进行了诸多探索。

二、目标一体化

德育目标一体化的目的是认知与行为的一体化。希望让学生真正做到知行合一，当然这需要一个过程。制定目标首先要思考我们为谁培养人？怎么培养人？和培养什么样的人？也可以理解为党和国家要培养什么样的人？新时代的社会主义社会需要什么样的人？个人发展应该具备哪些品质和能力？

基于此，确定学校德育目标体系具体构思为：一条主线，点面结合，螺旋上升。

一条主线：学校办学理念是"每一个都重要"，学校的德育目标体系紧紧围绕这一主线来构建。

点面结合：围绕"每一个都重要"这条主线，我们的德育目标从"文明""健康""乐学""感恩""自信""创新""劳动"这七个点切入，希望学生能"知回报，懂感恩"；"爱科学，勇创新"；"展特长，有自信"；"习礼仪，讲文明"；"会读书，最乐学"；"常运动，最健康"；"爱劳动，最美丽"。

螺旋上升：德育目标的实现需要一定的反复，即使是同一德育目标也应该在反复中递进。我们根据每个年龄阶段学生的特点对小学六个年级进行分阶段确定德育目标，每一个目标又从知行两方面进行具化。后一阶段的目标是前一阶段目标的巩固和提升。这样的构建，符合学生身心发展的规律，循序渐进、前后衔接，呈螺旋式上升形态，让学生的品德与生命实现和谐共长。

表 3-1-1　各年级目标体系

目标体系				
一级目标	二级目标	三级目标		
		年段	知	行
每一个都重要	知回报，懂感恩	低年级	能懂得父母、老师、长辈和其他人劳动的辛苦和付出，能体会、感受他人对自己的爱和付出，学会珍惜和感激他人的付出。	为他人做一些事情，用自己的行动回报他人。
		中年级	了解弱势群体、了解公益设施。	成立爱心小分队帮助弱势群体。
		高年级	能够尊重生命，节约资源。对亲人、朋友、老师，对生命，对大自然怀有感激之情。	用爱的眼睛去观察身边的世界。从点滴做起，在生活中以实际行动去感恩。

目标体系				
一级目标	二级目标	三级目标		
		年段	知	行
每一个都重要	爱科学，勇创新	低年级	留心观察生活，有好奇心，爱提问，体验发现的快乐。	能动手制作"问题卡片"，并学会寻找答案，和同伴分享自己的发现。
		中年级	留心观察周围事物，善于质疑。	大胆提出有价值的问题，并主动实践。
		高年级	了解自己所生活的环境，了解科技在自己生活中的作用。了解科技在人类发展过程中的利与弊。	熟练掌握网络或一种数码产品的使用方法，运用网络搜集资料、解决问题。懂得利用科技来丰富生活，促进学习，培养积极健康的生活态度，培养良好的自控能力。
	展特长，有自信	低年级	知道音乐、绘画、书法和舞蹈等方面的一些艺术表演形式，培养自己多种多样的爱好。	能在他人面前大方展示自己的才艺。
		中年级	学习欣赏音乐、绘画和书法作品。会用简单的语言表达自己的感受。	积极参加校内外组织的各项文艺活动，并有所收获。
		高年级	深入了解一种艺术表现形式，比较全面地了解自己最感兴趣的中外艺术杰作。	能够进行一些艺术表现。进行初步的艺术创作。
	习礼仪，讲文明	低年级	知道与父母、老师、其他长辈以及伙伴交往的基本礼节，懂得礼貌地与他人交往。	能在家庭、学校适当地运用礼貌用语。
		中年级	能在不同时间、场合适当运用礼貌用语与人交往。	在生活中懂得礼貌待人。
		高年级	了解在不同场合与不同对象交往的基本礼仪。	能够与同学、师长、陌生人进行礼貌友好地交往，交往中能顾及他人的感受，善于发表自己的意见，也会倾听别人的想法。
	会读书，最乐学	低年级	能阅读一些适合的绘本读物，背诵一些古诗及儿歌，享受阅读带来的乐趣。坚持每天进行阅读。	养成良好的阅读习惯。

目标体系				
一级目标	二级目标	三级目标		
		年段	知	行
每一个都重要	会读书，最乐学	中年级	能阅读一些适合中年级的经典读物，背诵一些古诗。 掌握正确的阅读方法，愿意与人分享阅读的快乐。	坚持每天阅读，养成良好阅读习惯，学会默读。
		高年级	拓展阅读面，广泛阅读科普类读物。	懂得根据不同的阅读对象采取不同的阅读方法。能根据所阅读内容写出读后感，主动分享阅读的快乐。
	常运动，最健康	低年级	了解一些常见的健身活动和基本的卫生常识。	掌握运动的技巧和方法，参与丰富多彩的健身活动，养成热爱运动的好习惯，充分享受运动、健身带来的乐趣。
		中年级	知道健身前的准备活动和注意事项。 知道养成良好的卫生习惯和保持乐观、健康心态的重要性。	熟练掌握一项体育技能，参加多种体育运动，坚持天天锻炼，热爱运动。
		高年级	具有基本的健康意识，明确身体健康与心理健康的重要性。	掌握一定的运动技能，发展一门体育爱好或特长，养成良好的运动、卫生习惯，懂得控制情绪，保持快乐的心情。
	爱劳动，最美丽	低年级	自己的事情自己做，掌握基本生活技能。	家庭劳动：能自己穿衣穿鞋、整理书包、系红领巾、绑鞋带等。 学校劳动：学会摆放课桌椅、摆放书本、摆放餐盘、扫地（纸屑、果核）、倒垃圾。
		中年级	有做家务劳动的意识和愿望，能做简单家务劳动、了解劳动技巧，懂得珍惜、尊重他人劳动成果。	家庭劳动：叠衣裤、折叠雨伞 学校劳动：能独自承担1～2项班级劳动（如擦地、擦黑板），且完成效果较好；保持座位周围卫生干净。
		高年级	创意进行劳动体验，参加志愿服务，体会劳动快乐。	家庭劳动：包书皮、制作凉菜等。 学校劳动：能独自承担班级劳动；保持座位周围卫生干净，并能监督提醒、他人。

德育目标的确定为有效落实学校德育工作提供了保障。

第二节 德育课程建设

一、立足学科德育主渠道

学科本身充满着德育价值取向，各学科的课堂教学过程伴随着学生的德育发展过程。教师应该依据学科自身特点，紧密结合课程内容，充分利用各学科教学中的德育因素，潜移默化地在学科教学中实施德育，使德育与学科内容，以及学生的成长需要有机结合，在学科教学中引导学生形成符合社会规范的积极情感、态度和价值观。

（一）显性结合

表现为学科德育内容通过学科内容的知识直接反映出来。道德与法治课程就是学科德育内容中最系统、最具条理性的部分，其他如语文、音乐、美术等都具有学科德育的显性内容，如果将这些内容视为纯粹的知识传授，那就削弱了其立德树人的价值。我们可以带领学生理解狼牙山五壮士的悲壮，也可以在欣赏《二泉映月》的过程中感知中华传统乐曲的魅力，还可以让孩子用自己的笔触描绘出祖国灿烂的未来。

（二）隐性挖掘

表现为学科德育内容蕴含于学科教材内容、科学观念中，它需要教师通过有效的手段揭示出来。如科学课中的遗传与变异、能量守恒；数学中的直线与线段的关系、方程中的已知与未知数等都蕴含了辩证唯物主义对立统一的观点，它可以通过教师有效的教学活动帮助学生领会。如让学生认识什么是圆？圆为平面内一点运动变化且遵循一定规律（和定点保持定长）运动时所留下的痕迹。通过上述分析，不仅给学生静圆以动感，还使学生认识到运动变化是有章可循的。这样有助于学生运动、变化、联系等观点的形成。在数学教学中进行辩证唯物主义教育，可为学生树立科学的世界观和方法论奠定良好基础。

（三）融入拓展

学科自身知识体系中除了有显性和隐性的德育因素外，现代社会还赋予学科新的要求，具有更深刻的德育内容，教师更应从学科特有的育人因素全面考虑。表现为教师有意识地把德育观点融入教学内容之中。例如，在学习循环小数时，让计算出运动员所取得成绩的数据，感受运动员刻苦训练背后的不易，以及运动员为祖国争光而努力的精神值得敬佩。

例：第17届世界游泳锦标赛中，中国选手孙杨以约144秒的成绩夺得男子200米自由泳冠军。孙杨在这次决赛中平均每秒游泳多少米？（得数保留两位小数）

（四）形成策略

为了使立德树人落到实处，学校深挖学科德育内涵，建构其各学科的立德树人落位体系，不仅关注知识点、能力点、情意点，还关注教育价值点。针对每一个点教师通过创编例题、联系时事、拓展资料等多种形式确定立德树人落位的策略。

表 3-2-1　五年级语文《圆明园的毁灭》育人策略

领域	知识点	能力点	情意点	教育价值点	具体教学策略
家国情怀《圆明园的毁灭》	了解课文内容，读懂作者花大量笔墨来写圆明园昔日辉煌的原因。	通过对比，感受到"圆明园的毁灭是不可估量的损失。"	感受到国家的尊严受到侮辱的悲愤，感悟到国家的富强是需要我们为祖国而奋斗。	社会主义先进文化—社会主义核心价值观—爱国 从文中感受到国家的尊严与富强与我们每个人息息相关，只有通过我们的不断努力与奋斗，才能让祖国强大。	1.通过比较圆明园的现在与昔日的辉煌，使学生感受到圆明园的毁灭是不可估量的损失。 2.结合相关资料，体会作者想要表达的情感。

表 3-2-2　四年级数学"大数的读法和写法"育人策略

领域	知识点	能力点	情意点	教育价值点	教学策略
数与代数	大数的读法和写法——掌握按数级读数、写数的方法。	1. 引导学生在参与探究的过程中积累数数、读数、写数的经验，抽象概括出多位数读写的方法，培养学生抽象概括能力。 2. 引导学生从数学的角度发现、提出问题，并运用数学知识解决问题，增强应用意识，提高实践能力。	通过多位数在生活和学习中的广泛应用，让学生感受到生活中处处有数学，体会到数学的价值。	中华优秀传统文化—中华传统美德—精忠报国、振兴中华：以祖国发展建设的资料为学习媒介，使学生感受为了祖国的发展各行各业人们心中秉持的精忠报国、振兴中华的爱国情怀。	在祖国发展建设的资料为学习资料，鼓励学生主动进行观察、实验、猜测、验证、推理与交流等数学活动，在读数与写数的过程中感受祖国的发展建设快。建立为报效国家、振兴国家掌握更多科学知识的感情。

二、打造立体化的德育课程校本化体系

德育内容要力求体现学校特色，以德育课程的构建为载体全面推进"每一个都重要"的一体化德育课程。围绕"文明""健康""乐学""感恩""自信""创新""劳动"这七个点，从大队活动、中队活动、社团和综合实践活动四个方面进行德育课程的整体架构。

表 3-2-3　德育课程校本化体系

德育课程校本化体系						
一级目标	二级目标	课程内容				
		课程	中队活动	大队活动	社团	综合实践活动
自立出智慧，助人显仁德	知回报，懂感恩	低年级	一年级："谢谢你"主题中队活动 二年级："感恩的心"主题中队活动	"感恩节"大队活动（十月）	欢宝志愿者社团	欢宝成长课程：感恩课程

德育课程校本化体系						
一级目标	二级目标	课程内容				
		课程	中队活动	大队活动	社团	综合实践活动
自立出智慧，助人显仁德	知回报，懂感恩	中年级	三年级："关爱残疾人，感恩你我他"主题中队活动 四年级："感谢有你"主题中队活动	"科技节"大队活动（十一月）	疯狂博士-玩转科学社团、创客实验室	
		高年级	五年级："让我们都有一颗感恩的心"主题中队活动 六年级："追寻成长的足迹，记录精彩的片段"主题中队活动			
	爱科学，勇创新	低年级	一年级："会提问的我"主题中队活动 二年级："我有一颗好奇的心"主题中队活动			
		中年级	三年级："科技，妙趣横生"主题中队活动 四年级："科技在身边"主题中队活动			《欢宝看世界》主题课程 三年级：地理园大揭秘 四年级：校园科技我探秘
		高年级	五年级："家乡未来小设计师"主题中队活动；"从小爱科学"主题中队活动 六年级："走进科技，走进梦想"主题中队活动			《欢宝看世界》主题课程 五年级：地铁科技我探秘 六年级：校园规划我参与

续　表

德育课程校本化体系						
一级目标	二级目标	课程内容				
		课程	中队活动	大队活动	社团	综合实践活动
自立出智慧，助人显仁德	展特长，有自信	低年级	争做"欢宝特色少年"主题中队活动	"艺术节"大队活动（六月）	欢之声合唱团、舞韵舞蹈社团、创意美术社团、服装设计社团	《欢宝看世界》主题课程四年级：艺术长廊展风采
		中年级				
		高年级				
	习礼仪，讲文明	低年级	一年级："文明礼仪伴我行"主题中队活动 二年级："学会友好地与人交往"主题中队活动	"礼仪节"大队活动（三月）	欢宝志愿者社团	欢宝成长课程："三好"课程
		中年级	三年级："生活中的礼仪"主题中队活动 四年级："做文明的小公民"主题中队活动			
		高年级	五年级："学会倾听，善于表达"主题中队活动 六年级："传承文明"主题中队活动			
	会读书，最乐学	低年级	一年级："快乐学习"主题中队活动 二年级："金色读书月"主题中队活动	"书香节"大队活动（四月）	欢宝绘本社团（表演）、欢宝课本剧社团（表演）	《欢宝看世界》主题课程一年级：绘本长廊读绘本 二年级：古诗大道吟诗诵对 二年级：汉字大道溯本清源

续 表

德育课程校本化体系						
一级目标	二级目标	课程内容				
		课程	中队活动	大队活动	社团	综合实践活动
自立出智慧，助人显仁德	会读书，最乐学	中年级	三年级："我爱阅读"主题中队活动 四年级："书香伴我行"主题中队活动	"书香节"大队活动（四月）	欢宝绘本社团（表演）、欢宝课本剧社团（表演）	《欢宝看世界》主题课程三年级：三味书屋论古今
		高年级	五年级："读万卷书，行万里路"主题中队活动 六年级："课本剧，打开阅读的一扇窗"主题中队活动			欢宝成长课程：攀登阅读
	常运动，最健康	低年级	一年级："我爱运动"主题中队活动 二年级："我和健康手拉手"主题中队活动	"健身节"大队活动（九月）	足球、高尔夫、网球、柔力球、定向越野、跑酷	《欢宝看世界》主题课程一年级：体育环形带的秘密
		中年级	三年级："运动最快乐"主题中队活动 四年级："健康大比拼"主题中队活动			
		高年级	五年级："运动技能大比拼"主题中队活动 六年级："健康伴我行"主题中队活动			
	爱劳动，最美丽	低年级	一年级："自己的事情自己做"主题中队活动 二年级："生活技能大比拼"主题中队活动	"劳动节"大队活动（五月）	小种植社团	欢宝成长课程：劳动课程
		中年级	三年级："我爱劳动"主题中队活动 四年级："劳动小能手"主题中队活动			
		高年级	五年级："改造生活"主题中队活动 六年级："劳动最美丽"主题中队活动			

（一）大队活动课程

从学校整体工作上依据学校德育体系目标体系要求，对学生的校园活动进行统筹安排。将德育内容从教科书扩展到儿童的校园生活，让德育目标通过儿童在活动过程中体验、感悟和主动建构来实现。利用节庆纪念日、仪式教育活动、校园节（会）等，开展形式多样、主题鲜明的教育活动，以鲜明正确的价值导向引导学生。

表 3-2-4　学校德育体系目标体系

月份	大队活动	德育目标
三月	礼仪节	文明
四月	书香节	乐学
五月	劳动节	劳动
六月	艺术节	自信
九月	健身节	健康
十月	感恩节	感恩
十一月	科技节	创新

"书香节"开展读书日里赶大集、图书漂流、读书讲座、流动图书车进校园、"悦读"思维图大赛等活动，孩子们在读书分享中感悟、体验正确的价值观。

"劳动节"各班开展种植 PK，从育苗、培育到剪枝、施肥，孩子们和植物一起成长。

"感恩节"开启爱国之旅。"抗战馆里话抗战"活动中孩子们自主完成调研作业，深刻感悟抗战精神。"欢宝影院"活动中全校学生共看电影《我们诞生在中国》，绘制主题思维图，撰写影评，祖国广袤大地的美丽深深打动了每一个孩子。"手绘地图"大赛里孩子们开动大脑创意手绘祖国地图，将对祖国母亲的热爱凝缩在自己的创意之中。这其中既有"心"的成长，又有"智"的飞跃。

（二）中队活动课程

每周一节的班（队）会课由班主任（中队辅导员）依据德育目标体系安排，结合班级情况对学生进行思想品德、行为规范等专题教育。同时针对性地指导由学生主持召开主题班（队）会。学校每学期进行班级主题班（团）会的观摩活动，使主题班（队）会真正成为塑造优良班、学风的有力载体。

表 3-2-5　年级主题活动划分

会读书，最乐学	低年级	一年级："快乐学习"主题中队活动 二年级："金色读书月"主题中队活动
	中年级	三年级："我爱阅读"主题中队活动 四年级："书香伴我行"主题中队活动
	高年级	五年级："读万卷书，行万里路"主题中队活动 六年级："课本剧，打开阅读的一扇窗"主题中队活动

（三）社团活动课程

社团课程是校园文化的重要载体，是学生身心发展、拓宽兴趣的阵地，也是学生展示个性、内化能力的第二课堂。我校致力于丰富多彩的社团活动和校本拓展课程建设的融合发展，让孩子们在兴趣潜能和综合素质的培养中，获得长足的发展。依据学校德育体系目标体系要求，对"欢宝乐学社团"进行"课程化"梳理，丰富学生们的课余生活、培养学生的综合素质，推动学校"每一个都重要"校园文化的建设。

表 3-2-6　校园社团活动课程

知回报，懂感恩	欢宝志愿者社团
爱科学，勇创新	玩转科学社团、创客实验室、机器人、围棋
展特长，有自信	欢之声合唱团、舞韵舞蹈社团、创意美术社团、服装设计社团、黄梅戏社团、衍纸
习礼仪，讲文明	欢宝志愿者社团
会读书，最乐学	欢宝绘本社团、欢宝课本剧社团
常运动，最健康	足球、高尔夫、网球、柔力球、定向越野、跑酷
爱劳动，最美丽	小种植社团

各具特色、个性鲜明的学生社团，使"每一个都重要"的欢学园展现出蓬勃生机。形式灵活多元、内容丰富多彩的活动吸引学生自愿参与，使其成为学生发展个性、展示个性的舞台。校园变成了传播优秀文化，培育和践行社会主义核心价值观，促进学生健康快乐成长的乐园。

（四）实践课程

综合实践活动努力将抽象的价值观与活动实践联系起来，让学生通过与社会生活的接触或参与更进一步体会、理解价值观的价值所在。通过开展各类主题实践、劳动实践、研学旅行、志愿服务等，增强学生的社会责任感、创新精神和实践能力。综合实践活动课程有专职教师教授，旨在提高学生的综合能力。

1. "劳动小欢宝"课程

"劳动课程"提出了"以劳养德""以劳启智""以劳健体""以劳为美"，让劳动教育和各个方面的融合。根据学生年龄不同，"确立了不同年段的劳动小欢宝"课程教育目标。

表 3-2-7　劳动教育目标体系

年级	家庭	学校	社会
一年级	掌握基本生活技能（如：穿衣穿鞋、整理书包）	学会摆放课桌椅、摆放书本、摆放餐盘	自己的事情自己做
二年级	系红领巾；绑鞋带	扫地（纸屑、果核）、倒垃圾	自己的事情自己做
三年级	有做家务劳动的意识和愿望（如：叠衣裤、折叠雨伞）	擦地、擦黑板	懂得珍惜、尊重他人劳动成果
四年级	能做简单家务劳动、了解劳动技巧（如：洗碗筷、缝扣子）	能独自承担1—2项班级劳动，且完成效果较好；保持座位周围卫生干净	懂得珍惜、尊重他人劳动成果
五年级	合理适应纸张包好书皮，外形美观掌握劳动技能。	能独自承担班级劳动；保持座位周围卫生干净	参加志愿服务体会劳动快乐
六年级	制作凉菜	保持座位周围卫生干净，并能监督构提醒、他人	参加志愿服务体会劳动快乐

2. 好习惯课程

<h1 style="text-align:center">十大好习惯儿歌</h1>

【课堂】

（1）倾听跟着声音走。

（2）思考跟着问题走。

（3）手定、心静、注意听。

（4）小耳朵竖起来，小眼睛看前方，小腰板挺起来。

（5）聚精会神，专心致志，脚踏实地。

（6）手放平，眼看前，耳听清。

（7）他来读，我来听。

（8）有发言，认真听。

（9）你来静静写，我来认真看。

（10）用你的小手告诉我你想说话。

（11）发言要举手，回答不乱抢。

（12）小小手别乱动，小小脚快放平。

（13）读书法，有三到，心眼口，信皆要。

（14）站如松，坐如钟。

（15）一二三，我坐好。一二三，我安静。

（16）坐着要学大白鹅，挺起胸膛真精神。

图 3-2-1　学生课堂好习惯进行时

【课间】

（17）一换书包，二喝水，三摆桌椅，四方便。

（18）走路要学小花猫，脚步轻轻静悄悄。

（19）宽转弯，勿触棱，上下楼梯靠右行。

（20）楼道当中都有轻，说话轻，走路轻，上下楼梯靠右行。

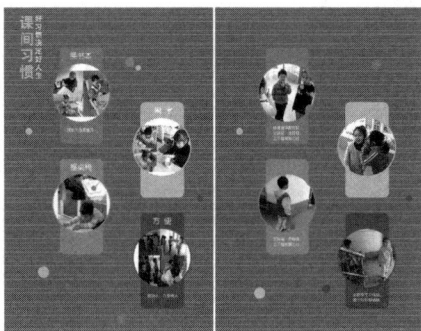

图 3-2-2　学生课间好习惯进行时

【发言时】

（21）将上堂，声必扬。

（22）发言时，站如松。

【书写时】

（23）头正、肩平、腰立、足安。

（24）一拳、一尺、一寸。

（25）小铅笔，送回家。

【合作学习时】

（26）合作围绕问题学，归纳梳理要牢记。

（27）合作学习声要低，不影响他人最为宜。

（28）如果他说的好你就夸夸他，如果他遇到困难你就帮帮他。

孩子们牢记行为规则，更要明白行为规则背后的"心中有他人"、尊重、责任、自律、友爱、有序、专注、努力等有益于终身发展的道德品质和意志品质。

第三节　德育活动育人

一、德育活动"四化于心"

1.突出"形象化"，使其乐学乐行

学校开发了"欢宝诚信月历"，让学生每天反思自己的行为，根据 colour 表中的颜色，诚实评价自己一天的表现。诚实守信从小事做起，说到做到，不说谎话，每日"诚信月历"的填涂考验着每一个欢宝的诚信值。在这一主题下开展了"声音 level 自主管理"活动，通过让学生根据声音级别图管理自己在校园生活中的声音音量，实现对自己的负责，对他人的尊重。

2.突出"游戏化"，使其易学易行

学校将"友善"与自身理念相结合，开展"三好人"建设工程，即：说好话、做好事、存好心，并制定了"三好人"行为准则 27 条，引领学生形成良好行为习惯。

图 3-3-1　欢宝诚信月历和声音级别图

三好人（说好话、做好事、存好心）细则

● 说好话

1. 问好：主动问好是你对别人的尊重。

2. 诚实：不欺骗别人是你与人交往的基石。

3. 低调：不炫耀自己是你走向文明的第一步。

4. 赞美：时常赞美别人的优点是你带给大家的欢喜。

5. 礼貌：常说"请、您、您好、谢谢、对不起"是你拥有的交际的最美语言。

6. 正直：不在背后说人坏话是你坚守的做人准则。

7. 文明：不说粗话、脏话是你坚守文明的表现。

● 做好事

1. 排队：有序排队是你遵守规则的体现。

2. 弯腰：随时弯腰捡起纸屑是你责任感强的表现。

3. 整洁：参与清洁活动、不乱丢垃圾是你对校园环境的贡献。

4. 静听：上课认真听并积极思考发言是你对自己的负责。

5. 慢行：慢步轻声靠右行走是你注意到了他人的存在。

6. 轻玩：下课不追跑、不打闹、文明玩耍是你儒雅的风范。

7. 轻声：不高声喧哗是你不打扰他人的自觉。

8. 净手：便后洗手是你关注了自身的健康。

9. 冲厕：及时冲厕是你方便下一个的自觉。

10. 自护：不打滚，不从楼梯扶手滑下是你对自我生命的珍视。

11. 礼让：互相礼让是你带给别人的温暖。

12. 自省："今日事，今日毕"是你具备了责任意识。

13. 环保：垃圾分类是你为地球做出的贡献。

14. 交通：遵守交通秩序，不在马路上追跑是你对自己生命的珍视。

● 存好心

1. 微笑：微笑待人是你对别人的友善。

2.感恩：受人帮助加倍回报是你对别人心存的感激。

3.爱护：爱护设备设施是你主人翁意识的展现。

4.惜福：随手关水电，饮食不浪费，生活要简朴是你为地球家园做出了贡献。

5.热心：遇人困难主动帮忙是设身处地为他人着想的风范。

6.孝敬：对待长辈恭敬孝顺是你坚守礼仪的境界。

为了给学生创造轻松愉悦的学习行为准则的环境，学校设计了"三好棋"，使学生在玩中学，学中践行。

图 3-3-2　三好游戏棋

在参与"三好棋"游戏的过程中，孩子们产生了自己创造"三好棋"的想法。有的组创造了"三好大富翁棋"，有的组创造了"三好飞行棋"……

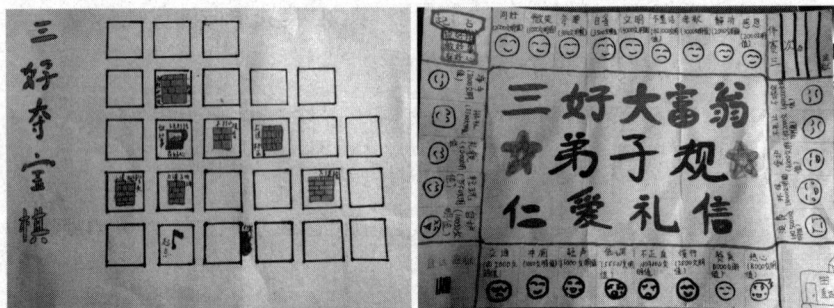

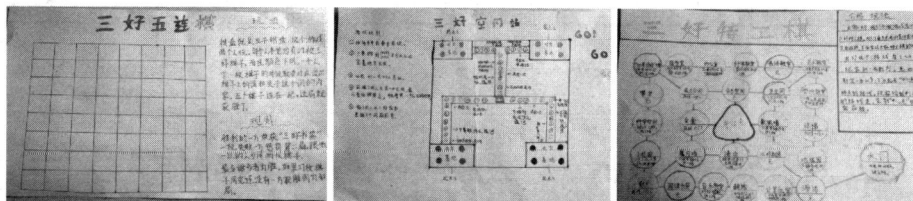

图 3-3-3　学生们设计的"三好"游戏

表 3-3-1　案例：主题班会《"三好"欢宝在行动》

班会说明	
教育背景	理论背景：以社会主义核心价值观为理论基础，以学校倡导的"三好人"要求为指导。 实践背景：结合四年级学生的特点，配合学校的德育活动内容，开展本次班会活动。
班会目标	认知目标：通过学生设计三好游戏棋，让学生在过程中深化理解什么是"三好人"，鼓励每个学生每天坚持说好话、做好事，存好心，使他们在头脑中建立正确的道德意识，树立善念、拥有善心、实践善行。 能力目标：结合学校开展做"三好人"活动以及针对班里学生的日常行为表现，借助这次班会，让学生深刻体会做"三好人"的重要性，培养学生在平时要说好话、做好事、存好心。培养学生尊老爱幼，为他人着想的良好品质，培养学生自觉做到"三好人"，同时给其他年级的同学起示范、倡议的作用。 情感目标：通过这次班会展示学生的风采，传承和发扬中华民族的优良传统。
前期准备	学生准备： 各组准备设计一个三好游戏棋，并制作推广海报。 自编童谣、自制绘本、自导自演小品、自编小快板等。
班会过程	
内容	设计意图
1. 引入主题 班长主持： 同学们，自我校开展争做"三好人"活动以来，同学们依照三好细则的内容自省自己的言行，比较以前的行为有了很大的进步。（照片或视频展示） 为了使同学们记住"三好细则27条"，学校推出了三好游戏棋，大家在操场上玩大的游戏棋，在课间玩小的游戏棋。但这样大家感觉还不过瘾，有的同学提出我们自己设计一个"三好游戏棋"，这个提议得到了我们班同学的一致赞同。怎么样，通过一段时间的秘密设计，各组今天就让你们设计的三好游戏棋亮相吧！ 我宣布：三好游戏棋发布会现在开始！	宣布班会内容。

续　表

班会过程	
内容	设计意图
今天的发布会出场的顺序由抽签决定,各组在介绍时除了说清游戏棋的玩法、规则,更重要的是要阐述你应用了哪些"三好细则"的内容,为什么要用这些内容？ 2. "三好"大富翁 甲：大家好！我们小组设计的三好游戏棋借鉴了"大富翁"这个棋的原理,因此我们的游戏棋就叫"三好"大富翁。同时,我们也希望每一个同学都能做到说好话、做好事、存好心,成为品德大富翁。 乙：学校为我们提供的三好棋也是借鉴了大富翁,我们认为学校设计的游戏棋仅限于 27 条,可以把中国传统的"弟子规"和"三好细则"融合到游戏棋里,使同学们通过回顾和不断地练习都成为一个三好小欢宝。 丙：我们设计的"三好"大富翁,这个游戏是两个人玩的,第一个人投骰子,色子上点数是几就走几步,到了这个地点你可以选择买地,也可以不买,如果买就要交相应的文明值,另一个玩家如果也走到了第一个玩家所拥有的地点要交相应的文明值,还要通过抽球的方式决定背诵相应相关弟子规内容。 丁：规则：当一位玩家的文明值为 0 时,则这位玩家退出游戏,另一位玩家获胜。 甲：各位同学,大家对我们组设计的三好大富翁有什么疑问吗？希望我们设计的三好大富翁游戏棋得到大家的支持。	学生以团队为单位介绍三好大富翁游戏棋的玩法和规则,引起学生的兴趣。
3. "三好"夺宝棋 甲：大家好,我们组设计的三好游戏棋叫"三好"夺宝棋。"说好话、做好事、存好心"是我们做人的三件宝贝,让我们每一个人在参与夺宝的过程中努力践行"说好话、做好事、存好心"吧！ 乙：我们设计的"三好"夺宝棋共有 9 关,我们将三好细则 27 条分别放在9 个关中,每一关有三个细则的内容。 丙：下面我介绍这种棋游戏玩法：这个游戏 2 个人玩,躲开墙和草,根据图上的步数来找到宝藏。这些草画的是一些同学们的日常行为习惯。 丁：三好夺宝棋的游戏规则是：如果第一个依照步数找到宝箱的同学,就给一张三好细则奖励卡。如果在这一局中第二个到达并找到宝箱的同学,要依照三好细则奖励卡的有关内容背诵下来。 甲：希望大家在玩游戏的过程中,努力强化好的行为,抵制不良行为！	介绍三好夺宝棋的玩法和规则,引起学生的兴趣。
4. "三好"空间站 甲：大家好！我们设计的游戏棋叫"三好"空间站。我们组要带领大家一起走向太空,让我们的"三好"做人准则走向浩瀚的宇宙。	介绍三好空间站的玩法和规则,引起学生的兴趣。

班会过程	
内容	设计意图
乙：这是我们小组设计的游戏棋的图，三好空间站的玩法：必须是 4 个人或 3 个人玩。按照每一步的要求来玩。只有投到 6 个点才可以从环保基地出发。 丙：三好空间站的游戏规则：获胜者可获得三好方块一枚，最后看谁码的最高，谁就可以获得三好欢币一枚。 丁：我补充一下，如果获得惩罚，就要抽取我们设计的"三好绘本卡"里的三个问题回答。 出示三好绘本卡 甲：玩"三好"空间站，我们建造属于自己的三好屋。让我们用优秀的"三好"行为筑成自己的美好行为家园吧！	
5. "三好"五连珠 甲：大家好！我们组给大家带来的是"三好"五连珠。我们小组借鉴了五子棋的设计方法，让大家在简易的玩法中通过智慧将自己的三好行为连成一线。 乙：玩法：这个游戏两个人玩，棋盘就是五子棋的棋盘。每个人手里均有 27 枚三好棋子，两人手里棋子的颜色不同。 一个人下一枚棋子时要对应说出旗帜上的词和关于这个词的内容，五个棋子连在一起，这局就获胜了。 丙：规则：胜利一方荣获三好书签一枚，失败一方惩罚在玩第二局时要少用 2 个棋子。如果 27 枚棋子用完还没有一方获胜则为和局。 丁：好的行为伴随我们成长，乃至影响我们的未来。同学们，让我们将"三好"要求融入自己的血液，让我们的行为不仅五连珠，还要让更多的优秀行为连成一串，成为最优秀的"三好"小欢宝。	介绍三好五连珠棋的玩法和规则，引起学生的兴趣。
6. 三好特工棋： 甲：同学们，这是我们小组设计的三好特工棋，怎么样想玩吗？ 乙：我来给大家介绍我们三好特工棋的玩法吧。我们重点参考的是体育游戏定向越野的游戏方法，这个游戏是 2 到 4 人来玩，还需要一名裁判，先由裁判指定一条以大门为起点到中心点的路线，玩家要依照这条路线，每个玩家用掷色子的方法来决定自己每次的步数。 丁：我们三好特工棋的游戏规则是：第一个到达中心点的玩家获胜将得一张三好特工勋章。其余三人需要讲出三好细则中的 3 条内容。 甲：希望我们在玩的过程中懂得爱学习，让三好精神永远陪伴着我们成长。	介绍三好特工棋的玩法和规则，引起学生的兴趣。
7. 互玩游戏棋 主持人：听了各组的介绍，我迫不及待要亲自玩一玩了，大家肯定跟我一样吧。我们还是通过抽签的形式，互换进行游戏体验。 主持人：游戏体验结束了，你们能评价一下这个小组设计的游戏吗？ 主持人：我们的游戏发布会就要结束了，每个小组都拿出了精彩的设计，我们的智慧在游戏中绽放，我们的三好细则在游戏中体验，我们的行为准则在心中生根。	在游戏中增强对于做三好人的理解和习惯的培养。

班会过程		
内容		设计意图
8. 班主任讲话 同学们，大家设计的游戏棋真的太有创意了！为什么这么有创意呢？因为我们已经将"三好"细则融入了自己的血液之中，我相信每一个同学一定能在生活中自觉践行这27条。我有个建议，今天的发布会结束后大家要向全校推广，让全校师生投票选出游戏棋人气王，看看哪个班级哪个小组的设计最终能取得胜利。 同学们，游戏的世界是虚无的，而我们学校的争做"三好"人的行动却是实实在在的。希望同学们再接再厉，争做欢学园中最优秀的三好小欢宝。		
班会流程 树状图		
后续教育计划		
1. 在学校各班开展三好游戏棋的游戏，每个年级选一个我班设计的游戏棋玩，可以进行竞赛，在游戏过程中践行我校提出的做三好人27条的内容。 2. 各班设计一款自己班特色的三好游戏棋。 3. 全校三好游戏棋展示评比。		

（设计者：王昭晖 此设计在丰台区践行社会主义核心价值观现场会上做现场班会）

3. 突出"生活化"，使其善学善行

德育活动无时不有，切点越小，越易于实践，越有实效。结合学校实际，学校提出："爱国先从爱班、爱校、爱集体开始；敬业从按时到校、完成作业、写好字开始；诚信先从不说谎话开始；友善先从文明用语、关爱身边的人开始。"开学第一课、升旗仪式、欢宝影院、模拟法庭、台湾文化周等活动成为孩子们践行核心价值观的舞台。学校的社团活动变成了传播优秀文化，培育和践行社会主义核心价值观，促进学生健康快乐成长的乐园。

4. 突出"系列化"，使常学常行

为了更好地开展德育活动，我校"坚持以活动为载体，促进德育主题系列化"。结合学校综合实践活动课程的开展，开发养行、养德、养心、养魂"四养"德育主题系列活动。目前已开发出"地铁里的新发现""校园一角会说话""小欢宝的研学之旅"三个主题，并已完成了活动系列的建构。例如："地铁里的新发现"系列按年级分为身边地铁我知道、地铁乘坐我最棒、地铁历史我搜集、地铁文化我了解、地铁科技我探秘、地铁运行与生活六个分主题。

除了内容上的系列化，在活动时间和活动形式上也体现系列化。学校就在法定节假日、传统节日、寒暑假以及入学、入队、入团等特殊时间节点开展系列活动，并且活动形式丰富多彩、灵活多样。譬如通过团队活动、国旗下讲话、校园文化艺术节、心理健康专题讲座、亲子活动、征文活动、辩论会、主题演讲会等形式，让学生掌握相关知识和行为规范，建构正确的社会道德观，提高学生的道德鉴别能力和遵纪守法意识，培养关爱生命、尊重生命、和谐相处的良好品质，教育学生学会感恩，逐步提升学生的公民意识和责任感，培养学生参与社会生活、履行公民责任的能力。

二、德育评价"三个工程"

1. "欢币"评价工程

学校一直开展"欢宝美德银行"活动，在培育和践行社会主义核心价值观文件出台后，将原有欢币与核心价值观进行有效整合，设计出了"核心价值观"欢币，以社会主义核心价值观24个字为主题，同时结合中华传统文化教育，精选古代文学典籍中与核心价值观相关的语句。一枚枚欢币成为渗透核心价值观的良好载体，同时也成为学生存储美德、储蓄良好习惯的有力支撑。五大类、七小类共37种欢币。

▼ 在这里：每一个都重要

欢宝美德银行
MEI DE YING HANG
北京教育科学研究院丰台实验小学
爱国 天下兴亡，我有责。
爱国 为中华之崛起而读书。
爱国 风声、雨声、读书声、声声入耳；家事、国事、天下事，事事关心。
爱国 忠肝义胆，爱国如家。
爱国 先天下之忧而忧，后天下之乐而乐。
爱国 人有人格，国有国格。炎黄子孙，精忠报国。
诚信 诚者，天之道也；诚之者，人之道也。
诚信 诚信者，天下之结也。
诚信 天地为大美，不诚则不能化万物。
诚信 人有诚信必贵，国有诚信必兴。
诚信 信为人之本，人无信不立。
诚信 与朋友交，言而有信。
法治 正义是钢板，道德是安全气囊，唯有行动的汽油，才能让它上路。
法治 言无二贵，法无两适。
法治 不以规矩，不能成方圆。
法治 道德仁义，非礼不成。分争辨讼，非礼不决。君臣上下父子兄弟，非礼不定。
法治 秩序是自由的第一条件。
法治 自律使人生的道路更加顺畅。

图 3-3-4 "核心价值观"欢币

2."欢宝美德小达人"评选工程

每个月学校均开展"欢宝美德达人"的评选活动。"欢宝美德达人"主要包括欢宝礼仪少年、欢宝勤学少年、欢宝勤劳少年、欢宝博览少年。每月一次的"欢宝美德小达人"评比给了孩子们展示的平台，"爱国、敬业、诚信、友善"融合在整个争创过程之中。欢宝美德小达人成为践行"三好人"这一提法的实小人[①]最为自豪的名片。

3."欢宝特色少年"自主申报工程

基于儿童视角我校启动了"欢宝特色少年"自主申报活动。学生结合各自的特色进行申报，在自主申报的基础上，采用同学互评、教师主评、家长助评的形式，一个个特色少年成长起来。

第四节　团队整体育人

依据学校"团队支持型发展"的核心策略及让欢学园成为"一个总有同伴牵手的地方"这一校风，我校实行"团队育人"的模式。

一、打造教师育人团队

建设一支师德高尚、业务精良、学生满意、家长放心、能适应社会发展要求、学校教育需要的高素质德育教师队伍。开展德育导师制，选拔有能力的教师参与到团队育人活动中来，对学生的团队活动进行适当介入和智慧引导。成立学校"养蒙教师书院"，坚持校外进修与校内培训相结合，校本培训和自我学习相结合，积极开展德育课题研究，探索建立以案例反思为主要方法的德育队伍专业化成长校本培训新路，提高德育教师的教育智慧管理艺术。

---

① 实小人：指北京教育科学研究院丰台实验小学的师生。

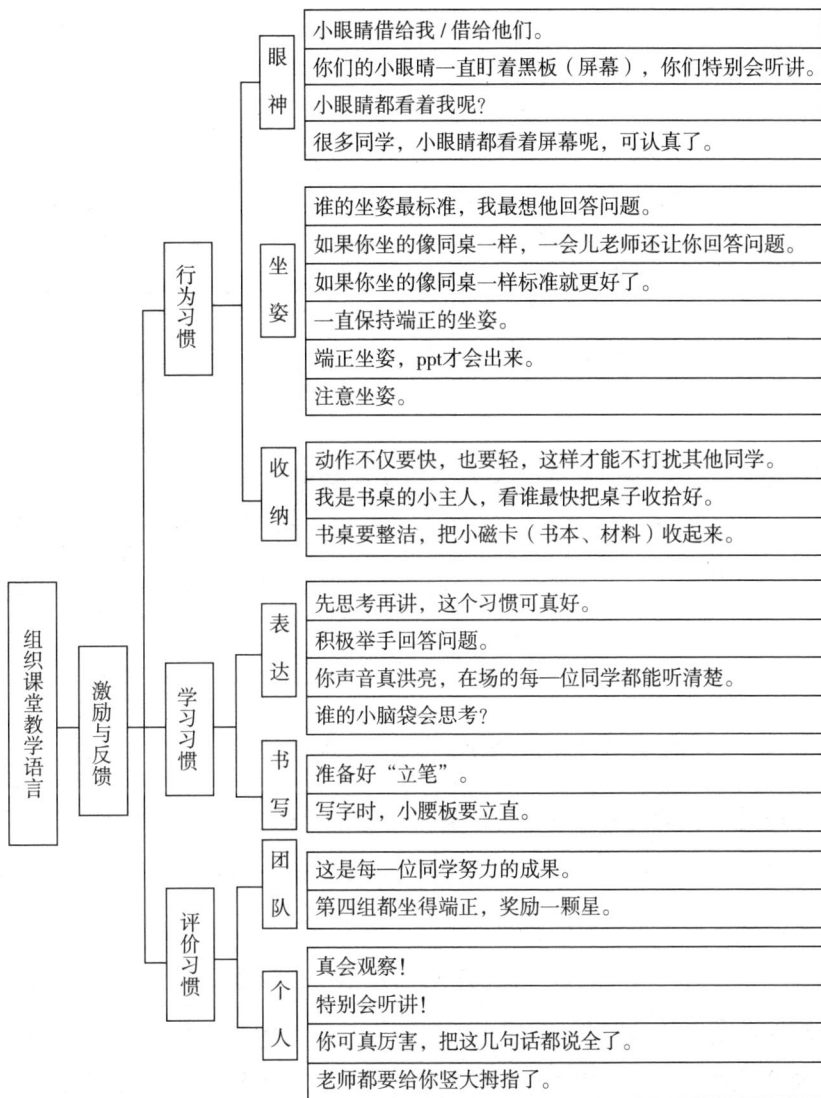

图 3-4-1　组织课堂教学语言结构图

比如：在"文明在课堂"的研究中指导教师对学生进行有效指导，形成了"课堂语言（行为习惯）模型"。

再比如：在开展家校协作游活动中，引导教师开展卷入式业研，形成了"家校协作游"操作模型。

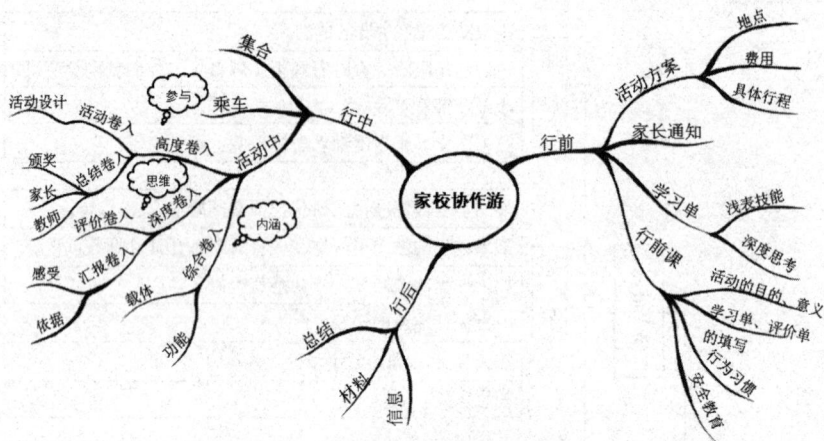

图 3-4-2　家校协作游结构图

我们不是为了模型而模型，我们是在模型的引导下使工作变得更加简洁、更具时效、更有抓手，促进团队支持下每一个人的思考与发展。下面是我校教师团队的三篇研究案例：

案例一："互联网 +"背景下的班级工作新尝试

随着时代的进步，网络的发展，21 世纪的教育，"互联网 +"已经成为不可或缺的一种教育方式与手段，进入我们的班级管理工作之中。其在教育上的应用并不是简单的两者相加，而是利用信息通信技术以及互联网平台，让互联网与传统教育模式进行深度融合，创造新的教育模式。班主任是全班学生的组织者、教育者和指导者，是学校领导实施教育、教学计划的有力助手，班主任工作关系到年轻一代的健康成长，所以班主任工作必须与时俱进，不断创新，才能适应网络时代以及现代教育的新要求，更好地促进学生发展。基于以上认识，我们在班级日常管理中，逐步尝试使用一系列的信息化方式和手段，辅助自己更好地开展班主任工作。

一、聊天软件，使交流更加便捷

1. 在班级管理中，师生之间，家校之间的交流是相当重要的。在现代教育管理中可以合理利用 QQ 或者微信建立班级群进行交流，这样可以不受时间和空间的限制！班主任就可以方便地与学生谈心，与家长沟通，并随时掌握他们的思想动态，实现有效的班级管理。通过聊天软件（不是面对面），学生愿意向班主任倾诉自己真实的想法和意见；通过聊天软件，教师可以更深入地了解学生动向。因为不是面对面，学生在思想上有一定的私密感，学习和生活上的各种问题，都有可能开诚布公地和班主任交流。这些聊天软件给我们搭建了一个很好的交流平台，学生可以真情流露，这一点对学生的心理健康有相当的积极意义。

2. 班主任也可以创建班级微博，给微博取一个积极向上的名字，可以树立一个良好的班级风气，同时该平台也是与家长沟通的平台。有了班级微博，班主任的管理工作就可以省时、省力、省心！传统的家校互动基本上是通过仅有的几次家访和电话联系，代价高且效率低，容易受时间和环境的影响，大多家长对孩子在学校的表现几乎一片空白。最常见的就是家长由于不知道孩子的家庭作业而使其孩子家庭作业的完成得不到监督。但是有了班级微博，公开发布，这样就可以让家长及时有效地监督孩子作业的完成情况，提高孩子的学习成绩，也和谐了家长和学校的关系！每次学生取得进步，都可以在网页上公布，这样也能提高孩子学习的积极性！

3. 设立班级公共邮箱，老师可以把每学期梳理出的知识要点与相关练习题放进去，还可以把学生参加各项活动的照片放入，学生也可以把自己的精彩作文或整理的一些相关学习资料放进去与大家共享，方便大家随时查阅与下载。

二、正面引导，让网络服务于教育

网络进入学生的生活，学生走进网络已成为不可改变的事实。要想让学生能够享受互联网带来的学习变革；班主任能够利用互联网实现新时代班级管理，就必须让学生正确地对待网络！这是作为班主任在实施新时代班级管理网络化之前必须解决的任务。

1.首先，家长和老师对待学生接触网络的问题应该不回避、不否定，而是通过正面教育让学生明白，习惯于网络交流方式，会降低在现实生活中的人际交往能力。特别是对于性格较为内向的同学，容易形成对网络的依赖心理，不利于形成健全的性格。

2.通过言传身教，使学生更多地意识到网络作为资源宝库的作用。"身教重于言教"，德高才能为师。老师是学生最好的榜样，应该在严格要求自身的同时，注重与学生的沟通与交流。例如，我有一次批评班级里个别同学"上网只有聊天一件事好做吗？"时，学生问我："老师，你平时上网做什么？"此时笔者并未将之作为学生的顶撞，而是态度平和地正面回答了他的提问："每天必做的工作是收发邮件、查看校园网站上有没有我需要的信息，另外在教学中，我常常查阅一些优秀教师的课堂实录和优秀教学设计。"我想这样的回答应该会让学生懂得互联网的巨大作用，从而改变自己的用网习惯。

3.我们可以利用课余时间，在可控制的范围内让学生接触互联网。引导学生合理利用网络资源，提高学习兴趣。教师在布置作业时可以安排一些需要到互联网上查找的作业，让学生养成自主学习的习惯，这将会极大地鼓励学生的好学之心。

4.教师要利用班会时间，进行安全上网知识宣传，创造健康的网络文化氛围，对学生进行全方位的教育引导。例如：每年寒暑假，鼓励学生积极参与北京市沙燕心理网的论坛主题跟帖，使学生的网上交流更有意义、交流范围更广泛，同时还可以向心理专家进行相关的咨询，在此网站上查阅一些相关的文章，吸收更多的正能量。引导学生正确对待网络信息，善于网上学习，增强自护意识，维护网络安全等。同时教育学生健康地接触电脑，不沉迷于网络，让学生懂得"水能载舟，亦能覆舟"的道理，要客观地看待互联网，合理地使用网络！这对班主任的管理也是有十分有意义的！

总之，新的世纪将是一个高度信息化的网络时代，教师的班级建设与管理应该顺应潮流，加强学习，充分利用网络的特点，及时更新教育管理观念，构建适应互联网时代特点的班级管理体系，力争使自己的工作与时俱进，更好地适应学生成长与发展的需要。

（案例提供：高宝洁）

案例二：在热闹的班会活动之后

作为一个80后班主任老师，遇到更新潮的90后青年人时，有时就有些跟不上他们的思路，再遇到班里的那些古灵精怪的00后孩子们呢？我们应当以什么样的姿态来面对啊？是一味地打压吗？或者纵容、包容他们的小个性？随着年龄的增长，这些孩子们不经意间已经流露出了自己的小想法，班级的管理就会遇到些不大不小的麻烦。经常会听到同事们抱怨说现在的孩子不好管了，班级不好带了。

我2019年接了一个一年级的班级。新接班的时候，我也是面对着班里这29名学生一筹莫展。现在的学生大多数是家里的掌上明珠，做事情以自己为中心，谁都不肯让着谁。和同学发生点争执，总是把事情弄得天翻地覆，不愿意站在他人的角度上思考问题。就连学期初，我精心设计的班级评比也很难开展，刚开始评比对他们很有吸引力，可渐渐到了学期中段，学生们就丧失了兴趣，他们对那些铅笔、橡皮一类的小奖品，根本不放在眼里。老师面对着这样的困惑越来越束手无策，现在的学生越来越缺乏集体意识，越来越以自我为中心了。

面对这样的问题，我困惑了很久，一直找不到好办法解决。正在这时，我参加了北京市的骨干班主任培训，在培训中我学习到了很多有关班队会的知识，给予了我有力的理论支持。我发现组织丰富多彩的班级活动，会像一支黏合剂一样，可以让学生切实地参与到班级建设中，更增加了班级的凝聚力，构建了更加和谐的班集体。

就这样，一场以开展丰富多彩的教育活动为手段，以提高班级凝聚力为目的的主题班队活动拉开了序幕。

一、成功班会尝甜头

在学期初，班级队列总也不齐，同学们总是慢悠悠，丝毫不着急，站队时也经常溜号，听不到口令。面对这样的情况，我召开了一次以《站队齐》为主题的班队会，在班会上，我展示了很多站姿标准的同学的照片，激发学生想要站直的兴趣，又展示了班级队伍整齐的样子，同学们纷纷夸赞，觉得站队整齐是件特别光荣的事情。接下来同学们分小组讨论，如何才能站好队。就在大家信心最高涨的时候，我领着孩子们在走廊里完成了一次特别成功的站队，大家速度非常快，稍息立正都是同一个声音，真像小军人一样。于是我问大家，感觉有成就感吗？同学们纷纷说是，有个孩子高高举起手说，我感觉特别了不起。之后，班级站队快静齐了许多。我通过这次成功的班会尝到了甜头，原来，很难解决的班级老大难问题，通过一堂短短的班会就解决了，这不是个天大的好办法吗？

二、盲目推进遇难题

有了上次的成功经验，我一口气召开了很多班会，几乎每周一次，把班里遇到的热点问题都开成班会。有关于地面卫生的班会，有关于课堂坐姿的班会，有关于同学和谐相处的，有关于上课举手回答问题的……可是再没有一堂班会达到了之前《站队齐》班会的效果，我不禁陷入了困惑，到底《站队齐》这次班会有什么特殊的地方？后来的班会为什么没有效果了呢？

经过专家的指导，我发现了《站队齐》的特殊之处，那就是学生成功感的体验，起作用的是，学生在站队快静齐后体验到的成功感，促使了他们继续这样的活动。同时，还有我没注意到的，那次班会后，我每次站队都要表扬速度快，站的直的同学，对这次班会有个后续的跟进。

而其他的班会，既没有让学生体验到成功，又没有跟进，只是热闹一场，效果自然持续不了几天。

三、发现问题即改进

发现了自己在班会召开上的问题之后，我及时调整。班会不再全面铺开，而是精选班级迫切需要的主题，在班会的召开上，也不再以班主任老师为主，而是将学生放为主体，让孩子们充分讨论发言。例如，以《珍惜时间》为主题的班会，学生们对自己一分钟能做什么进行了调研，收集了很多有关时间的名言警句，还自己编排了生活小品。不珍惜时间的小兔子，该起床时懒床，错过了班车，上课迟到；在下课时不及时记事，赶不上放学的队伍；回家不尽快完成家庭任务，只好晚睡……这些贴近生活的小短剧都是学生们自己编排的，同学们不但喜欢这样的短剧，也认识到如果不珍惜时间，大家都会变成这只"小兔子"。

班会过后，我一直关注着同学们珍惜时间的表现，及时表扬珍惜时间的同学，及时提醒大家时间，在做事情时用一些比较精确的时间提醒大家，比如我们收拾书包用了8分钟，明天可以再加快30秒吗？这样的及时评价，跟进学生们的表现，让他们不忘珍惜时间。

四、继续思考班会意义

我想，丰富多彩的班级活动就像一块磁铁一样，把全班同学聚在了一起，提高了班级的凝聚力，让原来如同一盘散沙的班级拧成了一股劲，让学生久藏的集体荣誉感释放出来，大家为了建设更美好的班级而共同努力。但是在召开班队活动的同时，班会后续的跟进措施，是保证班会效果的关键。所以，班会的主题不应该是教师随机选取，而应该配合学校的工作内容，符合学生的年龄特征，作为主题活动月的启动形式召开，在相对较长的一段时间内，监督评价学生的后续表现，在新的主题召开之后，也不应该放松对原来主题的培养。

在热闹的班队活动之后，我想每一个班会召开者应该思考一个问题，那就是我们要留给学生什么，是热闹的活动，还是在使学生有了对班会所召开的行为的认知之后，辅助日常的教育教学中更长效的监督机制，真正让班会开在学生心中。

（案例提供：张晴）

二、组建家长育人团队

（一）成立班校两级家委会

我校强调每一名家长都是家委会的成员，在家委会的基础上建立"家长委员会常务委员会"。同时，我校家委会分为两个层级：一层是以班级为基础的班级家委会，一层是以学校为基础的校级家委会。家长委员会在操作过程中遵循自愿性原则，我们向全体家长下发了"家长委员会申请表"，根据家长的自愿申报我们建立了以下五个功能组：成长关怀组、文书联络组、活动组、校园事务协办组、社团指导组。

我校邀请家长参与到学校的管理之中，定期召开家委会会议。"家校共研，畅想愿景——学校文化建构研讨会"上全体家委会委员和全校教师一起共同建构学校文化；"家校共育友善用脑环境"研讨会上每个家委会委员畅谈自己对友善用脑理念的理解，共同建构适合孩子成长的友善用脑环境；"引领校服新时尚——家校共研"活动中家长们一同探讨学生校服的样子、质地、颜色；"弘扬正能量，促家校共育新常态"会上家长们对家校的常态活动进行了沟通……

（二）家长志愿者，传播价值观文化

我校建设一支由热心家庭教育工作、具有较高文化教育素养的社会各界人士组成的家庭教育志愿者队伍，开展"家长大讲堂""欢宝妈妈讲故事""家庭协作游"等活动。

1.举办家长大讲堂，丰富学生课程资源

家长大讲堂活动欢迎每一位有特长，有志愿成为孩子们社团辅导老师的家长走进我们的课堂，成为一名"家长志愿者"，参与到我们的活动中来，为我

们孩子们的全面发展贡献自己的一份力量。

2. 欢宝妈妈讲故事，创设浓厚的读书氛围

"欢宝妈妈讲故事"活动旨在让学生感受除了老师之外的一种获取知识的氛围，每个孩子都是在妈妈的故事中成长的。我们欢宝妈妈的故事以学期主题活动相连，选择传递正能量的故事。

3. 家庭协作游，亲子体验感受学生成长

家庭协作游活动的开展原因是学校组织的综合实践活动次数有限，单个家庭的外出，孩子不能做到与同伴的沟通交流，因此学校倡导以家庭协作的形式开展综合实践活动。不是单纯的游玩，要让孩子亲自参与、体验、提升，在活动中践行社会主义核心价值观。

4. "欢学园"志愿讲解团，家校共育学生受益

为了开阔学生的视野，了解中华传统文化。学校教学楼二层进行了整体设计，将"燕京八景""燕京八绝""古风八雅"融入其中，使学生不出校门便可感受京味古韵。为了让学生不出校门便可知道中华传统工艺技法……家长们纷纷将自家的景泰蓝、皮影、烫画葫芦、泥人、风筝等放在学校的博物馆里进行展示。在家委会的号召下，家长们还成立了"欢学园讲解团"，为学生们细致讲解展品的技法、工艺、历史、文化……使中华传统文化走进学生的内心。

（三）指导家庭教育，共享育人理念

开展家访活动、建立"养蒙家长书院"，动员优秀家长参加各类学习活动，进一步提升他们的素养。建立优秀家长经验介绍机制，有的结合自己的成功育子经验谈家教，有的结合自己的教学实际谈家教，有的从自己的行业谈家教……利用典型家庭素材，树立榜样，让家长现身说法，倾听的家长更易于接受这种形式的培训，改变了部分家长不当的教子方法，提高了家教水平，构建了孩子成才的平台。

案例三：架起家校沟通的彩虹桥

家访是学生教育的一种常用的有效方式，通过到访学生家庭与家长面对面交流，能够直接了解学生的家庭状况、生活环境、个性特点以及在家表现情况，详细了解家长的希望、需求以及建议等，增进教师与学生、家长之间的情感交流，具有其他联系方式不可替代的重要作用。

北京教育科学研究院丰台实验小学连续三年开展了家访，一年两次，时间为七月底和一月底进行，主要考虑：一是大部分学生已经外出度假回到北京，家长有空闲时间；二是距离开学还有一个月的时间，在这个时间给孩子以指导可以帮助孩子更好地度过一个有质量的暑假；三是学生家庭生活中与父母不协调的地方需要借助外力来调节。

一、家访前有的放矢

我们的学生是千差万别的，父母也大相径庭，每个家庭也各不相同，这就决定了家访目标的差异。家访前班主任老师一定要做好充分的准备，明确家访的目标。我们家访的目标除了实事求是地向家长反映学生在校的学习、纪律、品德等，更重要的是针对孩子突出的问题与家长进行真诚沟通，共同商议促进孩子更好发展的方法。小学高段家访目的重在为家长提供有效的学法指导和个性指导。根据本班的具体情况，在确定家访对象时，我选取了学习成绩处于中等水平的学生，这些学生有较大的提升空间，如果能有效利用假期查缺补漏，就能在开学后获得学习自信，提高学习水平；选取了性格稍微内向、不善沟通的学生，通过教师走近学生的方式，真诚与之沟通，鼓励学生树立自信心，勇敢与老师、同学交流；选取了平时家长由于工作繁忙对孩子在校学习关注不足的家庭，旨在通过沟通引起家长对孩子学习的重视。

二、家访中出谋划策

在家访过程中，我们真实了解了孩子假期的学习和生活。与家长的交谈，也让我们发现了暑假期间家长在教育和指导孩子上遇到的难题。针对目前孩子和家长的难题，我们出谋划策：

1. 给理念：我们把先进的教育理念带到了学生的家庭中去。

（1）自控力决定成败。家长们普遍反映学生假期懒散、学习漫无目的、玩游戏等问题，我们共商培养孩子自控力的方法。自控力的培养是一个过程，家长可以与孩子商量共同制定一个假期学习生活计划表。孩子按照计划表学习和休息，并制定出相应的惩罚措施，逐渐培养孩子的自控力。玩游戏可以作为孩子学习表现突出（如做题全对、背会一篇文章等）的奖励，要规定好时间长短。部分专注力不够的学生可以通过练习书法、临摹字帖的办法，并逐步增加孩子静心书写的时间来培养自控力。

（2）发现、发觉与发展。孩子现在的学习是为了以后的生活，家庭培养要注重发现、发觉和发展。"发现"就是捕捉孩子身上的闪光点，并扩大孩子的优点；"发觉"是让孩子意识到自己的优点，发现自己在家庭生活中的价值；"发展"是在具体实践中让孩子的优点得以真正形成和发展。这个理念不单单能运用到孩子目前的学习中去，也能运用到孩子的品德教育中去。

（3）尊重与放手，宽严应相济。高年级学生处在自我意识的觉醒阶段，部分学生已经显现出青春期的叛逆心理。自我意识要求自己的想法、需求被尊重，自己在生活中有话语权。这个时候家长应该意识到对孩子的教育是逐步放手，让孩子走向自觉。陪孩子度过青春期需要家长与孩子共商目标而不是设定强制目标，陪伴孩子而不是过分保护孩子，与孩子建立伙伴关系而不是孩子依赖父母的关系。逐渐放手后，孩子在家庭生活中获得存在感和价值感。家长宽严相济的教育体现对孩子的尊重，对孩子的关爱。这样的教育，有利于培养孩子的健全人格的形成。

2. 给方法：针对目前学生在语文、数学等学科遇到的学习上的困难，我们给出了一些建议。比如，有的学生习作质量不高，作文不吸引人，我们为学生提供了语言模型。这个语言模型来源于我们的教材，教材中的课文就是我们写作的例子，如果能用好课文这个例子，学生的作文质量将会得到很大的提升。我们以《桂林山水》举例，写景的文章可以使用这个范例，总分总结构，用对比、排比等修辞写景物。

再比如，学生数学方面逻辑能力有待提升，我们提出每天3~5人在微信群里讲解题过程的办法来激发学生学习兴趣，锻炼学生逻辑思维能力。个别数学基础不扎实的同学，可以再次整理单元检测试卷，自己建立错题集，按照步骤答题，并将答题思路讲给家长听。

3. 解疑惑：家访的重点解答家长的问题。在青少年的心灵深处并不能完全摆脱对父母及其他成人的依赖，只是依赖的方式和程度与过去相比有所改变。童年时对父母的依赖更多的是在情感和生活上，当父母告诉自己该怎么做人做事时，也乐意听。而现在他们需要的，则是希望父母"尊重他们的人格，尊重他们的选择"，并理解、信任他们，支持他们。敞开心扉地表达与沟通、宽容与尊重是应对孩子青春期的重要途径。本班学生开学就面临小升初，小升初也是目前家长们普遍关心的问题，校长在家访的过程中对这个问题给予家长热情解答，将小升初的政策方针带给每个家长，并引起家长对孩子升中学问题的高度重视。

4. 重反馈：我们如实将孩子的在校表现反馈给家长。我们将学生在期末考试中的成绩反馈给家长，为学生讲解考试中的错题，并一起分析错误的原因。这反馈是为了让家长明确孩子在校的真实表现，之后家长、老师一起确定孩子努力的方向和假期学习的着力点。同时，家长也将孩子假期作业完成情况反馈老师，老师及时了解了孩子的动态。这样的家校互动，这样的反馈，使得家庭、学生、老师形成了合力，助力学生进步。

5. 善总结：每个学生的个性差异、学习情况差异决定了我们方法指导的差异。在学法指导的过程中，我们注重与孩子一起总结学习上的问题与应对方法。每一次家访结束后，我们都让孩子自己总结提升自己的方法，旨在让孩子有收获，有提升、有方法、能落实、能提高。

三、家访后反馈总结

紧张的家访工作结束后，我们将一天的工作进行总结。将为家长和学生提供的学法梳理出来发到家校微信群。同时，家访也增长了老师们的见识，有些家长在教育和培养子女方面有非常有效的办法，我们将这些好的教育经验迁移给更多的家长，供参考学习。

家访，拉近了学生与老师的心，拉近了家长与老师的心，拉近了学生家庭与学校的心。"水本无华，相荡乃成涟漪"，一次家访，"荡"出了浓浓的情谊，"荡"出了家长、学校对孩子的期盼，更"荡"了各方齐心合力促成长的信念。

（案例提供：张蕊　刘醒）

案例四："干巴巴"习作背后那对"情深深"的母与子
——家访是增进师生理解的有效之措

一、背　景

"这写的是什么啊？马上9月份就要升入五年级了，从头到尾都是叙述的语句，没有语言描写，没有心理描写，妈妈生病了，你为妈妈端水、冲药，心里的想法是什么呀？和妈妈在一起，都没有说过话吗……"这是我对小陈同学的习作进行面批时对他说的话，当时真是生气，从三年级开始接触习作，到今天已经两年了，任凭老师在前面讲，下面单独批改、面批，这个小陈同学在自己写的时候仍然是交上一份全是叙述性语言的作文。当然我也在反思，也采用过"一句变三句"的方法进行指导，多种方法尝试后，从小陈的习作中还是找不到"情感"的存在，就好比一杯虽能应急解渴，但没有任何味道的白开水，干巴巴，不能回味。

小陈同学的语文成绩在班级里中等偏下，曾几度与其母亲沟通过，了解到这个孩子平时并不爱看书，写完作业复习的时间也很短，基本就是走马观花。语文课上，我会依问题的难易程度来提问小陈，希望拽一拽他，提起学习的兴趣，但后来发现也并不是件容易事。去年的时候，我还帮助孩子挑选了一本作文书，每天给他画下一些描写好的句子，让孩子回家去熟读，第二天再让小陈给我讲一讲这些句子好在哪儿？小作者这样进行描写是要突出什么？或者这些描写的句子是作者想表达什么样的情感呢……一日复一日，我们坚持了一个月，在给我说时候，小陈同学支支吾吾能说出一多半，但凡一落笔，所有的努力再一次归为零。

所以在学校的支持下，我选择去家访，也了解一下孩子在家中的表现。

二、描　述

◆ 精心的准备——温暖我心

天公不作美，从早晨就开始下起了大雨，导致气温骤降，很冷。但已跟小陈的妈妈约定了时间，我和另一位老师还是准时前往。刚进小区，便在雨帘中看到了一个熟悉的身影——是小陈同学的爸爸，还拿了把大伞，很显然是出来迎接我们，顿时，心里一股暖流飘过，冻得发颤的身体也瞬间有了温度。小陈的爸爸很热情，给我介绍着小区的情况，也简单说了说家里的事情。开门迎接我们的，自然是妈妈和小陈同学，看得出小陈同学有些紧张，眼睛一直不敢抬起来。我和我的同事还没坐稳，小陈的妈妈就从厨房端来了水："老师，赶紧把这红糖姜水都喝了，外面太冷，别感冒了。"我们有种受宠若惊的感觉，在一家三口的注视下，我喝下了满满一杯，随着这暖心的红糖姜水不断从食道流向胃里，我体表的温度也伴着姜水直线上升。爸爸冒雨出门迎接，妈妈精心熬制姜水，让我们这次的家访从一开始就被温暖所包围。

◆ 深情的故事——增进理解

因为家访时正值暑期，所以开始时聊了聊孩子在家学习生活的情况。与其他孩子一样，父母是最希望孩子能在这个假期多学一些知识，以免开学吃力。妈妈介绍，给孩子报了语数英三科四五年级的衔接班，并拿来教材给我们看。由于小陈同学在学校很老实，不多言不多语，所以我随口问了句："这孩子在家很懂事吧？经常帮您收拾家务吧？"话音刚落，妈妈有些惭愧的表情，看着我说："齐老师，这么多年我也是对孩子有愧，我年轻时身体不好，所以孩子一直在奶奶家住，直到上小学6岁半才回到我跟他爸爸身边……"从妈妈的话中，听出了作为母亲的无奈与心酸，接下来妈妈的话，让我既瞠目结舌，又恍然大悟，重新认识了一位"不会写作文的小男孩"。"有一次我发烧了，两天都没起来床，这孩子那会儿刚9岁半，给我冲药，按照医生的要求每天定时定点让我喝下。过一会儿就过来摸摸我额头、量温度表、给我盖被子，平时都是我伺候他，谁知道这孩子什么时候自己会干这么多事的！那几天正赶上他爸爸出差不在家，这孩子本来约好周六跟同学出去玩的，结果为了我，两天一次家门都没出，一直在我身边陪着我。我都没想到，到晚上，他还悄悄问我怕不怕黑，用不用陪我一起睡觉……"说到这里，在采光并不很好的客厅中，我看到了妈妈的眼眶发红了，喉咙也微微有些哽咽，这是一次多么温情、多么温馨、多么充分表达母子之间爱的对话，从妈妈在诉说时的肢体语言可以看出，妈妈也在为儿子的行动感到骄傲，也在为儿子的长大懂事感到高兴与欣喜。母亲平日里孩子的关注与爱，孩子记在心里并时刻准备好来报答妈妈。多么让人羡慕的一对母子。也正是在这时，我忽地想起小陈同学那篇"干巴巴"的习作，叙述的正是妈妈生病，他来照顾的这件事。现在想想，我在根本不了解事件背后的原因就对那篇习作不满意而对孩子生气，会不会伤了孩子的心，我也在自己的心里对小陈同学说了句："对不起！"

◆ 问候的短信——暖住彼此

家访在温馨的氛围里结束了，我走在小区里，回忆着孩子妈妈说的每一句话，也回忆着我对那篇"干巴巴"习作的评语，不禁感到愧疚不已。虽然那篇习作平淡得如一杯不掺入任何调料的白开水，但小陈同学每一次落笔，却充斥着对妈妈的爱，也饱含着照顾母亲时，一次又一次期盼与紧张心情的波动和起伏，盼望着妈妈赶快好起来，担心着生病时妈妈的一举一动……想着想着，我回到了家，打开手机看到一条微信，我的心又一次被温暖住：老师辛苦了！谢谢您！到家喝些姜水，今天天气凉。看罢，我回复到：谢谢您的招待和分享，让我看到了您和孩子内心深处彼此最温柔最真挚的情感！给您全家点赞！

三、反　思

1. 家访可以建立家校教育同盟

家访，对我们教师来说，并不是一个陌生的词。作为联系家庭与学校的一条纽带，它发挥了无可替代的作用。家访，说到底是学校与家庭共同教育好孩子的一道不可或缺的桥梁。通过家访能及时了解学生学习和生活的情况以及思想动态，让每一个学生不在学校却继续享受学校给予的关爱，耐心倾听家长对我们工作的反馈和建议，不仅取得了家长对学校和教师的理解和支持，同时还加深了教师与家长的感情。

之前和小陈同学妈妈的交谈更多的是微信或者在校门口短暂而单向的交谈，对孩子在家中与生活方面的表现估计不足。因这次习作而引起的家访，却无意间增加了对孩子多方面的了解。教师、家长、学生三者共处一室，促膝谈心，互通有无，拉近了彼此的心理距离。既使家长了解学生在校各方面的表现和学校对学生的要求，又使我了解学生家庭中各方面的情况及学生在家庭中的表现。同学生家长共同研究，在教育学生的内容和方法等方面达成一致意见，形成合力，建立同盟。

2. 家访可以构建"理解"之桥

通过家访我体会到了电访、微信所不能达到的效果。面对面促膝交谈与电话里的听声不见面，其感觉和效果是不可同日而语的。所以，登门家访这老传统，我们年轻教师应该继续保持，这样才能了解孩子的多面性，理解孩子多种行为的原因所在。

这次"干巴巴"的习作事件，就是我缺少了解学生生活一面所造成的后果，可以想想，内心本是自豪骄傲的一件事，却被老师点评为"白开水"，孩子的心理兴许会受到些许创伤，何况习作的题目为"一件印象深刻的事"……换个角度思考，在家中没有其他成年人，独自承担起照顾卧病在床的妈妈，在那小小的年纪不恰恰就是一件印象深刻的事吗！作为老师，我们应看到全面发展的孩子，孩子有时的错误也不能以成年人的观点或视域去理解和要求。我想，应试作文是一方面，但更多的则是多理解那些在各方面有困难的学生，或许他们的症结之处正是教师应悉心关照和去竭力理解的问题所在，只有这样，孩子才能在校园中快乐、和谐地成长。

3. 家访可以暖住你我之心

对小陈同学家庭的这次走访，感受到了其父母的热情和对老师家访工作的用心准备，从中传递出的温情，让我觉得这次家访更像是在"走亲戚"，从出门的迎接，姜水的准备，家庭小故事的讲述，回家后温暖的提示信息，均离不开"情"这个字，这个家庭里深深的母子情打动了我，这个家庭里传递的师生情温暖了我，感动了我。家访中，家长表示了对学校工作的充分肯定，教师也对学生的家中生活甚至个性有了更深的印象和理解，这两方面的肯定，温暖了每一个人。对教师而言，学生的进步，家长的肯定，也正是对教师工作最大的鼓励。

教育家苏霍姆林斯基曾说："没有家庭教育的学校教育和没有学校教育的家庭教育都不可能完成培养人的这一极其细微而复杂的任务。"是的，家访看似简单的活动，却蕴含着家庭、教师、学生多方面综合一体的了解与信息的交流，只有这样，才能达到学校育人的目的，完成教育的目标。

在这最美好的年华中，每种色彩都应盛开，每个孩子都应有未来。"长风破浪会有时，直挂云帆济沧海。"孩子们，加油吧，未来的舞台已经向你们张开双臂，等待一拨又一拨充满童真、童趣、童心的孩子带来精彩的演出。

（案例提供：齐薇）

（四）多元家庭评选，促进和谐社会发展

为弘扬学校学生中以家庭为单位，追求知识、谋求发展的感人事迹，树立榜样，推广典型，激励家庭综合素质的发展、提升家校文化修养，促动家庭一起进步，营造人人学习、家家学习的氛围，进一步推动社会主义核心价值观的深入开展，我校开展了"多元特色家庭"创建评选活动。

依据各自家庭的特点，创建各种不同类型的多元特色家庭。"愉快学习

型""科技创新型""讲演艺术型""书法艺术型""绘画艺术型""文娱型""运动竞技型""制作发明型""工艺制作型""文学读书型""旅游型""廉洁型""文明型""环保型""节约型"等众多学习型家庭。

基于心智共同发展，丰实"德育一体化"育人体系焕发出无限的生机与活力。少年强则国家强！在习近平新时代中国特色社会主义思想的指引下，我校将继续探索发展"德育一体化"育人体系，坚持立德树人，努力培养越来越多的社会主义建设者和接班人。

第四章　课堂

学校发展的起点与终点

　　课堂是文化落地的保障，是教师灵感的火花碰撞学生的思维产生的震荡，她的穿透力可以影响学生一生，因此，我们努力让课堂教学走进每一个学生心间。

——题记

第一节　课改理念先行

"未来已经到来"，人们正在面临着来自未来的挑战。有人说，当前摆在我们面前三盘棋：第一盘棋是人机博弈，在很多领域，人类已被机器超越；第二盘棋是文化博弈，世界各国在文化输出和文化理解的过程中争取共赢；第三盘棋是人与未来的博弈，从宇宙时间的尺度看，随着智能的跃升，未来世界对人类的挑战让我们很难清晰把握输赢。因此，我们必须反思我们的教育要给中国、给世界留下什么样的后代？我们应给孩子哪些立足于未来的力量？

面对轰轰烈烈的教育改革，我们要立足课堂，赋教育思考的力量，让学习真正发生。在教育中应用脑科学的成果能够使教育获得强有力的支撑。人类大脑的三个基本机制：思维——正在发生的事儿，注意到事情的各个方面，能认清事情的本质，通过判断、感知、分析事物；感受——指向我们对这件事儿的感受是积极的，还是消极的，比如，开心、难过、消沉；需求——驱动我们指向或者脱离某一行动，比如，目标、渴望、意图……思维、感受、需求这三者存在着隐形的、动态的关联，三者相互作用，促进效能的提升。

思维、感受、需求这三者之中，思维起决定性作用。思维决定感受和需要，如果思维方式不现实，人就会深陷沮丧和挫败之中。如果思维方式过于悲观，人就会错失生活中很多快乐的事情。积极的思维方式带来积极的心理感受，消极的思维方式带来消极的心理感受。让学习真正发生，关键是启动学生的思考，让学生真思起来，思得深，思得广，思得精。

一、问题引思学习

（一）何谓问题引思学习

1.学会提问：发展学生发现和提出问题的意愿与能力，是学习的重要目标。

2.因问而学：真正的学习从学生发现和提出问题开始，不断产生问题可以成为学生学习的动力。

3. 学问交融：引导学生一方面在不断发现、提出、分析、解决问题中学习，应用和发展所学习的知识、方法，另一方面在学习的过程中不断发现和提出新问题。

（二）三问策略

通过"三问策略"，引导学生提出有价值的问题。

1. 递进式提问——提升思维的深度

为什么？为什么？到底为什么？

2. 发散式提问——拓展思维的广度

有什么？有什么？还有什么？

3. 聚合式思维——提升思维的精度

是什么？是什么？到底是什么？

"三问策略"引领学生清醒认识到，当你没问题时，你便不再思考解决问题的答案，意味着思维的停滞。只有提出问题，思维才得以展开。鼓励学生追求一种状态，不停地提出思考问题，用问题激发思维，长久地抱着问题去思考，促进思维的发展。

二、思维可视学习

如何让学习真正发生，让孩子的思维在学习过程中得到发展呢？思维是看不见，摸不到的。这就给思维层次上的教与学带来了困难。为此我们提出了思维可视化策略。思维可视是指以图示或图示组合的方式把原本看不见的思维结构、思维路径、思维方法呈现出来，使其清晰可见的过程。

思维可视化现阶段的策略包括：

1. 借助学具——让抽象的思维直观化；

2. 记录过程——让隐性的思维显性化；现阶段我们通过提要素、理关系、建结构的方式让隐性的思维显性化，发展较强的提炼、概括、推理、分析、综合等思考能力。

3.重视板书——让凌乱的思维结构化。

思维可视化的目的是要让学生在思维的障碍点完成翻越；在思维的混乱点上整理思绪，从随机发散到结构思考；在思维的活跃点上拓展思维的宽度和广度。努力在教与学的过程中，帮助学生生成有效的学习策略，同时形成较强的思考能力，使学生由不思考、浅思考走向爱思考、会思考、并享受思考。

三、简化思考学习

1.建立模型

学生的概括能力越强，思维之塔越高。通过学习，发现所学内容的本质和规律，把复杂的知识进行高度提炼，构建成简练的思维模型。比如：说明文的阅读策略，撰写心理活动的策略……在"提模——建模——用模——创模"的过程中提升学生解决问题的能力，化解题海战术的困局。

2.迁移应用

北师大的郭华教授说："有学习就会有迁移，学习就是迁移，学习为了迁移。迁移应用是检验学习是否真正发生的最佳路径，如果把学习活动看作一个闭环系统，那么"迁移应用"便在闭合之处，既是学习开始的端点，也是学习结束的端点，从别处迁移应用而来，又从这里迁移应用到别处去。"

迁移应用的策略包括三种：

类情境迁移：相似的情境迁移提升学生的迁移应用能力。

跨情境迁移：在多学科融合、项目式学习、主题学习、综合实践活动中实现知识的迁移与应用。

创造性迁移：学生自我创造去迁移，比如创新玩法、创编题目、创编内容。创造的四个层级中的微创新，也是一种能力，一种会学习的能力。

这一过程把学习过程转化为应用模型的过程，在这个过程中，孩子们有意识地组织建构、梳理思考的过程，反思、调节思考的策略，使思考过程有序、合理，最终形成优秀的思维品质，成为孩子们应对未来的核心能力。

四、反思提升学习

我校非常重视每节课的最后三分钟的反思，我们称之为"黄金三分钟"。主要从"心之维"和"智之维"两个角度进行反思。与一般学校关注知识的内省不同，我们更加关注"心之维"内省意识的培养。杜威认为人们的思维有各种不同的方式，其中"思维较好的方式叫反省思维"。在课堂教学的最后环节，老师会提供给学生充足的时间与机会，鼓励其以多元的方式，从容地表达自己的体验与反思，建立个人省思意识。有了"心之维"反思意识之后，学生从合作学习的过程与收获的维度，从遇到学习困难自己如何调整，并解决问题的维度等进行反思已经成为一种常态。这样的反思，不是停留在表面的活动，而是通过反思产生经验，并将这一经验运用于今后的日常学习与生活，让孩子们具有了未来幸福生活的能力。

在思维过程中积极的心理暗示能够起到事半功倍的效果，相信相信的力量。我要积极拥抱错误，错误最有价值；我有无限潜能，我能创意无限；我要积极想办法，什么问题都能解决；我与同伴牵手，一定有多种方法。

总之，通过问题引领学习、思维可视学习、简化思考学习、反思提升学习，力求为孩子插上思维的翅膀，让孩子在未来的天空中展翅翱翔！

第二节　教学目标优化

学生在学校大部分的时间都生活在课堂中，课堂教学的效率高低直接影响学生的生命质量。在整个教学过程中，只有目标明确，才谈得上有教学效率。目标模糊的教学，目标太宏大，目标过高或过低的教学，都将直接导致教学活动的失效，直接影响学生的生命价值。因此，我校对教师向学生明示课堂教学目标的意义，教师明晰教学目标的策略，满足不同思维类型的学生需求。

一、为什么亮标？

1.满足不同学生思维类型需求。学生的思维有分析型思维，有总体把控型思维，为了满足不同学生的思维类型，提出了改变课堂教学结构的设想。分析型思维是按部就班地进行逻辑思考，喜欢列表单、摆事实、抠细节。总体把控型思维是通过了解"整幅图"来学习的，他们在把内容装在脑子里之前，需要了解整体轮廓和概况。我们的课堂缺的是给总体把控型思维的孩子总体了解课堂概况的环节。课堂开篇要有概况，单元开篇也要有概况，因此我们增加了了解概况环节，称之为目标学习法，即亮标。亮标即在课前向学生明示，让学生明确知道这节课的学习目标。

2.符合人成长与发展基本的思维过程

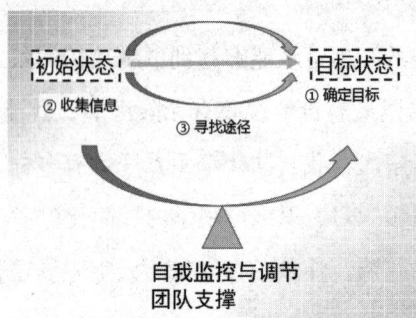

图 4-2-1　人成长与发展基本的思维过程图

人在成长和发展的过程中，更重要的就是目标驱动法、目标管理法。人在工作中为什么总是出错，效率低，其中一个重要原因是学生大多时候冲动行事，上来就试，错了再试。先行动再思考是人的天性。专家型解题能手和新教师解题之间解决策略的差别不大，最大的差别是知识结构化。专家型学者在怎样做上花的时间最长，对要做的事情有清醒的认知，有周密的计划，并能不断积累经验。而新手往往上来就试，错了再试。但是为了提高正确决策的能力，我们必须学会明晰目标，三思而后行。

（试错是人类认识世界最根本的方式，如果学生在试错中发现规律，成长得更快，符合人类认知的高速发展。建构主义理论提出，让学生自己发现问题，自己建构，更能促进学生的发展。认为学生自己发现的规律，更有意义。教师要帮助孩子，引领孩子思考问题，比如你是怎样想的？你自己是怎样做的？这也体现了以学生为本的教育理念。）

课堂中亮出学习目标，能帮助学生建立"有意识读书学习的意识"（叶圣陶）；在低年级阶段教师亮标，到高年级阶段自己建立学习目标的过程中，使孩子离开老师也能自主学习，明晰达到什么目标。

二、怎样制定学习目标？

学习目标不同于教学目标。学习目标与教学目标只有一字之差，却体现着教育者对学习主体的不同认识。学习目标是站在学习主体——学生的角度制定的，它关注学习者的学习行为，引导教师围绕如何更好地帮助学习者学习这一中心去选取教学策略和方法。因此在制定学习目标时，遵循以下四个方面的要素：

1.精准定位。以课标为准绳，以学生已有的知识水平为依据，制定具体、明确的教学目标。目标中要突出核心知识，提炼关键词。明确的关键词，有助于学生集中思维的方向，把握一节课的重点知识。同时，突出核心知识的目标，让学生准确知道生长点，去粗取精抓住核心知识。

2.目标可操作。学习目标要展示学习步骤。为了实现这个目的，需要一套明确的行动步骤和计划，使用的语言且多用行为性动词，体现教学的操作性、行动性和计划性。

3.目标有层次。体现学生思维发展的逻辑性，对学生的认知结构和学习方式产生潜移默化的影响。学生在学习历程中，逐渐建立起自己的学习体系和知识系统。

4.学生立场。制定学生的学习目标，要充分考虑到学生的立场，即学生是否理解，如何达成。教师的作用是帮助学生学习，在思路上引领学生。

举例：

研究开始前，教师制定二年级语文《幸运的小海豹》第一课时的教学目标为：

1. 正确认读10个生字和7个认读字，会写"挣、扎"两个字，提高独立书写能力。

2. 正确流利地朗读课文，通过"知道小海豹为什么是幸运的"进行说话训练，培养学生想象能力和有条理地表达能力。

3. 了解课文内容，懂得人与动物之间也有感情。

目标1中比较具体的写出学习的生字，但是没有可操作性，对于学生自学、独立识字、书写不具有操作性，学生学习没有凭借。目标2中"通过……进行说话训练，培养学生想象能力和有条理地表达能力"，表明了这是从教者立场制定，忽视学生是学习的主体。而目标3里"懂得人与动物之间也有感情"，是从"情感态度价值观"层面制定，但是定位不准确，人与动物之间有什么感情？本文立足点仅仅是懂得人与动物"也有感情"吗？主旨是什么？目标中没有明确地阐述，学生看了也无从知道。

教是为学服务，教师要帮助学生学习，从学生立场出发，修改这一课的教学目标如下：

1. 在自读和同桌互查中，读准字音；利用形声字特点认识"挣、扎"的形、义；通过独立观察、比较左右结构字的字形，会写这两个字，提高独立书写能力。

2. 通过题目质疑，带着问题读文，了解小海豹的三次幸运。联系上下文想象丽莎"照料"小海豹的画面，发展想象能力。联系"在什么情况下，丽莎怎么做"的练习有条理地表达。

3. 通过转换角色、口语交际练习，整体认识小海豹一次比一次幸运，感受丽莎对小海豹的爱，及小海豹对丽莎的感恩。懂得人与动物能够建立感情，要和谐相处。

修改后，这一目标运用了行为动词表述，阐明了学习方法和相应的学习目标，具有实操性。遵循从简单到复杂的认知规律，第1条从"知识能力"层面，明确了识字、写字的方法和目标；第2条从"理解—运用"语言层面，明确了读书和表达的方法，指明了思维的方向；第3条是从"情感态度价值观"层面，明确了感悟和建构情感的策略和学习活动。三条目标之间是层级递进的关系，体现学习的进程和学生的生长点。

课前，亮出这样的目标，学生能够明晰地知道这一节课我该做什么、怎么做、收获是什么。

三、亮标的形式

在实践中总结出的亮标方式有三种：

1. 录音亮标：听录音，提炼目标。这种方式是教师放有趣的声音，吸引学生的注意，同时将目标渗透其中。之后问孩子们，这节课我们要学习的目标有哪些？随着孩子逐一回答，逐渐明晰学习目标。

2. 音频亮标：多媒体，直给目标。

3. 贴图亮标：贴图片，展现目标。

4. 文字亮标：直接贴文字呈现目标。

5. 随课亮标：随课程，逐渐呈现目标。

亮标的时机依课而定。可在课堂伊始呈现，也可根据需求分阶段随机呈现。能够达到激发学生兴趣、呈现学习流程、明晰学习任务的目的。当我们在课堂中看到，学生自主学习时主动对照学习目标而学，我们是欣慰的，亮标对一部分学生是有效果的。

四、亮标的效果

从教师的角度来说，设定学习目标，可以让教师更加明确将学生带往何处，增加了教师达成目标的概率。从学生的角度来说，学习目标有助于学生学习。一（3）班张文凯同学，在小组探究活动时，总是在看黑板上的亮标，下课采访时他说："我觉得老师让讨论的问题，肯定与黑板上的亮标有关，所以我就边看边想了。"有助于引导学生进行自我反馈和自我改进。王林墨同学说："亮标让我知道了这节课有三个任务，思考的时候，我就看一看这三个任务是不是完成了。"

不断实践再实践，使我们进一步认识到亮标的重要性。它处于教学活动的核心位置，决定着我们的教学行为。它既是课堂教学的出发点又是课堂教学的落脚点，同时还是课堂教学评价的依据。科学地制定教学目标对开展高效课堂教学至关重要。

第三节　小组合作学习

在课堂实践中，我们一直在进行小组合作学习的探讨。针对合作课堂，我们以建立良好的倾听关系为切入点展开。经过一段时间的研究，初步研究出了基于儿童视角的倾听思维模型，制定了学生应遵守的倾听的规则，总结出学生的语言表达模板。

一、小组合作：课例观察

课例观察由原来教师坐在后面听课，改为走进小组观课。由原来关注教师的教转变为现在关注学生的学。通过教师走进观课才发现，在小组中，学生的学习状态并不尽如人意。通过观课中老师的发言就能感受到：

王昭晖老师说："我在观察中发现小组里4号同学，手里一直在玩，从始至终没有倾听同学的发言。"

李欢老师说："我发现我们小组的 4 号同学在其他同学发言时，要么东张西望，没有认真听同学发言的内容。要么就是在别人回答问题时插嘴，别人还没说完，就急着接话。"

贾兴洁老师说："我发现我们小组的 1 号同学，只顾自己说不关注别人，在别人的想法跟他不一样时，就听不进去人家说什么了。"

马琪老师说："我发现我们组的 4 号同学在别人发言时，不知道该干什么，抻着脖子看别人写，自己不会做记录。3 号同学没有自己的想法，明明别人说的不对，也跟着点头。"

通过观课我们发现，许多孩子不会倾听，或盲从，或展示，或急于发言，或一言不发。

二、小组合作：倾听关系

怎样解决这一问题？如何帮助孩子建立良好的倾听关系，培养孩子们的倾听能力呢？我校以吴正宪老师的分享式教学为理论支撑，开展协同学习的研究，并且以建立良好的倾听关系为切入点展开。

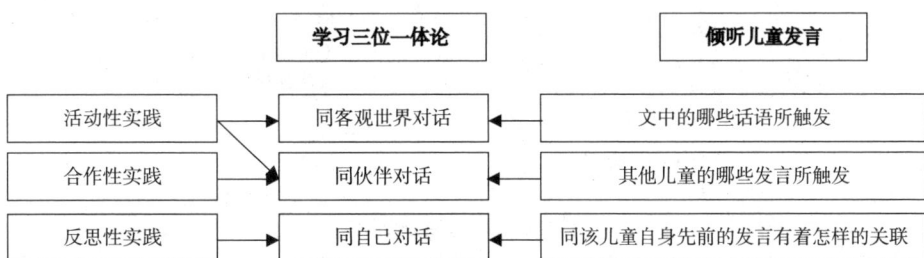

图 4-3-1　三位一体学习论

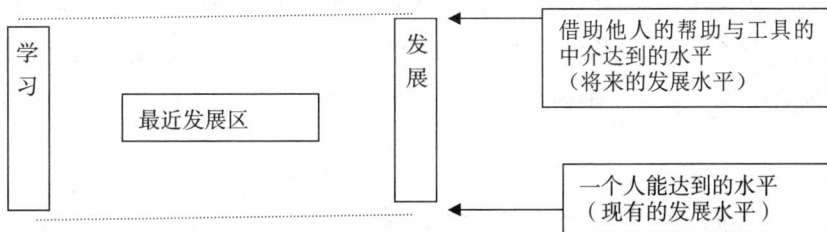

图 4-3-2　维果斯基最近发展区理论

在借助他人的帮助与工具提升学习质量达到高品质学习中，关键是学生需要对话，而对话需要伙伴。

1.倾听关系的建立

学会倾听是新课程标准乃至未来人才培养目标中的一项重要指标，就学习而言，学会倾听能使学生博采众长，弥补自己的不足，也能使学生萌发灵感，触类旁通，还能使学生养成尊重他人的良好品质。

（1）倾听的规则

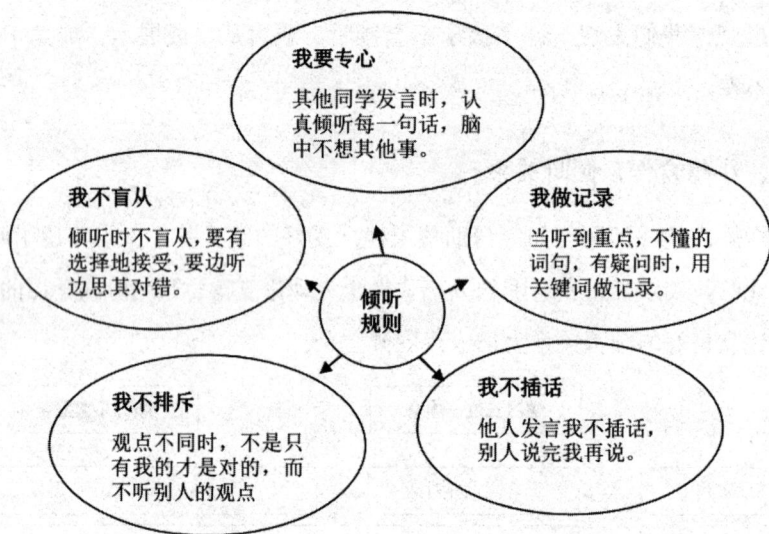

我要专心
其他同学发言时，认真倾听每一句话，脑中不想其他事。

我不盲从
倾听时不盲从，要有选择地接受，要边听边思其对错。

我做记录
当听到重点，不懂的词句，有疑问时，用关键词做记录。

倾听规则

我不排斥
观点不同时，不是只有我的才是对的，而不听别人的观点

我不插话
他人发言我不插话，别人说完我再说。

图 4-3-3　倾听规则图

"倾听规则"是学生应遵守的，它不仅维持良好的秩序，达到有效倾听的重要保证，更是让良好的倾听习惯维持下去的前提。在教学中应重视对学生倾听能力的培养，让学生学会倾听、有效倾听、乐于倾听，使学生在倾听中提高，在倾听中增智，在倾听中创新。

（2）倾听的思维模型

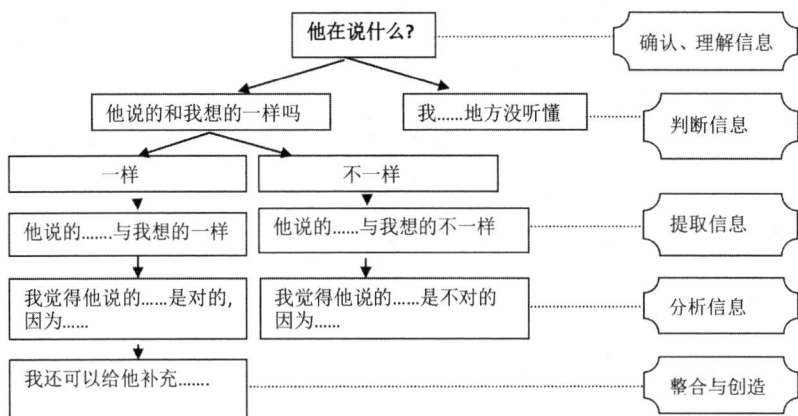

图 4-3-4　倾听的思维模型图

我校教师经过一段时间的研究，初步研究出了基于儿童视角的倾听思维模型。就模型本身而言，能够看到学生思维发展从低阶到高阶的过程。好的倾听是能够理解别人的观点，能够感受到别人的观点，意识到自己的想法与别人的想法的不同。倾听的过程是接受、理解信息的过程，是求同存异、相互借鉴，形成新的思考的过程。是进一步交流讨论的前提。

（3）表达模型

学生倾听是思考、接受、理解的过程，但还必须要输出，表达是非常重要的输出方式。我们借鉴分享式教学，总结出学生的语言表达模板。

表 4-3-1　表达模型：夸—评—补—问—异语言模板

我来夸	我来评	我有补充	我有问题	我不同意
在某某同学讲解中，_____讲得思路特别清晰。	你的发言我评五颗星，因为_____	1. 我还有个想法_____ 2. 我还想补充_____ 3. 我同意_____的观点，但我感觉还应加上_____	1. 我还有不明白的地方，请你帮我讲一讲。 2. 我有个问题想问一下。	1. 我不同意某某同学的观点，因为__ 2. 我认为某某的观点存在问题，因为_____

这个表达模型只是表达的初级阶段，让学生敢说，爱说。但是要高品质地

说，还要进行各个学科语言表达思路的进一步研究。

如：数学解决问题的语言表达模板：1.读题，说重点信息。2.我想到的关系式是什么？3.我是怎样列式计算的？4.我的方法对不对？5.我还有其他的方法吗？

如：语文识字教学的语言表达模板：1.读准字音。2.这个字是什么结构？（左右，上下以及宽窄高低）3.这个字我是怎样记住的？（识字方法）4.我给它找的词语朋友是什么？（在组词中理解字义）4.这个字的重点笔画是什么？（横竖中线及穿插避让）

三、小组合作：宝典秘籍

（一）小组合作分工明确

1.组长的任务：

布置工作：小组合作之初，组长快速地布置每一个组员做什么工作。

汇报主持：小组汇报的过程中担任主持人的角色，负责开始语，结束语，中间的串词等。

检查效果：学习的内容是画出新的词语，看一看所有的学生是不是画出了新的词语。如果是会读，检查学生是不是都会读了。

主抓弱生：学习过程中，特别注意教会弱势的学生，让每一名学生都会说。

注意：小组长轮流担任，不要太快换组长，一个月为宜或更长时间。

2.组员的任务

倾听：认真倾听他人的发言

融合：将其他的知识融合到自己的知识体系之中。

参与：按要求，积极参与组里的讨论。

知识掌握到位：每一名学生将知识掌握到位，不给组里人丢分。

3.班级同学的任务

挑战：小组同学学得怎么样，向组内同学提出问题，挑战组内同学的学习效果。

评价：对小组同学的学习内容做出评价。评价内容：从他的发言中我听明白了什么？我发现了什么，可以发现好的地方，可以发现存在的问题并指出。有什么启发（对自己的）？有什么建议（对对方的）？

（二）小组展示四环节

知识点梳理：讲对了的小队加分，讲错了的小队扣分。此环节的目的是知识的初步梳理与巩固。（每一个都掌握）

错误分享：分享自学中的错例。就题论题加 1 分，有反思，有亮点多加分。此环节的目的，是促进学生反思。暴露出学生学习知识中易出现的问题，并加以分析、解决，从而加深对知识的巩固与理解。

质疑解惑：现场答疑。是挑战题，讲好了加分。此环节的目的是实现学生思维的碰撞，激发学生从不同的角度思考，多种解决问题的策略，促进学生思维发展的系统性、灵活性。

课堂抽查：第六小队第五人讲题。讲错了双倍扣分，讲对了双倍加分。目的是让每一个孩子都掌握知识点。尤其在小组合作学习时，每一个孩子都面临被抽查的可能，因此合作中，优秀学生会主动尽最大可能帮助学困生完成讲题任务，以实现本组不被扣分，并获得双倍加分。（帮助学困生）

（三）小组评价

规则、倾听、合作等内容。

（四）小组合作学习儿歌分享

《倾听歌》：同学发言身坐直，眼睛望着发言者，轻轻点头或摇头，等他坐下再回应。

《回应歌》：同学坐下我起立，椅回站直向大家，语言模板来开头，同意补充或质疑，声音洪亮吐字清。

《自主整理歌》字词卡，音形义；有重点，易错题；画美句，标分析；有修辞，有妙语；分层次，标段意；优美处，读几句；课后题，来梳理；问题单，来列席。

《小组交流歌（语文）》：字词卡，聚中心；一人领，三人跟；有困惑，查资料；重难点，要记牢；我喜欢，品句段；要朗读，我示范；关键词，妙在哪；有修辞，作用大；小问题，解决了，不出门，放家里；大问题，确定了，分好工，齐努力。

《小组整理歌（语文）》：先分工，后模拟；分版块，有顺序；习字词，音形义；可书空①，近反义；抓重点，大问题；金话筒，看导语；几方面，分头叙；嚼文字，读进去；修辞格，看听忆；抒感情，悟情趣；有朗读，都参与；典型句，要练习；说一说，动动笔；梳理员，找关系；有总结，有延续；主持人，保效率。

《发言歌》：前让后，男让女，发言少者率先提。前分享，侧身里，面朝大家不心急。音洪亮，说重点，层次分明语清晰。你补充，我质疑，齐心协力辨真理。

《倾听歌》：声音起，手中停，认真聆听有反应。眼注视，心不走，集中精力思不休。仔细听，不打断，辨别对错再起身。我提醒，我同意，评价稳当要在理。

《交流歌》：轻站立，聚一起，轮流发言全参与。独立思，小组议，聚焦问题不跑题。齐梳理，组内展，做好准备迎上前。

（五）小组合作交流要求

交流表情：面对面地坐好，微笑看着对方，人人动口，动手。

交流行为：有秩序，轻言细语，认真倾听，敢于发言。

欣赏行为：及时对同伴给予表扬。

欣赏语言：我提问你来答，说得真好，我赞同，你真棒！精彩！竖起大拇指！

《展示歌》：上台前，先分工，争分夺秒不放松。展示时，须谦让，你争我抢不提倡。分享时，有条理，展示完后问建议。补充完，掌声起，共同学习有效率。

---

① 可书空：指手指在空气中比画书写。

（六）模板式语言

我们组认为_____

1. 表达自己的观点时：

我发现了_____点，第一点_____；第二点_____

我讲完了，请大家提出意见。我只讲一点_____

我来补充_____

2. 针对别人的观点表达自己的意见：

我同意（不同意）_____的观点，因为_____

我同意_____的这个观点，但是我感觉还应该加_____点

我认为_____的观点存在问题，因为_____

如果_____正确（不正确）的话，那么_____

你说得很好，但我有不同的看法_____

我可以问你一个问题吗？_____

你说得很好，但我想_____

（七）优化"合作学习"

在课堂上仅靠教师一人来照顾学生的差异，满足每个学生的特殊需求是有困难的。因此，教师在课堂教学中要充分利用差异性，提倡合作学习。香港学校常用的合作学习方法有：

1. 发言卡：是一种辅助工具，保证发言相对平衡。

在讨论时，每个组员均获发两张发言卡。每个组员发表一次意见，须用去一张卡。当用去两张卡后，便不可再发言，但是可以给未曾发言的组员提供帮助或建议。这样即避免了优生或发言活跃的学生"一言堂"的现象，引导这些学生将自己的发言热情转化为对组内个别未发言学生的帮助、指导及鼓励。

"发言卡"用一些小卡片，可用卡片或旧纸盒制成。

2. 思—写—论—享

四人一组，每个人独立思考教师提出的问题，把答案写在纸上。然后，每组再细分 A、B 两个小组，即每两个人一个小组，对各自写下的答案进行讨论。

讨论完成后，A 组与 B 组互相比较答案。如此安排，虽然增加了课堂交流与讨论的实践，但是给足了每一位学生充分回答的实践，促使学习步伐较慢的学生有充分的时间去思考问题；为每一位学生提供"一对一""二对二"配对活动的学习机会，拓宽了学生讨论交流的宽度，增加了组员间的优势互补，较好地照顾了学生间的差异。

论的过程中要智慧融通，即用不同颜色的笔把认为他人对的答案写在自己的回答卡中，回答时要将他人的答案与自己的答案整合后再回答。

3. 数字头

教师给小组中每一个学生都编上一个号码，一般是 1、2、3、4 共四个号。教师在学生合作讨论之后，在四个号中随便说一个，所属号码的学生便举手，教师从中选一个或多个学生作答。由于教师选号带有较强的随机性，所以，促使每个组员在讨论中，无论能力强弱，都要荣辱与共，彼此构成积极互赖的合作关系，形成专注、投入与互动的良好学习环境。

（八）小组合作设计的特点

1. 合作的时间：不低于 10 分钟

2. 合作的设计：问题不要多，只 1~2 个

3. 合作的方式：先自主，之后再合作。合作学习最重要的方式：先两两合作，然后再两个小组合作。

4 合作的结果：合作结束时，要拿出 1~2 分钟的时间对合作结果进行梳理。

好的老师就像一个好的转换器，将有意义的事儿转化成有意义的活动，至关重要。

第四节　促进思维发展

学会学习的核心是学会运用思维。正常人都有思维，但是思维能力不一定

强。"思维"的硬件是大脑，"思维"的软件是思维能力和思维方法。为了帮助学生提升思维的能力，学校引入了新西兰友善用脑思维导图、美国八大思维图、刘濯源教授的学科思维导图。

一、思维的品质有五大特性

1.深刻性：由表及里，剖析现象背后的本质。

2.灵活性：多角度看问题。

3.独创性：与昨天的不同，与前人的不同。

4.批判性：批判性思维的含义：第一，批判性思维是善于对通常被接受的结论提出疑问和挑战。无条件地接受专家和权威的意见不是批判性思维。第二，批判性思维又是用分析性、创造性、建设性的方式对疑问和挑战提出新解释、做出新判断。

5.敏捷性：快而准确。

除此之外，系统性也很重要（就是结构化的知识），碎片化的知识要想真正内化，内容还需要系统化和结构化。学习就是建立连接。同一件事，把脑中远端的、近端的，调出来，连接在一起，建立结构化知识，是非常有效的学习方式与思维方式。

二、三阶思维教学法

1.信息收集：收集信息，建立联想，激活已有的生活经验，这是知识形成的基础。

2.信息加工：直接指向思维的深刻性。思维深刻最常用的方法对比、归纳（谁包含谁；谁在上位，谁在下位；思维越来越优化）、找到顺序关系（谁在前，谁在后；事物发展的线索等）、因果关系等。

3.信息应用：成为现实和未来的主人，就要对信息进行拓展，在真实的情境中再思考，发生知识的迁移，才能够完成真正的学习。

三、新西兰友善用脑思维导图

（一）绘制"三要素"

依据"友善用脑"理论，我们在理论与实践之间架起了桥梁，创新出了绘制思维导图的"三要素"。它简洁，易理解，便于操作，是实操者的好助手。

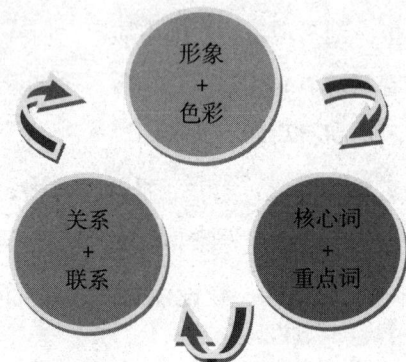

图 4-4-1　思维导图"三要素"

核心词＋重点词：思维心理学认为"概括性是思维品质的基础"。

关系＋联系：培养思维的有序性及悟性。同一事物尽可能想更多，想到的领域越多，发散思维越好，创造力越好，这就是联系的价值。

形象＋色彩：使知识富有情趣与活力，加深记忆。同时让左右脑之间建立连接，得到平衡发展。

（二）绘制注意事项："抓重点、找联系、塑形象"

1. 一张空白长方形纸张、一支笔、一个快乐的心情。

2. 概括性，抓重点：用字数少，有关键词，简单。具体方法就是做减法，减到最后不能再减了，就是重点，是关键，是核心；通过比较、筛选、归纳，找出重点。

3. 有序性，找联系：学生自己对知识的梳理、整合，找到彼此之间的先后顺序及关系。

4. 形象性，塑形象：重点内容用"大字"，绚丽多彩的颜色。

5.个性化，审美性：导图反映的是学生自己的想法，教师不要过于指责。学生自由、自主地绘制独一无二的导图，深入思考，不断补充完善。

（三）初绘思维导图的指导流程

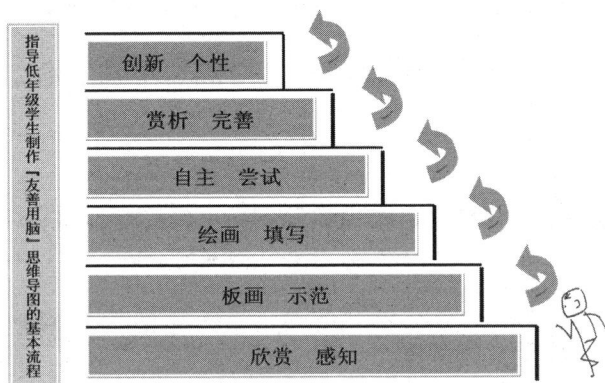

图 4-4-2　初绘思维导图的指导流程

（四）思维导图的应用

思维导图主要应用于课前、课中和课后。课前画思维导图，进行课前自学。教师根据自学的内容，找准学生思维的断裂点，有针对性地进行教学。课中完善思维导图。在学生交流中，教师点拨后，学生逐渐明晰思维导图不完善的内容。在重难点知识讲完后，进行完善，提升思维能力。课后画思维导图，主要是梳理知识、反思知识、帮助记忆。

四、美国八大思维图

到了三年级，我们发现学生不再喜欢形象，而是喜欢用简单的线条和文字来表达自己思维的过程。思维导图到此阶段也需要转型和升级。在教科院专家的帮助下，我们引入"美国八大思维图"的专题研究项目。

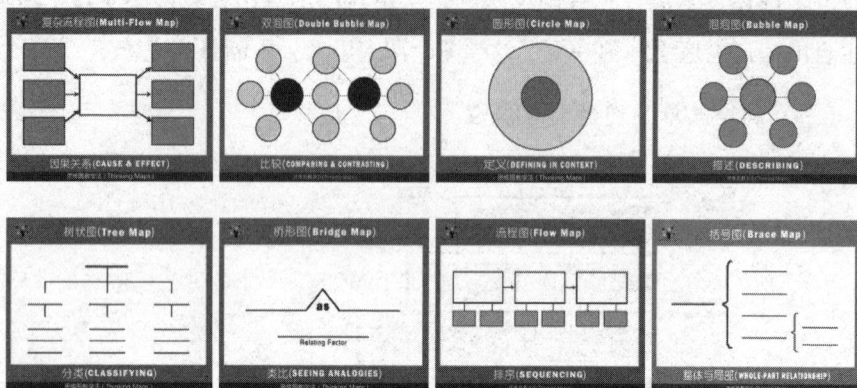

图 4-4-3　美国八大思维图

案例：一年级反义词教学

　　语文团队在研究过程中发现，上一届一年级学生看图写反义词问题比较大，于是开展了运用桥型图帮助学生积累反义词的研究。研究中，先请同学们自己绘制，再在小组中讨论，补充完善自己的图。之后全班同学共同完成一幅反义词的桥型网络图。上一届学生最多积累六对反义词，今年学生在玩儿中积累了 12 对之多。

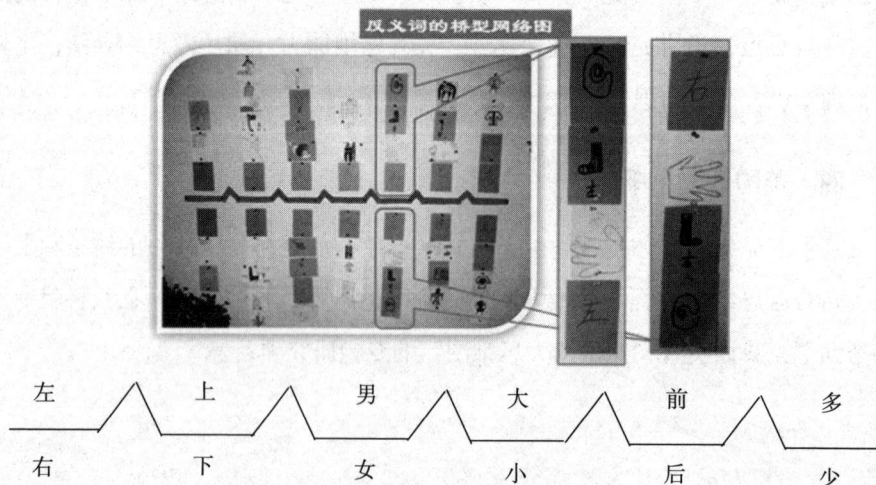

图 4-4-4　反义词的桥型网络图

五、学科思维导图

为了强调思维导图与学科的深度融合，在前期两种思维导图推进的基础上，我校引入了刘濯源教授提出的学科思维导图。这种价值与工具高度匹配的思想、方法、模型，能助力我们完成从理念、目标到方法的全系统改变。很多观念都引发了教师的深度思考：

1. 效率≠效能。针对当下课堂教学存在的突出问题，刘老师帮助教师们转变了教学观念。教师们明晰了要努力由"效率导向"向"效能导向"的课堂转变；要从"求量思维"转变为"求质思维"；要从关注教学进度转变为关注学生的实际获得。课堂教学中要学会驻足，在学生思维的障碍点上停下来，帮助学生完成翻越；在学生思维的活跃点上停下来，帮助学生拓宽思维的深度和广度；在学生思维的混乱点上停下来，帮助学生整理思绪，从随机发散到结构化思考。

2. 思维导图≠学科思维导图。我校从建校之初，就非常重视学生思维能力的培养，引进了新西兰和美国的思维导图，进行了七年的尝试。现阶段接触了学科思维导图之后，尤其是刘教授提出的"提要素、理关系、建结构"的思维可视化策略，使教师们真正感受到学科思维导图更加强调依据学科知识而进行结构化思考，感受到关键词之间的逻辑关系是依据学科固有知识结构及思维规律来确立的上下级或同层级，感受到关键词的提炼是依据学科特点进行的提炼、概括、标注。培训中，绘制学科思维导图难度很大，尤其是结构化与高度概括十分不易，但确实引领教师走向了学科本质。同时，对教师的理解能力、思维能力、学科功底提出了严峻的挑战，使教师们发出感慨：学习、学习、再学习，落实、落实、再落实。在学习与落实中提升自我的专业素养、思维品质。

3. 思维模型≠禁锢思维。培训中，刘教授谈到了建立"思维模型"的问题，是通过发现学科本质和规律，把复杂的知识进行高度提炼，构建成简练的思维模型。在实践中，我们学校也开发出了不同学科、不同知识点的不同的思维模型，但困惑的是这样的模型是不是禁锢了学生的思维。通过学习理论，我们明晰了"建模"首先要"提模"，"提模"的过程是自我思考、自我理解、自我加工的过程；是自觉将碎片化的点状结构，建构成彼此联系的网状结构的过程；是对文本的深加工，思维得到有效锻炼的过程。思维模型不仅不禁锢学生的思维，而且帮助学生在提模、建模、用模、创模的过程中，促进深度学习、深度思考，培养创新能力，有效避免了不思考和浅思考的不良习惯。

4.对儿童好≠讨好儿童。刘教授不主张教师用娱乐化、游戏化、无原则的赞赏等方式去讨好学生，因为那样产生的愉悦感并不是指向学习的，对学生的成长并没有帮助，因为"讨好"并不等于"真好"。教师引领学生追求的是深层次的快乐，而不是"讨好"的快乐。

我们欣喜地发现，学生的学习方式正在悄悄地发生着变化。思维图读书感受、思维图规划、思维图研究成果、思维图假期安排……教科院实验小学的学生正在将思维图的学习方式变成一种生活习惯、学习习惯、思考习惯。

第五章 教师

学校发展的基础与尖端

教师是一代又一代的建树者，是生命的复兴者，是觉醒的呼唤者。尊重每一位教师是重视教育的必然要求，是社会文明进步的重要标志，是尊重劳动，尊重知识，尊重人才，尊重创造的具体体现。

——题记

第一节　打造教师团队

记得方院长讲过："名校的显著特质，是走在改革的前列。""每一次改革都会激活学校一次，激活教师一次。在改革中教师会再思考'给孩子什么样的教育'，促进教师教育生命的成熟。"四年来，我们努力尝试着一次次的改革。

让每一名教师享受团队的滋养，成为头顶理论、脚踏专业、胸怀包容，用脑工作的善行者，是我校教师队伍建设的目标。为了促进教师专业发展，实现个人价值，学校成立了管理团队和学科团队。

学校管理团队：学校每个教师都是委员会的一员，每一名教师都适度参与到学校的管理之中。学校成立了九大管理团队：外事委员会、教学指导委员会、课程开发委员会、教师发展委员会、学生活动委员会、校园环境建设委员会、安全委员会、卫生保健委员会、矛盾调解委员会。

学科发展团队：包括纵向和横向两个团队。纵向的金字塔形教师发展团队和横向的教师自主选择发展团队。

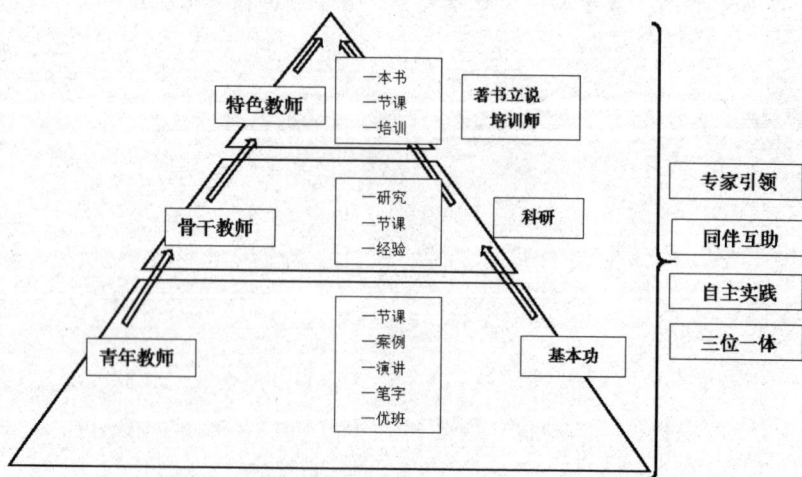

图 5-1-1　教师团队架构图

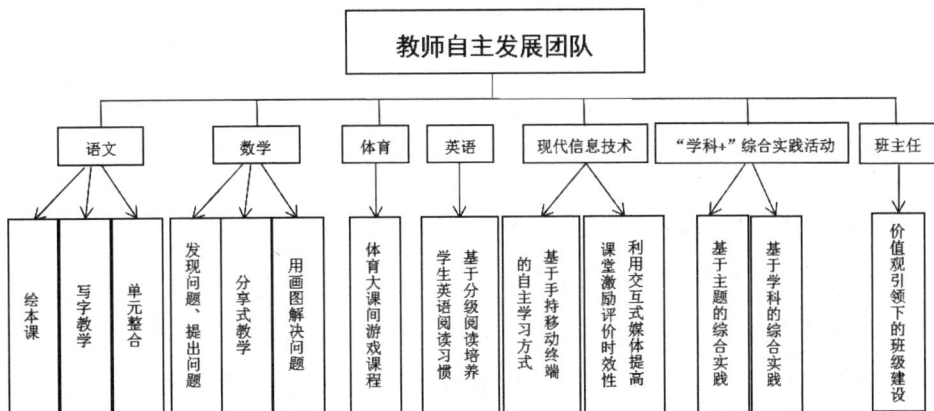

图 5-1-2 教师自主发展团队

一、"四让""四带"成为教师团队活动的目标和操作指南

"四让"目标：让读书成为一种习惯，让研究成为一种工作方式，让创新成为一种专业自觉，让教育成为一种人生追求。

"四带"指南：带着教学新信息，带着教学好资料，带着教学真方法，带着教学实任务。

二、在团队建设中，突出任务驱动式发展

在团队建设中，每一位教师承担一项任务，在承担任务过程中，实现个人价值，提升专业能力。团队中的任务分为：

1.故事收集人：写故事，讲故事。

2.微教研组织人：根据研究问题，选准微教研的微片段，组织大家展开微教研。

3.学习资料提供人：让大家带着有准备的头脑投入到研究之中。

材料收集人、会议记录人、经验成果汇总与提升人等。

三、多种策略推进，为教师搭建基于团队的成长平台

一是学习策略。针对不同阶段的工作重点，给老师们推荐阅读书籍。班主任方向的如《魏书生班主任工作漫谈》《郑丹娜的班主任工作》，教学方向的如《教师的挑战》《静悄悄的革命》等。

二是专业引领策略。借助专家力量，成立青年教师工作坊，开展一系列培训。通过培训，在青年教师中树立了"放手即成全""合作学习共享交流，让每一个孩子都有发言的机会，让每一个孩子都有活动的机会，让每一个孩子都有发展的机会""好习惯决定好人生，课堂教学重视行为习惯的培养""课堂教学培养的核心能力是思维能力的培养""课堂教学是基于友善用脑的学习"等理念。我坚信价值观引领教育观、教育观引领实践行为。

三是压担子策略。不同的教师，通过不同的渠道，压不同的担子，展示自己的课堂教学，提高教育教学能力。每一位教师都在承担不同的任务中获得不同的成长，从而为每一位教师搭建一次自我成长的平台。

四是以输出带动输入策略。学校搭建各种教师输出的平台，教师要完成输出性任务，就要进行大量的输入，读大量的资料。这样的阅读针对性强，学习效率高。这种方式带动一批教师成长，也带动一批教师做共同感兴趣的小研究。

五是校本发表制策略。每学期期末，固定的时间，以团队或师徒为单位，向全校教师发表自己的研究成果，促进教师团队专业能力提升。

六是评价促发展策略。把教师往哪里引导，评价就向哪里倾斜。评价中最好的做法是让老师说话，让老师来评价，放大优点，强化优点。如在"基于深度学习的思维可视化教学探析"的研究中，我们设计了精品课例奖、巧妙视频奖、可视化思维图奖、可视化案例奖、团队结题奖，等等，教师根据自己的实际能力，有选择地自主申报。

一位美术教师调入学校时说："好好地教好学生，带领学生参加各种比赛，就是我的目标。"言外之意不言自明。然而，通过教科院的高平台，该教师一次次直接和专家对话，接受名师的肯定与指点，一次次参加市区级别的研讨课、教学比赛，其间的收获与成就感急速增长，教师继续发展的动力也格外强劲。

她说："校长，如果我还在原来的学校，我就碌碌无为下去了。如果我调入其他的学校，基本功再好，也很难有机会被市教研员发现。如今我成为特级教师的徒弟，我内心的愉悦挡不住啊！"

一位新参加工作的音乐教师，由于有了市区教研员的帮助和指导，在教育信念、课程理解、教学艺术等方面跨越式提升，工作不到两年，俨然成为外校同事的"小师傅"。

"欢学园"中的教师在一次又一次的机遇面前历练、反思、成长，"用脑工作"是每一个"欢学园"教师的座右铭。这种"用脑工作"的意识催生出了一节节优秀的公开课，一份份优秀的教学设计、论文，一个个思维碰撞的精彩课堂。

第二节　体验职业幸福

每个学校都在谈教师的幸福感，职业幸福的高低，取决于职业高峰体验的状态。高峰体验越是强烈，越是高频，职业幸福的指数就越高。而这种高峰状态是院里专家带给学校教师最大的实际获得。

一、制定教师发展研修规划

1. 养成性研修（3 年以内）

目标：让新教师站"稳"讲台，让新教师站"好"讲台。

2. 发展性研修（3 到 10 年）

目标：独立熟练地从事教学，并逐渐形成自己的教学风格；化经验总结为理性思考，逐步提升教科研能力。搭建教师合作平台。

3. 引领性研修——对本学科年轻教师起到引领作用（领军人物）

引领青年教师专业发展、开阔学术视野为研修目标，采用教学—实训—研究三位一体的方式，开展多角度课题研究，多类型教学反思，多层次课例研究，多方式外出访学，开展学术交流，增长专业知识，完善自身教学与研究。

二、创新研修方式，提升教师专业素养

（一）诊断式

每年四月份，北京教育科学研究院基础教育研究中心的专家会走进学校开展联合视导，对教学工作进行诊断。初次诊断后专家提出教学努力方向：一是处理好形式与实效的关系；二是学会巧用生成；三是多感官教学，激发学生参与学习的热情；四是高度尊重学生；五是合作、交流、共享的学习方式的变革；六是关注学生原生态的发声。

根据诊断，我校确立了"以学为本"的"绽放课堂"教学理念：目标引领的课堂、合作的课堂、思维的课堂、多感官的课堂和放手的课堂。几年来一直在这一道路上不断探索与实践。

合作课堂——开展了"高阶思维：小组合作学习的升级之路"专项研究。

思维课堂——引进新西兰友善用脑思维导图和美国八大思维图。我们欣喜地发现，学生的学习方式正在悄悄地发生着变化。思维图读书感受、思维图规划、思维图研究成果、思维图假期安排……教科院实验小学的学生正在将思维图的学习方式变成一种生活习惯、学习习惯、思考习惯。

（二）示范式

教科研人员直接开展教学活动。根据教师要破解的共性问题，请北京市的专家进行现场教学，具体剖析，讨论交流，提升教师专业素养。

（三）传授式

以讲座、评课等方式确定方向和标准，提出实践改进点。

（四）共研式

基于某一理念或目标共同探索实践标准或策略。

学习型组织在不知不觉中建立，保证了课程开发的先进性和前瞻性。这种学习型组织中每一个人都有一种基于目标的学习动力与渴望。

在共研式中，老师们正在从普通教师向研究型教师、教师领袖的路径上前进。像这样充满梦想，集体攻关的团队还有很多很多：艺术团队、体育团队、STEM 团队、目标团队……老师们都在为心中共同的理想和目标而开动脑筋、提升自己、贡献力量。

（五）搭台式

通过资源引入和机会提供促使教师自求发展。

三、建立特级教师工作站

学校成立了语文特级教师张立军工作室，美术特级杨广鑫工作室，数学特级教师吴正宪工作室，本着"专家引领，示范辐射"的思路，积极与区教研室配合，开展全区性活动，实现受益面最大化，为区域教师的成长搭台铺路。

教师队伍的专业发展，取得了喜人成绩，我校参加北京市教学设计大赛，2016 年有六位老师荣获了一等奖的好成绩，2017 年有 5 位教师荣获一等奖。从海淀调入的美术教师："校长，如果我还在原来的学校，我就碌碌无为下去了。如果我调入其他的学校，基本功再好，也很难有机会被市教研员发现。如今我成为特级教师的徒弟，我内心的愉悦挡不住啊！"现在已经成长为中学高级教师，北京市骨干教师。从朝阳调来的语文老师，用她自己的话说："自己像坐飞机一样。"在张立军老师的帮助下，获得了全国大赛的一等奖，并与王文丽等大家同台在全国各地巡回讲课。新分配的大学生，参加北京市"启航杯"评选，唯一一个一等奖，花落我家。像这样的例子还有很多很多，还将继续发生……

优秀教师之所以成长为优秀教师，大部分并不是我们进行师德教育的结果，甚至也不是我们天天搞培训的结果，最重要的是有一个机遇催生他有了内在的动力。正是一次又一次的机遇，与市教研员相遇的机遇，做市区公开课的机遇等，使教师在偶然、不经意间实现了自我超越，让教师们体验到了特别的成功与喜悦，而这正是产生职业幸福感的源头活水。这一份成功与喜悦不是外求而来，它不可"告诉"，不能复制，不能灌输，只能从自己的内心深处滋生出来，膨胀出来。学校从成立之初的 3 名区级骨干，九年间培养出 6 名中学高级教师，4 名市级骨干，8 名区级骨干，3 名区级新秀。

第三节　教研方式创新

依托"小循环教学研究"，深化校本教研，能够促进教师钻研教材能力、驾驭教材能力、总结概括能力、科研能力、个案撰写能力的提升，促进教师根本性的发展。

一、"小循环教学研究"，是基于教师队伍发展的实际需求而提出

（一）建立研究意识的需要

我校经常聘请特级教师举办讲座、现场执教。许多老师在惊叹特级教师课堂上轻松自如，所教学生成绩出色的同时，开始感叹自己学生的水平如何之差，自己的教学不知从何入手等。殊不知教学的成功源于教师不断地思考，方法、策略都是在教学实践中不断地研究、总结出来的。如果不建立研究的意识，即使现成的方法、策略摆在面前，也不会有效地运用。

（二）发挥年级教研优势的需要

长期以来，我校由于班级数量少，数学、语文、英语一直分为四个大的教研组进行活动。因为年级、学科之间的差异，不论备课、评课还是研究有关问题，老师们都不知如何说起。教研组长的确定又是一大难题，很难找出一个对各年级教学都很熟悉的教师担当，教研活动形同虚设。而同一年级之间，由于人数少、易集中、教学内容相同、能够研讨大家共同关注的问题而成了教师期待的一种教研活动。"小循环教学研究"这种小范围、小论题的研究方法，恰恰适应了年级教研的需要，充分发挥了年级教研的优势。

（三）解决实际问题的需要

应该说，教研、科研一直是我校比较重视的活动。课题、计划做了不少，但真正能够让教师全身心投入并有所成绩的却寥寥无几。究其原因，就是所选择的课题并不是教师在实际教学中亟待解决的问题。很多教师满怀热情进行研究后，却发现与自己的教学实际严重脱节，不但没有促进教学，相反使班级成绩下降。而校本教研打破了传统的由上而下的确定课题的方法，以教师教学中存在的问题为突破口，重在解决实际问题。

二、"小循环教学研究"的内涵及具体内容

"小循环教学研究"即采用"提出问题——个人备课——集体设计——二次个人备课——选人执教——总结反思——集体再创——三次个人备课——换人执教——经验提升"的方法，循环实施、反复研究、不断探索，直至找到最佳的教育效果，从而提高学校的教学水平和教师的教学研究能力的循环教研法。

（一）一次循环

1. 提出问题

"小循环教学研究"强调解决教师自己的、真实的、实际的问题。当某一个教学疑难具有一定的普遍意义和研究价值，值得教师去关注、研究和设计时，它便可以由"问题、难题"转化为"小循环教学研究"的"课题"，教师们由此确定研究内容。然后以年级、学科组为研究单位，展开资料的查阅与教学的设想。

2. 个人备课

个人备课，要求做到：准——教学目标确定要准，理解教材要准；带——带着你的研究课题进行备课；细——钻研教材要细致；严——知识理解要严谨，思考问题要周全；研——研究学生的认知基础、思维基础和原有生活经验。

3. 集体设计

在个人精心设计教案的基础上，进行集体备课，使备课过程由封闭、静止实现交流、共享，使每一个教师个体都能够成为资源，组员互为资源，实现交

替引领、交替互补。我们提出各年级组每周安排一次集体备课，要求集体备课要做到：点：重点把握，不要面面俱到；勤：经常化；全：全组参与；实：时间落实、讲课人落实、说课思路人落实、评课人落实；带：带着课题进行集体设计。

4. 二次个人备课

集体备课使个体备课更有深度，但需要避免将集体备课替代教师个人备课。因此我们提出，在集体备课为我所用的时候，是需要做出一定的修改的，这样才能适应本班学生的学习情况和教师本人的教学风格。这就要求教师对集体备课的结晶进行一定的改进和完善，进行个体二次备课。二次备课时，主要是让教师重新思考重难点突破处教学方法的选择和研究专题在课堂教学的体现。二次备课，需要教师动笔在教案空白处修改。

5. 选人执教

在二次个人备课之后，研究集体根据组员的教学能力、业务水平、教学风格、对环节的熟悉程度等因素，推出首次执教人选，并进行课堂教学执教的尝试。课后，执教人要把这节课的优点、不足明明白白叙述清楚，还要对问题引出新的思考。

在听课、评课的环节上，我们倡导发挥教研组的团队合作互补优势。每周一在周安排上，公布各组的听课安排，包括学科、执教人、内容、地点。每到教师讲研讨课时，教室大门向所有教师敞开，各学科老师抱着互相学习的心态走进课堂。

6. 总结反思

在课堂教学结束之后，教研组要从教学实际出发，执教者写出课后小结，组内在听课的基础上要写出课后点评，及时思考预设目标的实施情况，思考设计环节的教学效果，并对整节课进行一个客观的评价。

以上过程是"小循环教学法"的一次循环。

（二）二次循环

教学过程中有很多不确定的因素，因此不可能一次就达到预期的效果。通过一次循环教师在理论、实践上都有了一定的积累，为了更好地实现预期目标，教师接下来需要重复"一次循环"的过程，即"再次循环"。

教研组在首次执教的基础上，保持亮点、优点，同时根据课堂上反馈出的问题对教案进行完善和修改，并根据学生的生成性问题来修改本组的教学思路，使之更有利于目标的达成和实现，此为"集体再创"。在写好教案的基础上，个人进行第三次备课，同时推出执教者进行课堂教学尝试，此为"再次选人执教"。之后，在课堂教学基础上，教研组根据最初提出的问题，反思组内研究历程，进行阶段性的总结，总结出值得推广与共享的教学经验，此为"经验提升"。

三、开展"小循环教学研究"，提高教师的教学研究能力

（一）开展培训，达成共识

1. 开展参与式、互动式、体验式培训，提高全体教师的团队意识。"小循环教学研究"需要的是组内每一名教师的参与，需要大家的团结协作，因此加强团队意识的培训是"小循环教学研究"的前提。学校通过组织教师共同玩扑克牌等游戏活动，引领教师总结出成功团队的特点：有被大家接受的共同的奋斗目标；有核心领导人；每个团员都要积极地投入到团队的活动之中；有符合实际的时间表；一个成功建立在另一个成功之上。

2. 开展专题培训，使教师明确"小循环教学研究"的内容、要求、方法，为"小循环教学研究"的顺利实施提供保障。校本教研的基本组织建立后，我们着重从教研组活动"研究什么""怎样研究""小循环教学法的步骤是什么？每一步怎样操作？"入手，初步构建学习型教研组。通过培训使教研组长和全体教师做到"两个明确，一个避免"。"两个明确"即：明确"小循环"校本教研组具有学习与研究的任务；明确学习与研究、研究与实践互为联系，不管是学习还是研究都要以教育教学中的实际问题为主，以学生的发展为本，以提高教育教学质量为目的。"一避免"即：避免校本教研就一节课一节课地进行研究，一定要带着课题进行研究。专题培训的开展为构建学习型教研组提供了理

论支撑。

3.加强校本教研组长培训，明确教研组长职责。"小循环校本教研"的成功与否、活动质量的高低，关键在于教研组长开展工作的水平，因此推开之时，学校加大了对教研组长的培训力度，提出了教研组长的工作职责。教研组长通过培训，明确了教研组长的真正含义。"教"指教育与教学；"研"指校本教研，即在行动中研究，在研究中反思，在反思中学习，在学习中成长；"组"是组织；"长"是负责人或领头人。合在一起是负责组织本组教师研究教育教学问题，学习教育教学专业知识，在反思中总结教育教学成功经验。同时明确了各组教研的统一活动时间、统一活动地点和统一活动内容。

4.学习培训工作贯穿始终。凡是集体参与的环节我们采用"任务驱动式"工作策略，让教师参加集体研讨时做到"四个带着"，即"带着教学新信息、带着教学好资料、带着教学真方法、带着教学实任务。"力争每个人研有所获，学有所得。

（二）提出有价值的共性的"小循环教学研究"问题

1.带着研究意识发现问题。平时的工作中，教师应有研究的意识，有了这种意识，随处都可以发现问题，并把有价值的问题转化为自己的研究课题。教师可以以检测为突破口发现问题；以调查问卷为依据发现问题；以学生在课堂中的学习状态为判断发现问题；以教师的自我行为为切入点发现问题；以满足学生的心理需求为落脚点发现问题。这些问题一定来源于学校，来源于教学现场，来源于教师，来源于学生，为学生、教师、学校的发展而服务。

2.运用"差距分析表"提炼问题。老师们提出的问题较多时，在全校开展"三个一"活动：即一问题、一研究、一总结。教师把教学中出现的问题，一个个汇集起来，然后在教研组活动时间提出来，根据"差距分析表"找出共性的、最具有价值的问题，形成"小循环教学研究"课题。

表 5-3-1　二年级语文组使用"差距分析表"提炼问题

各种问题	将差距分级（1~9 级）	按轻重缓急排顺序
写话能力	2	1
阅读能力	3	2
灵活运用知识的能力	4	3
课外积累	5	4

差距分级是指教师要培养的目标与学生的现状之间的差距，级别分为九级，级别越高越接近目标。从表中反映的情况看，二年级的写话能力较弱，排在轻重缓急顺序的第一位，是急需要解决的问题。而在写话中，看图写话又是低年级写话的基础，因此她们把研究的主题确定为"如何提高低年级学生看图写话能力的研究"。

3. 运用"五个为什么"工具进行自我分析，发现本质问题

教师进行自我分析往往停留在学生层面，只看到表象，不能透过现象抓住事物的本质，从而忽视了自身存在的问题；往往是根据感性得出结论，而没有科学数据的支撑。因此我们对教师进行了"五个为什么"的培训及科学的数据分析培训。以二年级研究看图写话为例。

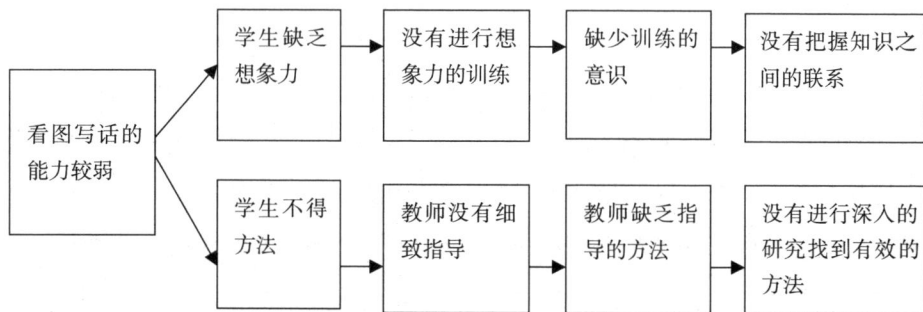

图 5-3-1　二年级看图写话能力分析图

出现问题，多问几个为什么，寻着"为什么"追根溯源，找到问题的本质原因。根据"五个为什么"工具二年级组得出结论：教师缺乏训练意识，没有有效的指导方法，制约了学生写话能力的提高。

（三）设计"小循环教学研究"的行动方案

当全组确定共同的问题后，组员通过翻阅书籍、上网、走访有经验教师，向特级教师请教等途径，从中发现了可以借鉴的解决问题的方法。之后，组内成员进行"头脑风暴"，大家出主意，想办法。然后将这些信息进行归纳整理，梳理出前后的顺序，进行方案设计。方案要具体可行、实操性强。它包括三方面：课题的提出、预设的目标和行动方案。其中行动方案尤为重要，它是教师有计划、有目标落实方案的根本保障。

表 5-3-2　培养低年级学生写话能力的"小循环教学研究"行动方案

循环时间		授课人	上课内容	研究内容及达到的目标
一次循环	2019.3.2	某某 1	小鸭过河	
	2019.3.5	某某 2		
	2019.3.10	某某 3		
二次循环	2019.3.17	某某 1	过独木桥	1. 提高细致观察能力
	2019.3.19	某某 2		2. 训练语句连贯能力
	2019.3.24	某某 3		3. 培养合理想象能力
三次循环	2019.4.16	某某 1	苹果树下	
	2019.4.23	某某 2		
	2019.5.6	某某 3		

（四）召开"校本教研组风采展"，促进教研组回顾历程、经验提升

学校在每学期结束之时召开"校本教研组风采展"，促使研究小组回顾研究历程，进行经验提升，为实现"用优秀的团队创造优秀的业绩"打下坚实的基础。此活动有效地避免了教研组就一节课而研究一节课的现状，使每个教研组都能带着研究问题收集研究过程中的典型案例，并最终总结归纳出自己的成功经验。展示后，我们发现教师的总结能力、反思能力、研究能力在不知不觉中提升了。教研组总结出了"读懂一个自然段的教学策略""归纳主要内容的四个方法""记忆英语单词的教学策略""提高学生计算题正确率的有效方法"，等等。这些教学经验根植于这片土地，进行的是草根研究。教师们认为解渴、受用，都进行了有效的转化与融合。

四、"小循环教学研究"应注意的问题

（一）正确处理研究课题与课堂教学的关系

研究中，教师不自觉地就会走向一节课的研究，而忽视了研究课题的存在。学校要通过搭设平台、加强交流、适时点拨、树立榜样等方式，避免这种现象的发生。

（二）努力帮助教师突破研究的瓶颈期

教师研究到一定的程度，60% 的老师都会走向瓶颈期，不知如何往下进行研究，甚至要放弃原有课题而另开炉灶。学校要努力帮助教师突破瓶颈期，具体途径是：第一，向学生请教，与学生进行沟通；第二，把问题抛给同行，采用"头脑风暴"的方式集思广益；第三，运用"五个为什么"工具，多问几个为什么，看在哪里出了问题；第四，上网查阅资料，请教图书；第五，请专家来校进行诊断。从这些途径中寻找解决问题的方式方法，之后修改。

（三）研究材料不要面面俱到

教师撰写的课例、案例、反思、研究历程、阶段性总结等要围绕研究课题写，写的内容不要面面俱到。面面俱到容易散，不利于最后的经验提升，不利于教师研究能力的提高，不利于教师建立成功的自信。

五、"小循环教学研究"的研究效果

"小循环教学研究"不仅激活了教师们的教育思维与理念，更为学校的教育教学注入了不断发展，不断进步的动力。

（一）教师的变化

1.提高了教师的研究能力

在教师撰写的案例、研究历程和感受中，所有的教师都能感受到这一点，会在教学实践中发现问题，会在教学实践中通过调整自己的教学行为解决问题。过去教师在教学过程中，依照自己的主观判断进行调整。如：学生考试成绩不好，教师很少会从自己的教学行为上找问题，而是一味地埋怨学生基础差、家

长素质低。而现在，通过一段时间的学习、研究、交流，教师能主动走进学生，了解学生的需求，调整自己的教学行为，能冷静地思考自己身上出现的问题。实践证明，"小循环教学研究"使我校部分教师迅速成长，研究能力明显提高。

2. 形成了浓厚的研究氛围

这种变化并不只存在于此课题的研究活动当中，已经拓展到日常的工作之中。如 2020 年 8 月面对疫情开展的"云家访"工作中，年级组的所有教师，凑在一起讨论如何开好家长会，有的组共同设计演示文稿在家长会中播放，有的组共同写家长会讲稿，把需要家长配合的、学生在校的表现的内容进行共同的梳理。如：一年级新生入学，年级组的老师共同研讨出了"致新生家长的一封信"。信上根据家长的需要、学生的需要分别从卫生习惯、学习习惯、学校要求、准备物品、课程表几个方面为学生进行详细的叙述。这种研讨使新分来的大学生在开家长会时都能够做到心中有数，沉着冷静应对家长的各方面问题。

现在研究已经成了一种习惯，操场上、楼道里、电话中、网络上、早晨、中午……我们的研讨不限时间、不限地点、不限空间、不限内容，随时研、处处研。

3. 促进了教师之间的和谐发展

在开展校本教研之前，每个年级组为了能够在各种教学竞赛考试中脱颖而出，教师彼此之间留着心，关系冷漠，更谈不上研究。通过历时三年的校本教学研究，教师之间的人际关系融洽了，年级组的凝聚力增强了。同事之间一有时间就会在一起共同讨论、互相学习、相互借鉴，更重要的是互相帮助。一位年轻教师总结道："我们组是友谊＋竞争的组。大家之间有竞争，但是良性竞争，更多的是真诚的合作，真心的互助。"我们说营造人文环境，只有小的环境和谐了才能有大环境的和谐。

（二）教研组职能的变化

校本教研组的职能从过去的备课型转化为具有教研、科研、培训等职能的新型组织。制定计划实现了由自上而下完成学校的任务到自下而上分析问题、研究问题、解决问题的转变。改变了传统教研组活动内容的局限性，使活动内容更丰富，活动形式更多样，学习内容更多元。由于教师们学会了"小循环教学研究"的方式方法，校本教研组已经进入自动运转阶段。

（三）教研组长角色的转变

过去，教研组长是被动地完成学校规定的任务，属于任务型、传达型。而现在的"小循环教学研究"将教研组长推向了自主型、学习型、引领型、研究型。

经过几年实践，我们深深地感到"小循环教学研究"植根于教师的教育教学实践之中，立足于集体智慧之上，是一种行之有效的教学研究方法。它联系课堂，实用性强；内容集中，针对性强；周期短小，反馈及时；强调合作，经验共享。教师们学会了"小循环教学研究"的方式方法，自主走上了"问题——设计——行动——反思"多次循环实施的研究过程，切实提高了教师的研究能力。

第四节　科研护航发展

借助"高卷入＋结构引导型"校本教研，助力教师成长。这种教研模式是心智深度卷入的校本教研模式。高卷入是指全员卷入、全面卷入、全程卷入、全方位卷入、深度卷入。结构引导型是以提要素、理关系、建结构为导向，使成熟度相对较低的教师快速把握学科核心本质。它不是业研教师与授课教师之间单维的、浅层次的联系，而是通过研前——卷入式原行为阶段，研中——建结构出模型阶段，研后——实践反馈阶段，使业研教师与专家团队之间产生多维度的心智共振，深层次的智慧整合。将每个人的智慧火花收集起来，彼此交织，相互融合，生成新的教学创见的过程。我们称这样的教研为教师之间灵魂深处的相遇，思考者之间的聚会。

一、研前——卷入式原行为阶段

教师根据已有经验围绕校本教研主题全身心卷入，进行全面、深入地准备，充分展示教师本人的教学经验与风格，不受任何干扰的行为阶段。

数学组业研主题为《图形测量单元分析》，一到六年级各个教研组围绕本年级组有关图形测量的单元进行自我设计。然后在小组内进行交流、探究、完善，形成本组最佳单元分析。

二、研中——建结构出模型阶段

以学科大组为单位，教学主任（或市区级教研人员）以及各年级合作伙伴的适时介入与沟通合作，帮助教师梳理、概括、提炼知识结构，融入学科核心素养，产生结构化模型的业研阶段。

（一）带着问题听汇报

全体学科大组教师带着问题听汇报。如，一到六年级《图形测量单元分析》中，相同的教学元素是什么？共同的教学特点是什么？都要提炼出来。这一提炼，提的是图形度量的核心，图形度量的魂，图形度量课堂教学中必须要落实的内容。

（二）共同提炼核心要素

各教研组汇报后，共同提炼出核心的要素有哪些？在《图形测量单元分析》中，全体老师共同体现出的核心要素有：单位、进率、估计、公式、工具、比较、统一单位、表象、解决实际问题（应用）、方法等。

（三）建立一般模型

一般模型就是适合一类知识的结构化模型。就本次业研来讲，是指适合1~6年级"图形测量"内容的共性核心要素的模型。建立这一模型的关键是教学主任（专家）与教师进行多次、多维度的心灵共振，将大家的智慧进行深层次整合、融合，将原本零散的点状知识建构成系统的网状知识结构。遵循知识本身的规律，建构出清晰的知识体系结构图，是对知识的深加工和理解。

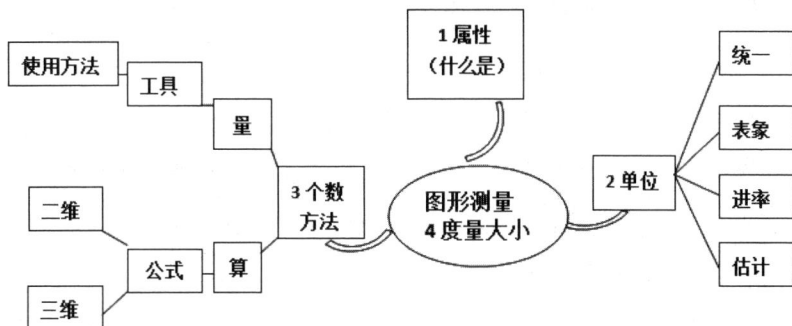

图 5-4-1　1—6 年级《图形测量》的一般模型

建立一般模型的主要方法是围绕中心提要素、理关系、建结构。

（1）一模型一中心：一个结构模型图只能有一个中心，不能是多个中心，主题要明确，不能既说东又说西。《图形测量单元分析》的中心是度量大小。

（2）提要素：依据学科特性来提炼、概括出关键词。关键词要精准，增删一点都不行。精练到增一字多余，少一字不明，决不能是大句子，因为罗列大句子并没有真正启动思考。"度量大小"的关键要素包括一级指标：属性、单位、个数与方法，二级指标：统一、表型、进率、估计、量、算等。

（3）理关系：将要素与要素之间建立逻辑关系。如并列关系、包含关系、递进关系、从属关系等。如属性、单位、个数与方法前面标注了 1、2、3 为递进关系，在课堂教学中逐一完成上述三个核心内容。又如单位与统一、表象、进率、估计的关系是从属关系。关系之间用线条连接，中心与一级指标之间的连线粗一些，一级指标与二级指标之间的连线细一些，体现要素与要素之间的层级关系。

（4）建结构：依据关系建立要素与要素之间的结构。这一结构可以有线性结构、并列结构、递进结构、混合结构等。

建立一般模型改变了教师在传统备课中，一抓一大把，呼啦一大片，抓不到重点的弊端，让教师在备课过程中，掌握清晰的关键点，形成有效的实施策略。一般结构模型的建构对教师的思维品质和学科功底提出了严峻的挑战，确实能够促进教师静心学习，深度思考。这里需要避免为了模型而模型，忽视模型背后的思考方法，否则就舍本逐末了。

（四）融入核心素养内容

校本教研中，不要依据学科特点、学科本质、学科规律建立知识体系的结构模型，而忽视"学科核心素养"这一核心任务。因此建立知识体系的结构模型后，更为关键的是根据哪些知识点，发展学生哪些核心素养，从而将学科核心素养与学科知识进行有机整合。

在《图形测量单元分析》中，集中群体智慧，总结出了落实核心素养的普适性知识点，包括：建立单位的表象培养学生的空间观念；通过进率、公式推导、估计培养学生的推理能力；公式的推导和应用培养学生的模型思想和应用意识；学习估计的过程中培养学生数感；推导公式的过程，根据一般规律发现特殊规律以及应用中都在培养学生的创新能力；发现模型的过程培养学生推理能力与抽象能力；公式推导中应用转化思想推导出特殊图形的面积，等等。

（五）建立特殊模型

有了融入学科核心素养的一般模型之后，最关键的一步，是每一个年级组教师根据自己所教年级的图形测量知识点大纲要求，建构自己组的结构模型，我们称之为特殊模型。所谓特殊模型是只针对某一个年级某一个知识点的结构模型，它不能应用于一类知识。这样做的目的是通过自我的实践、感悟、反思、建构、应用，把实践与一般模型联结起来，提升教师的迁移应用能力以及学科核心能力。

需要注意的是，每一个年级建立的特殊模型，要体现进阶性。即一年级到二年级能力的进阶，二年级到三年级能力的进阶，以此类推，到六年级能力的进阶。同时在专家的助力下，在评价与改进中，完善模型，实现团队与个体的专业成长。这一环节，让每一位教师研有所获，拥有良好的业研体验，实现从苦研走向乐研。

三、研后——实践反馈阶段

此阶段注重将模型转化为教学设计、教学实践，强调学用结合，力图把培训内容转化为实实在在的教学行为，在实践中提升专业能力。

几年来，学校通过"卷入式＋模型化"的业研方式形成了数学 1-6 年级图形测量、图形认识和语文作文教学的一般模型和各年级特殊模型。这样的业研方式，大家于同一时间，同一主题，彼此交流想法，集思广益，扬长避短，融合集体智慧，建立普适性的模型图，使教师的教学理念与本体知识得到不断重建与扩展，最终实现个体专业发展。

（一）关注卷入性

传统的校本教研存在教师参与度低，提升教师把握学科本质能力慢，业研质量较低等弊端。主要形式为"我讲你听""我说你记""我引领你实践"，试图通过"传授"的方式让教师"获得"某些教育理论，学科知识或实践经验，进而将这些理论、知识或经验"运用"于实践。这样的业研忽视了教师对教学本质、研究问题的深思，进而建构个性化知识体系和生成个性化意义的引领。而"卷入式＋模型化"校本教研，注重提升受训教师的积极性，设计了全员、全过程的卷入式培训，激起了每一个受训者思维的涟漪，营造良好的研讨氛围，引发了更深层次的思考。

（二）关注结构化模型

业研中在多次交互中，构建出显性的、看得见、摸得着的一般模型和特殊模型。教师在提炼关键点，厘清关系，建立结构的过程中，明晰了模糊不清的表面认识，形成了教师专业能力的跨越式提升。实践证明，无论是课堂教学还是教学设计，结构越清晰，效能越高。提炼出模型的最大优势，是教师教学思路清晰，能够抓住关键展开教学。

（三）关注小组学习

"卷入式＋结构化"校本教研强调群体智慧，重视建立教师与教师，专家与实践者取长补短、合作学习的方式。

（四）关注主体悟性

"卷入式＋结构化"校本教研适合将一类知识一般模型的建构与适合各年

级知识点的特殊模型的建构，同时设计到业研流程中。注重通过主体悟性把行动和理性联结起来。让个体在最后环节的自我建构中，真思、真研、真落实。

（五）关注教师思维品质提升

教师要建构一般模型或进阶的特殊模型，必须有意识地发展自己的逻辑能力，如概括、判断、推理、分析与综合等，学习有效的思维方法，如发散、聚合、递进、转化等，对学科内容的深入探究也是非常重要的。因此，"卷入式 + 结构化"业研方式能够真正转变教师的思维方式，大大提高工作效能。

"卷入式 + 模型化"业研方式刚刚开始，还不成熟，我们将进一步研究它、理解它、丰富它、运用它，让每一位教师在业研中有实际获得，促进教师教育理念、把握关键、自我知识、策略性知识的整体提升。

📖 材料链接

链接1：北京教科院丰台实验小学教师发展规划（2016—2020）

一、指导思想

坚持以习近平新时代中国特色社会主义思想为指导，紧紧围绕统筹推进"五位一体"总体布局和协调推进"四个全面"战略布局，深入落实首都"四个中心"战略定位和国际一流和谐宜居之都建设的新要求，坚持以首善标准提升"四个服务"水平，坚持和加强党的全面领导，坚持以人民为中心，坚持全面深化改革，坚持新发展理念，全面贯彻党的教育方针，坚持社会主义办学方向，坚持立德树人根本任务。

二、工作原则

1.确保方向，突出师德。坚持党管干部、党管人才，坚持依法治教、依法执教，保证教师队伍建设正确的政治方向。把提高教师思想政治素质和师德水平摆在首要位置，突出全员全方位全过程师德养成。

2. 深化改革，创新机制。抓住关键环节，优化顶层设计，推动实践探索，破解发展瓶颈，将管理体制改革与机制创新作为突破口，增强教师职业幸福感。

3. 分类指导，精准施策。坚持问题导向，坚持需求导向，借鉴国内外先进经验，根据各级各类教师的不同特点和发展实际，采取针对性的政策举措，定向发力，确保成效。

三、制定教师发展研修规划

1. 养成性研修（3 年以内）

目标：让新教师站"稳"讲台，让新教师站"好"讲台。

表 5-4-2 养成性研修两阶段

	"养成"目标	"养成"内容	"养成"方式
第一阶段适应期	让新教师站"稳"讲台 1. 对教学含量有底。 2. 重点难点有数。 3. 掌握教育教学的常规要求和教学技能。 4. 胜任德育工作。	1. 师德规范教育：爱校、爱生、爱教，梳理正确的教师观、学生观等。 2. 教学常规培训：掌握教学基本秩序、语言表达基本功、教学组织能力、班级管理能力。	1. 针对师德教育，学校定期开设教师职业道德课、教师职业规范课，由相关专家和优秀教师讲课。 2. 针对教学常规，学校给每位新教师指派学科指导教师一名，以老带新，签订帮教合同，并将带徒弟纳入工作量，学年结束进行考核。
第二阶段巩固期	让新教师站"好"讲台 1. 能独立承担班主任工作。 2. 具备驾驭课堂教学的基本能力。 3. 在逐步成熟的基础上，发展各种能力。 4. 能积极参与各类教育教学竞赛。	1. 钻研教材教法，努力提高课堂教学水平。 2. 提高教师修养水平。	1. 请优秀德育工作者、班主任谈德育工作体会。 2. 与学校名师座谈，进行教法探讨，组织观摩课。 3. 组织教学基本功竞赛互动，优胜者师徒同奖。 4. 整体强调新教师全过程的自我反思与提升。

2. 发展性研修（3 到 10 年）

目标：独立熟练地从事教学，并逐渐形成自己的教学风格；化经验总结为理性思考，逐步提升教科研能力。

该阶段的教师是稳重思变的成长期，已经熟知学校的各种制度，熟悉教学环境，对班级学科的课堂教学也已经是轻车熟路。对该阶段教师的研修设计，主要体现在"发展性"上。

（1）搭建教师合作平台

搭建同年级、同学科、同课题等合作小组，通过听课、专题研讨、课题研究等同伴合作以及基于合作的专业对话等方式促进教师合作、共同提升。

（2）中青年教师教学研究班

学校综合考虑教学年限、职称以及教学科研成绩等因素，组建中青年教师教学研修班，以教育理论、课例研究、实践反思进行研修活动，并为教师安排导师，展开规划、读书、课堂研修、课例研究等系列研修活动。

3. 引领性研修——对本学科年轻教师起到引领作用（领军人物）

高级教师是中学教师职称的最高点，并不意味着获高级职称的教师不再需要发展。作为熟练教师，作为教师队伍的主导者和引领者，高级教师队伍的再发展关乎着学校教育教学活动质量的提升。此外，该群体部分成员已经到了职业生涯的高原期，在很长一段时间里难以突破发展的瓶颈，往往面临专业发展被动化困境，因而，该阶段教师的研修主要体现在"引领性"上。

（1）访问学者研修

模拟高等院校研究机构里访问学者的进修形式，组织"高级后"教师做访问学者，以提升教育教学研究能力、改革教育教学方式、引领青年教师专业发展、开阔学术视野为研修目标，采用教学——实训——研究三位一体的方式，开展多角度课题研究，多类型教学反思，多层次课例研究，多方式外出访学，开展学术交流，增长专业知识，完善自身教学及研究。

（2）项目研修

通过"高级后"教师群体及部分业务能力突出的一线教师自主申报项目，并和年轻教师组成项目小组，实施项目研修，在促进自身各方面水平提升的同时，对本学科年轻教师发展产生引领作用。

链接 2：北京教科院丰台实验小学新教师培训方案

一、指导思想

坚持以提高教师队伍质量强校的方针，以提高教师专业能力为主线，在新教师培养过程中以德为先导，以能为重点，以资源共享为支撑，全面建设一支适应现代化要求的青年教师队伍。

二、培训目标

1. 长远目标：造就一支"师德高尚，具有现代教育理念和创新意识，专业基础扎实，文化视野开阔，教育、教学和科研能力强，教有特长，掌握并科学使用信息技术，充满活力的可持续发展"的教师队伍。

2. 近期目标

（1）加强师德教育，具有教书育人的责任感和使命感。关爱学生，具有积极阳光的教育心态，运用科学的教育方法，启迪、指导每位学生进步、健康的成长。严谨笃学，淡泊名利，自尊自律，以人格魅力和学识魅力教育感染学生，做学生健康成长的指导者和引路人。

（2）以聚焦课堂教学为重点，解决青年教师课堂教学中的基本问题：学生学什么？怎么学？学得怎么样？通过研读教材、了解学生的学情，确定明确的教学目标，选择恰当的教学方法，通过课堂培养学生积极主动的学习态度，使学生获得基础知识与基本技能的过程同时成为学会学习和形成正确价值观的过程。

（3）引导教师树立做一名优秀教师的信念，从一名新教师到优秀教师的成长是一个动态的漫长过程。经过长期的教育教学实践；向身边同行的先进人物学习借鉴；教师系统进修学习以及校本培训；教学经验的自我反思，积累；教师积极开展课题研究；对年轻教师成长评价与激励，从而实现青年教师从适应合格期到积累成长期，再到发展成熟期的成长。

第一阶段：适应合格期

具有良好的师德和教书育人的责任感和使命感，关爱学生，身心健康。初步了解学校、熟悉教材、了解学生、正确认识自己，分析自我的现状，做好职业发展规划。做好角色转换，积极投入教育教学工作之中，通过实践、学习、反思，不断进步。基本胜任教育教学工作，基本独立承担教育教学工作。

第二阶段：积累成长期

具有良好的师德，严谨笃学，淡泊名利，自尊自律，以人格魅力和学识魅力教育感染学生。进一步了解环境、熟悉教材、了解学生、认识自我，勤于学习，充实自我。积极参加学校评优活动，并积累一定的教育教学经验，具有自我反思、总结、提升的能力，胜任并独立完成教育教学工作，总结班主任、教师工作经验，逐渐成为校级骨干教师。

第三阶段：发展成熟期

热爱教育事业，具有对教育事业执着的追求，严谨笃学，淡泊名利，自尊自律，做学生健康成长的指导者和引路人。能胜任教育教学工作的教师，有成功的教育教学经验，具有示范、带动的作用，并参加区级评优课活动，能在教育教学工作中挑大梁，是师德高尚、业务精湛充满活力的优秀教师。

三、培训对象

新任教师

四、培训内容

表 5-4-3　新教师培训课程设置及目的要求

培训内容	教学目的和要求
优良师德	进一步明确《中小学教师职业道德规范》，通过宣讲优秀教师先进事迹、座谈等方式，使新任教师热爱本职工作，树立坚定的教育信念，早日成为一名合格的人民教师； 了解教育政策法规，懂得教师与学生的权利与义务，增强法规意识，依法执教。

续 表

培训内容	教学目的和要求
理念学习	通过介绍新课程的背景、基本理念和师生教学行为的变化以及教育评价等，使新教师能在教育教学中自觉践行新课程的思想。
班主任 少先队工作	怎样组织学生活动（包括指导教师或有经验的教师介绍组织学生活动的方法与要求，参加有经验教师组织的主题队会、少先队活动、有意义的综合实践活动，新教师本人组织主题队会、少先队活动、有意义的综合实践活动。） 指导新教师如何当好班主任（包括掌握班主任工作的基本常识与基本方法，能正确处理好班级日常事务，撰写班主任工作计划和工作总结，营造健康、向上的班集体氛围。）
教学能力	制定教学计划和撰写教学总结 怎样写教学工作计划与教学总结（包括学习有关资料、指导教师讲解撰写教学计划和总结的方法与要求，新教师本人制订教学计划和撰写教学总结。） 设计和组织教学 研读教材、课标、教学参考书（从开始就应该全面熟悉教材，切忌讲一节备一节，要有一定量的储备课） 怎样备课（包括指导教师介绍备课经验，指导教师说课，新教师本人说课，参加集体备课活动，撰写高质量的教案等。） 怎样上课听课评课（包括指导教师讲解上课、听课、评课的方法、原则、艺术；新教师听、评老教师的课；老教师听、评新教师的课。） 怎样辅导（包括听有经验的教师介绍辅导经验，系统考察有经验教师的辅导活动，检查新教师的辅导工作等。） 作业的处理 作业的设计、布置与批改（包括指导教师讲解设计、布置与批改作业的方法、要求、艺术，定期检查新教师布置与批改作业的情况等。） 试卷的设计与分析
基本素质	读书（读一本文学名著、一本教育名著，并完成读书笔记。） 日记（完成工作日记） 完成规定的听课任务（每学期 × 节）。 三笔字（钢笔字、粉笔字、毛笔字。注：毛笔字选修） 简笔画 科学、适时地使用现代技术手段的学习，有效地进行学科教学整合。
教师个体发展	分析年轻教师的现状，制定个体发展规划及发展点

五、培训形式

集中培训、导师带教、实践锻炼、自我完善。

六、考　核

平时观察考查，随时反馈，每学期一次考核。考核分"优""合格""不合格"三档。"优""不合格"不设比例。"不合格"实行一票否决制（参照教职工考核条件）。

"优"的考核条件：

1. 有高度的政治觉悟，积极要求进步。不违法乱纪；无违反党和国家方针政策的言行。

2. 自觉遵守《教育法》《教师法》《未成年人保护法》《义务教育法》《依法治校管理章程》等有关法律法规。依法执教。

3. 认真参加政治学习。不迟到早退，勤做笔记，主动发言，积极撰写心得体会。

4. 高度重视对学生进行思想品德教育，坚持教书育人。

5. 师德师风好。家长、学生满意度高；尊重学生人格，无体罚、变相体罚；对家长热情，运用适当方式与家长沟通；不以教谋私。

6. 具有团结协作的团队精神，集体荣誉感强。同事之间能互相帮助，不讲不做有损于学校声誉和不利于教师之间团结的话和事。

7. 有强烈的事业心和责任感。工作积极主动，能通过合适的途径提出有利于学校发展的建议。

8. 能较好地履行岗位职责。无责任事故发生。

9. 仪表端庄、文明。不穿奇装异服，不浓妆艳抹；不说脏话、粗话；举止文雅。

10. 严守劳动纪律，上班时间不串岗闲聊，不做与教育教学无关的事；有事有病先请假，手续齐全。不迟到、早退。

七、展　示

学年结束，新任教师要做展示，汇报培训收获。

必展示内容：培训记录袋、备课、班主任手册、课堂实录（三份以上）工作日记、学习笔记、三笔字[①]。

选展示内容：根据自己实际情况而定。

八、组织管理

考核小组对教师的专业发展情况进行全面的评价。

链接 3：北京教科院丰台实验小学青年教师工作坊方案

一、指导思想

充分利用特级教师王春明、胡秉贤、中学高级教师刘士诚，本校优秀教师的成功教育教学实践及其研究成果，发挥其示范、引领、带动、辐射作用，使工作站成为提升教科院实验小学优秀教师的专业成长平台。

二、培训人员

学校工作 2~5 年的青年教师

三、培训周期

略

四、共同愿景

让孩子期盼我们的课堂，让家长信赖我们的教育，让社会因为我们的工作而受益，让我们的生命因为工作而精彩。

五、工作思路

满足需求、巧在设计、重在实践、成在后续。

---

① 三笔字：指毛笔字、钢笔字和粉笔字。

六、培训目标

青年教师工作坊旨在培养具有"三高"水准的优秀教师队伍，即高敬业品格、高合作精神、高专业水平。

（一）具体目标

1. 加强学员师德规范，增进学员健康、丰富的情感，强化学员为人师表的意识。

2. 以培养有发展前途的青年教师为切入点，通过访问、聆听、观摩、交流、研讨，提高教师的师德修养和教育理论水平，使感受优秀、追求优秀、造就优秀成为我校教师发展的职业目标追求。

3. 优化学员已有的专业知识结构，促进学员掌握较高的教学技能，形成教学理论与实践"务实研究（指与教学而言的可操作性、可重复性、系统性、实效性的方法研究）"的意识，使之能够胜任自己的教育、教学工作，能够独立完成课程设计。

4. 增强学员的教育科学研究意识，使之具备一定的教科研能力，在导师指导下，每人全程完成一个"微型课题（指选题小而集中，可以一个学期操作的很小的教学科研课题）"研究。

5. 帮助学员就教学理论与实践"务实研究"相关问题完成主题报告。

6. 协助学员确立个人今后的可持续发展的方向，逐步形成自己的教育理念和教学经验，找到个人教学强项，为日后继续发展做准备。

（二）阶段目标

本培训分四个阶段：通过教育教学专题讲座，确定自身研究发展方向；进行课堂观摩与实践；大胆实践，追踪指导；专题成果展示与交流。

（1）确定学科研究主题——在指导教师的指导下，学员聚焦学科教学存在的问题；在学科知识理论指导下，学员选择研究的主题。

（2）学科理论实践研究——确定各自教研主题；所有学员以所选教研主题为研究对象，全程参与到专题实践研究活动中去，对教研课题进行理论与实践研究。

（3）技能实践创新研究——把培训获取的相关教学资源运用到实践中，自主研究，大胆实践，勇于创新。导师适时追踪指导，以提高青年教师的教学研究，技能运用能力。

（4）学科研究成果展示——通过学科主题教研成果展示，交流学员所在小组的专题教研的成果。发挥学员的示范与辐射作用，推动教研成果的推广。

（三）阶段工作内容

表 5-4-4　阶段工作内容表

项目	主要工作	负责人
我的发展愿景	制订三年发展规划	学员
我的师德	感悟胡秉贤、王春明、吴正宪、沈玲娣等名师，写一篇《感悟名师》的接触感悟	学员
	激励语言运用，每月写一篇《瞬间的美丽——我的教育智慧分享》	张海燕
我的班主任工作	班主任培训 下课前一句话：注意什么？ 班级小岗位：楼道里走的时候的监管、反馈。	张海燕
	优秀班集体的五大感性标志	祁红
	情感管理在班级管理中的作用	张冬梅
	班级自我管理： 针对性较强的典型案例及反思	学员
我的科研	确定研究主题	祁红
	案例研究的讲座	祁红
	研究过程指导	祁红、张冬梅、荣建伟、蔡歆
	研究课（小组）	祁红、张冬梅、荣建伟、张文会
	研究成果展示	学员
我的课堂	优秀的教学设计	学员 + 导师
	优秀的教学实录	学员 + 导师
	优秀的教学案例	学员 + 导师
	学生学习习惯的培养	荣建伟
	激励性评价用语分析课	聘请专家
	小组合作学习的培养	荣建伟
	汇报课	学员

项目	主要工作	负责人
我的教学质量	教学成绩（成绩单）	学科教学主任
	教学质量监控	学科教学主任
	如何提高课堂教学实效性	学科教学主任
	学生作业	学科教学主任
我的总结	案例反思式总结	学员
	所有过程性资料的展示	期末

七、预期成果

1.加工、提升、总结、传播优秀教师的经验，使"经历"成为"经验"，再上升为"经典"，形成青年教师专业成长的系列成果。

2.探索有针对性地教师研究项目，真正提升教师的教育教学能力和课堂教学质量。

3.编写《优秀教师伴我成长——教科院实验小学青年教师工作站活动掠影》。本书分为：优秀引领、感悟名师、探索争鸣（经验汇编、论文汇编）、研修案例、研修故事、聚焦课堂。

4.青年教师的任务有：感悟特级教师，个人成长规划，学习感受（重在实践）。

八、表　彰

五四或期末根据平时的表现及材料的整理情况评选"青年新秀"教师。

九、材料收集

青年教师要注重个人成长材料的收集。

践行篇

行是知之成

学生发展的目标与方向

【词目】慎思

【拼音】shèn sī

【词意】谨慎地思考。

第一节　赋教育思考的力量：思维游戏课程的实践与思考

作者：祁红　张冬梅　郑文明　王昭晖

一、课程背景

（一）政策背景

2019 年 6 月，教育部印发《关于深化教育教学改革全面提高义务教育质量的意见》中指出坚持以习近平新时代中国特色社会主义思想为指导，全面贯彻党的教育方针，落实立德树人根本任务，遵循教育规律，强化教师队伍基础作用，围绕凝聚人心、完善人格、开发人力、培育人才、造福人民的工作目标，发展素质教育，培养德智体美劳全面发展的社会主义建设者和接班人。这为学校课程建设指明了道路，学校应进行课程改革创新，以立德树人为根本任务，培养国家未来人才为目标，构建立体、多元课程体系。

（二）新时代对高层次人才的需要

随着社会的迅速发展，我们迎来了人才竞争愈发激烈的时代。面对"钱学森之问"，教育人开始思考"如何培养出具有高阶思维水平的创新型人才？培养的学生如何能在新的时代具备核心竞争力？"等问题的同时，也反观自身。在经历了十年新课改之后，教育的状况有所改变，但仍不足够。大部分的基础教育仍然处于以"追分"为导向的评价和教学体系中，学生的认知和思维发展仍在低阶水平徘徊，缺少或没有充分的高阶思维水平训练。

2016 年 9 月我国学生发展核心素养体系正式发布，指出学生应具备的、适应终身发展和社会发展需要的必备品格和关键能力，分为文化基础、自主发展、社会参与 3 个方面，综合表现为人文底蕴、科学精神、学会学习、健康生活、责任担当、实践创新等六大素养，具体细化为国家认同等 18 个基本要点。在科学精神、学会学习和实践创新三大素养中纷纷指向了如批判性思维、探究、善学、解决问题的能力等高阶思维水平。

（三）学校课程的发展需要

2014 年我校就依托"每一个都重要"的办学理念建构起了我校"绽放课程"体系，特别是进行了"动力课程"的校本课程开发。

何谓"动力课程"呢？如果把整个课程体系比作一棵大树的话，动力课程就是树根，我们把它定位为一切学习力量的来源，它是促进学生学习发生、发展的推动力量，是为所有学科教学提供动力、能量的课程。

我校动力课程的开发经历了从 1.0 到 3.0 的版本，在 2014 年开发初期，我们定位在巧手健脑启智激趣上，从激趣入手开发了一系列的游戏，学生很喜欢玩，很高兴，但是作为老师，我们总觉得缺点什么，对学生来说是有意思了，但我们发现学生思维过程不外显，也不易了解每个孩子实际获得。于是，我们又想方设法来解决"有意义"的问题，于是把观察力、记忆力、分析力、创造力、表达力的培养作为重点，来进行课程的开发，努力让动力课程对学生来说更"有意义"，我们进入了 2.0 阶段。但新的问题又来了，我们把课程赋予了意义，思考过程外显了，但这回老师们把游戏课又变成了训练课，虽然有意义了，学生却不感兴趣了，觉得"没意思"。可见，动得多思得少，不行；思得多动得少，也不行；那么，如何实现动与思的平衡呢？2017 年 3 月我们开始了"数学思维游戏课程"的研究与实践。我们引进了麦博思考力系列游戏，它是由以色列教育学家、心理学家、国际象棋大师以及优秀教师合作研发的。每个思维游戏都有配套的学具，通过了解我们觉得它正好与我校的动力课程理念相契合，是一种独特且创新的思维教育课程和教学方法。

二、数学思维游戏课程设计

（一）课程设计思路

数学思维游戏课程以训练思维为切入点，以学科实践活动为基本课程形态，辅以丰富的教具，且能丰富延展。本课程把思维游戏作为一个介质，将抽象的思维过程物化表达，形成了"十大思考法则""十大思考策略"，将思维法则、思维策略的培养蕴含在游戏中，通过这些形象生动便于记忆的思考法则（策略）的学习运用，培养师生良好的思维品质，建构与提高元认知能力。

（二）课程育人目标

1. 理论依据

（1）建构主义学习理论

建构主义理论认为，儿童是在与周围环境相互作用的过程中逐步建构起关于外部世界的知识，从而使自身认知结构得到发展。建构主义的学习观认为，知识不是通过教师传授得到，而是学习者在一定的情境即社会文化背景下，借助其他人（包括教师和学习伙伴）的帮助，利用必要的学习资料，通过意义建构的方式而获得。借鉴这一理论，我们将学习的最终目标定位为意义建构，而不是简单的知识习得。

（2）布鲁姆教育目标分类

《布鲁姆教育目标分类学修订版》这本书明确将认知目标划分为"知识"和"认知过程"两个维度。"知识"维度除了包含原有分类学中的事实性知识（如海洋）、概念性知识（如三角形）和程序性知识（如屈身运动）外，新增了元认知知识。元认知知识就是有关认知的知识，即人们对于什么因素影响人的认知活动的过程与结果、这些因素是如何起作用的、它们之间又是怎样相互作用的等问题的认识。元认知知识的增加与第二个维度"认知过程"联结了起来。"认知过程"维度则分为记忆、理解、应用、分析、评价和创造六个以此向上递进的思维等级。在这六个思维等级之中记忆、理解、应用属于低阶思维，分析、评价和创造属于高阶思维。本课程的目标就是提高学生的高阶思维。

（3）思维三元理论

思维三元理论是由美国著名心理学家斯腾伯格提出来的，该理论将思维划分为三个层面：分析性思维、创造性思维以及实用性思维。分析性思维包括分析、判断、评价、比较、对比和检验等能力；创造性思维包括创造、发现、生成、想象和假设等能力；实用性思维包括实践、运用和实现等能力。

2.育人目标

（2）通过对以上理论的研究和解读，学校明确了以建构主义学习理论、教育目标分类学和思维三元理论为理论支撑，明确了课程培养目标：批判思维、创新思维和逻辑思维，通过构建数学思维游戏课程体系，提高学生的高阶思维水平发展，帮助学生实现自我建构式的深度学习。

表 6-1-1　数学思维游戏课程育人目标

课程培养目标	定义	具体表现
逻辑思维	逻辑思维是指正确、合理思考。即具有对事物进行观察、比较、分析、综合、抽象、概括、判断、推理的能力，采用科学的逻辑方法，准确而有条理地表达自己思维过程的能力。	逻辑清晰，能运用科学的思维方式认识事物、解决问题、指导行为等。
批判思维	批判性思维是以一种合理的、反思的、心灵开放的方式进行思考，从而能够清晰准确地表达、逻辑严谨的推理、合理的论证，以及培养思辨精神。	具有问题意识；能独立思考、独立判断；思维缜密，能多角度、辩证地分析问题，做出选择和决定等。
创新思维	创新思维是指以新颖独创的方法解决问题的思维过程，通过这种思维能突破常规思维的界限，以超常规甚至反常规的方法、视角去思考问题，提出与众不同的解决方案，从而产生新颖的、独到的、有社会意义的思维成果。	学生在日常活动、问题解决、适应挑战等方面能够形成的实践能力、创新意识和行为。

三、课程结构与内容

（一）课程设计原则

1.实践性原则：实践性是数学思维游戏课程设计的重要原则。注重挖掘数学思维游戏中的实践元素，引导学生亲身体验游戏的学习方式，参与各项游戏。在参与式、体验式活动中提高高阶思维水平。

2.赏识性原则：注重激发学生参与课程的主动性和积极性，在丰富多元的数学思维游戏课程中突出自主参与，加强小组合作，在合作中彼此欣赏、相互激励，使每个学生都获得成长。

3.系统性原则：注重让学生系统全面地认识和提高高阶思维能力，在参与诸多游戏中，逐步提升自我思维水平。

（二）课程结构与内容

麦博思考力课程将思维游戏作为一种高效能的教学工具，通过学生们在游戏的情境中体验、完成游戏的过程中掌握、应用麦博思考力法则，将抽象的法则过程形象化、模型化，从而帮助孩子们主动提出问题，学会主动思考，学会学习，学会与人合作，建构科学理性的思维模型。

数学思维游戏课程以麦博思考力课程所提供的思维游戏为载体，通过一个个思维游戏的教学，帮助学生构建思维模型，提高学生元认知思维能力、增强问题解决能力，从而帮助学生在学校更好地学习，引领他们在未来生活中更好地立足。为此，我们规划出了一到六年级数学思维游戏课程的校本课程体系。

表 6-1-2　数学思维游戏课程体系

年级	学期	思维培养主题	课程内容			
			游戏 1	游戏 2	游戏 3	游戏 4
一年级	第一学期	信息收集与分析	天才的编剧	宠物方块	雪森林	创客迷宫
	第二学期	简单推理	狼和羊	帕比的乐园	动物翻翻乐	找到它
二年级	第一学期	做决定	智兽	数独	环球大冒险	聪明的睿思
	第二学期	逻辑推理	猫和老鼠	精灵小鼠	三子棋	疯狂对对碰
三年级	第一学期	决策与推理	建构大师	博物馆	星际王者	空间四子棋
	第二学期	联合的力量	蛇	月球漫步	黑白球	蜘蛛侠
四年级	第一学期	正确提问	智慧红黄蓝	金银岛	国王游戏	钻石
	第二学期	问题解决	破解密码	精灵快快跑	汉尼拔	酷拉米
五年级	第一学期	提前计划	颗粒归仓	小桥牌	潜水艇	汉诺塔
	第二学期	信息分析与综合	红牌	巫师	终极密码	国王棋
六年级	第一学期	资源管理	套杯	骑士	巧克力	海盗
	第二学期	风险管理	围追堵截	大竞赛	不能停下来	塔米诺

四、课程实施

（一）教师培训，培养课程实施队伍

数学思维游戏课程是一门将思维游戏作为一种高效能的教学工具，通过学生们在游戏的情境中体验、完成游戏的过程中掌握、应用麦博思考力法则，将抽象的法则过程形象化、模型化，从而帮助孩子们学会提出问题，学会主动思考，学会学习，学会与他人合作，构建科学理性的思维模型，为其未来发展提供核心动力。麦博思考力法则和策略对于教师来说是一个较为新的教学内容，在课程实施之前应对教师进行培训，培养一支教—学—研一体的数学思维游戏课程教师队伍。

教师队伍培养采用以点带面的形式，共分为三年。

第一年：配备麦博思考力的教材和教具，对所有课程任课教师进行"麦博思考力课程"通识培训，每学期4次，每次讲授两个课程项目，平时不定期视频指导，学年末进行总结，成果展示，选拔有意愿，有一定经验的优秀老师成为课程骨干教师。

第二年：试点开课，专项指导。选择部分年级进行试点开课，教研组组织任课教师进行听—评—研课，专家对任课教师进行专项培训和不定期视频指导，主要针对教师在授课时的疑惑进行解答，并提出相应建议。

第三年：全面尝试，形成体系。对试点开课的年级进行经验总结，辐射到全校，确定所有年级授课教师，开展每学期两次的深度培训，专家根据教师授课情况进行有针对地指导，通过组织总结讨论会等形式进行经验分享，提高教师教学水平。

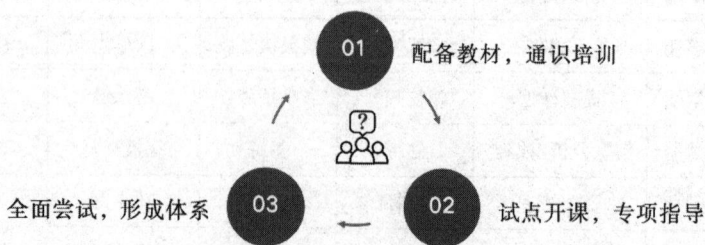

01 配备教材，通识培训

全面尝试，形成体系 03 ← 02 试点开课，专项指导

图 6-1-1 教师队伍培养模式图

（二）构建数学思维游戏课堂模式

数学思维游戏课程单独作为一门课程进行，通过专门的教师和专门的时间实施。通过教学实践，我们总结建构了我校思维游戏课堂教学模式，思维游戏课堂教学可以分游戏体验、建构思维方法、迁移应用、游戏创新四步来进行。

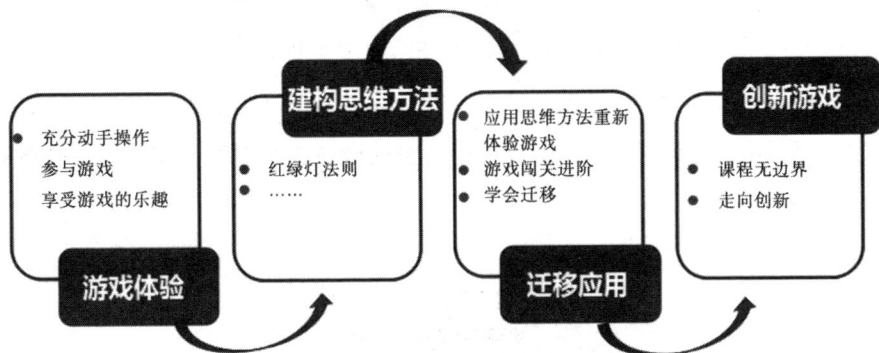

图 6-1-2 数学思维游戏课堂模式图

其实这四步不仅是我们总结出思维游戏课堂的教学模式，也是我们在思维游戏课程的实践中经历的过程。

1. 游戏体验

体验是获得知识的途径之一，体验到的东西使人感到真实，并在大脑记忆中留下深刻印象，可以随时回想起曾经亲身感受过的。数学思维游戏课的第一步就是体验，让孩子们自己阅读游戏说明书，自主探究玩儿法，自己试错。在这一过程中，充分参与，享受游戏的乐趣，激发孩子学习兴趣。培养解决问题的能力之———试错思维。

（1）游戏体验步骤

根据玩游戏的经验，把游戏体验这部分内容分为两部分内容：自研和组研。

自研包括自己阅读游戏说明书，自己探究玩儿法并进行尝试。这部分的用意是给学生充分的独立思考时间，不以他人思考代替自己思考。

组研是在自研的基础，小组进行玩法探究，包括游戏的规则，亲自进行游戏，遇到问题并尝试解决。小组内的思考是在进行思维火花的碰撞。

（2）游戏体验策略

游戏体验非常能激发学生参与的兴趣，但投入的参与热情容易造成课堂嘈杂无序、学生自由散漫、教师引导组织不利等问题。这样的游戏体验情况对教学产生了一定的影响，也为课堂带来了新的思考，如何组织课堂教学，如何让学生学会倾听、学会遵守规则、学会控制情绪、学会面对失败反思自我等，为解决这一系列课堂教学生成的问题，教师们学习了佐藤学"学习共同体"和吴正宪老师的《合作分享》，通过学习与实践、互动与交流、总结与反思，最终生成了倾听模式（倾听思维图），应用我校的声音控制等级，制定了交流中声音控制规则。

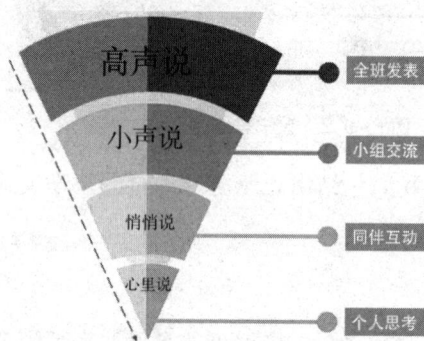

图 6-1-3　声音控制等级图

2.建构思维方法

（1）归纳游戏法则和策略

美国学者大卫·乔纳森说："思维建构需要工具。"创新思维大师德·博诺（六顶思考帽）也强调思维工具的重要性。我们借助游戏这一介质，开发出了十大法则和十大策略。游戏只是学习的介质，是创设学习情境的工具，是体验和参与学习的途径。孩子们在"活"的游戏情境下学习"活"的知识，建构"活"的思维。大多数时候，思考与行动是结合在一起的。每一个游戏的背后都是一个解决问题的思维模型。

表 6-1-3　十大法则内容

法则	思考步骤	理解
红绿灯法则	红灯：观察，收集信息 黄灯：思考，分析计划 绿灯：小心谨慎的行动	面对一道题的时候，先仔细阅读收集条件，根据已知条件进行分析，最后开始完成题目。
侦探法则	1.确定目标 2.全面收集信息 3.找到阻碍因素，分解次级目标	尖峰时刻游戏中，大目标是黄色小汽车开到出口，把大目标分解，去掉哪一辆车就可以解决问题呢？并把这辆车作为次级目标。
智慧树法则	1.找出所有的可能性 2.对可能性进行分析和评估 3.在意识到行动将带来的后果的前提下做出选择	在下棋的时候，往往我们有很多选择，把这些选择会造成什么后果，评估，选择一个结果最好的行动。
候鸟法则	1.设定一个团队目标 2.建立一个适合的团队结构 3.细心观察每个人的需求 4.在个人目标和团队目标之间取得平衡	适用于团队中，每个成员都有自己的小目标，但是，大家都有一个团队的大目标，实现自己小目标的同时，为实现团队大目标做了一份贡献，就像候鸟迁徙一样。
镜子法则	1.自我识别：自我反思、承认失败和成功 2.自我分析：以第三者角度客观分析 3.自我修正	镜子法则是一个自我反思，自我修正的法则。是站在旁观者的角度，反思自我行为的法则，就像有一面镜子，让自己看到自己。
试错法则	1.猜测解决问题的可能性，尝试并发现新的线索。 2.在尝试过程中发现错误，通过检验确定错误，最后排除错误。 3.从错误中学习，改正错误。 4.再次尝试，直至成功	比如数学中，经常会有a>0，a=0，a<0。那a与0，到底是什么关系呢？我们可以去尝试，并最终找到正确的那个关系。
摄影机法则	1.明确要实现的目标 2.从目标出发，设想实现目标所需具备的条件或需要解决的问题 3.层层深入，直至推断出问题的根源 4.描绘并制定行动的顺序	例如：尖峰时刻游戏中，哪一辆车阻碍了黄色小汽车，一层一层找下去，最终找到问题的根源，移动这个汽车，问题可以一步一步解决。

法则	思考步骤	理解
阶梯法则	1. 找到要达到目标有哪些步骤	比如说，装修房子要经过哪些步骤呢？铺地—木工—粉刷，我们一个步骤一个步骤合理地安排完成。完成一个步骤再进行下一个步骤。
	2. 找出第一个行动	
	3. 正确的履行这个行动	
	4. 前往下一个步骤	
过滤器法则	1. 辨识与定义任务的目标有哪些	此法则是对信息的分析，对于收集的信息进行过滤，找出相关的信息，去掉不相关的信息，排除干扰更利于解决问题。就像数学中，经常会给一些不相关的干扰信息。
	2. 分类与标示任务的特性	
	3. 选择过滤标准，来区分相关与不相关信息	
	4. 提取重要信息并根据目标运用	
画家法则	1. 建构目标框架：界定一幅画的框架	此法则更多帮助我们记忆，是一种记忆的方法，把一个整体分成几个部分。就像我们背课文，不是一下背一篇，而是一段一段地背，再把这几段连起来。
	2. 目标细化：将画板分为区域或部分	
	3. 思维整合将需要记忆的元素彼此串联起来	

表 6-1-4　数学思维游戏课程十大思考策略

策略	思考步骤	理解
定锚策略	1. 从问题情境中收集信息 2. 从信息中找到一个正确的支点 3. 围绕支点解决问题	定锚法是应用较多的问题解决策略，是指在解决问题的过程中从目标出发，首先确定一个正确的支点（锚），把问题限定在围绕支点的范围内，便于我们快速解决问题。
临时停车策略	1. 明确目标，并把实现目标分解为不同的阶段。 2. 界定新的问题，解决并最终实现目标。	找到一个合适的位置"停下来"，解决部分问题。在解决问题的过程中，在每一个阶段"停留"下来，逐一实现阶段性目标。
中心优势策略	中心非常重要，谁控制了中心谁就占据了明显的优势。	在三子棋游戏中，战略位置位于棋盘中心。中心非常重要，谁控制了中心谁就占据了明显的优势，因为这里可以制造威胁。
铺路策略	1. 想象路线 2. 使用资源去实现路线	在金银岛游戏中：试着想象海盗到达百宝箱需要走的路线（根据指定的步数）。接下来就是看看资源如何能帮助你达成目标。
阻碍对手策略	给对手设置阻碍	在游戏的过程中，给自己的对手设置阻碍，为自己先达到目标占据优势。

策略	思考步骤	理解
短期牺牲策略	1. 明确次级目标 2. 运用智慧树法则思考 3. 做出选择	在实现目标的过程中，可能我们需要牺牲一些力量，但是为了实现我们的目标，有时候需要学会暂时的放弃。
自断后路策略	1. 确定目标 2. 分析到达目标的路线 3. 用挡板封堵最远路线	自断后路其实是让我们的目标更有唯一性，破釜沉舟，前进。
啃玉米策略	啃玉米策略就是一个指导我们团队合作的方法，就像我们啃玉米一样，一排一排地吃掉玉米颗粒。	在狼和羊游戏中，羊群可以一起逐行并进，步步逼近限制狼的移动范围。
画家策略	想要记得重要的信息，我们就要变成画家，把我们需要记得的事物勾画成一幅画。	画家策略帮助我们发展与记忆过程有关的技能，如创意和写作。
雷达策略	像雷达一样探测，观察。	雷达是一种探测系统，能探测到物品的具体位置，我们也要像雷达一样收集信息，进行定位。

思考法则是游戏课程的核心工具，是一种让孩子受益终生的思维模型。思考法则是思想和行为的指导法则，适用于生活的方方面面。每一个法则都是一个让孩子受益终身的思维模型。这一模型创设了一种足以改变学生行为的有序的思考过程，帮助学生形成经过思考的理智的行动。

（2）思维可视化策略助力思维外显。

通过游戏建构思维法则，大家明晰了，但是孩子们的法则建构没有建构起来，思维清晰不清晰，我们无法看到。因此在实践的过程中，提出了思维可视化的教学策略。在研究过程中，教师们归纳出了思维可视化的三个策略，通过思维可视化的方式促进学生思维的高阶发展。

借助学具，让抽象的思维形象化。比如颗粒归仓游戏，以玉米粒作为粮食，两边的大凹洞作为仓库，两排小凹洞为田地。下面一排是自己的，上面是对方的。通过具体可见的学具，帮助学生把抽象的问题形象化。

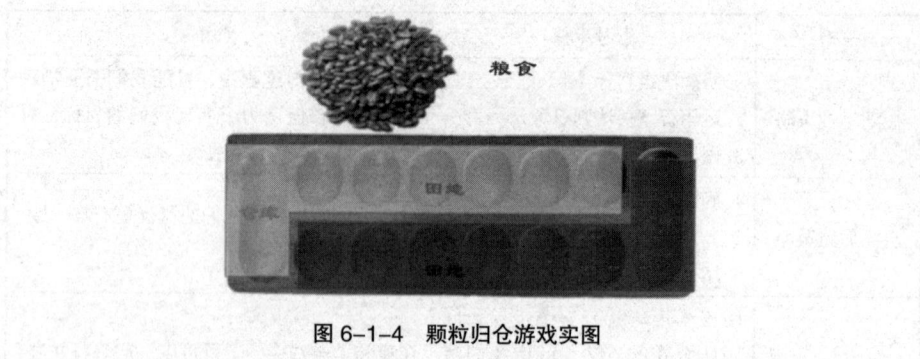

图 6-1-4　颗粒归仓游戏实图

记录过程，让隐形的思维显性化；比如颗粒归仓游戏，对于田地里面的粮食怎样可以进入到仓库这个问题，通过图示的形式展现了学生解决的过程，清晰明了。

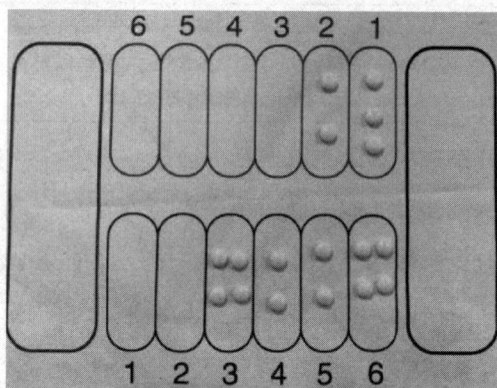

图 6-1-5　颗粒归仓游戏模拟图

重视板书，让零散的思维结构化。思考是一步一步进行的，教师及时记录下课堂的生成，并对关键内容进行归纳总结，形成本节课的板书，在课堂结束后带领学生进行回顾总结。

板书设计：

颗粒归仓

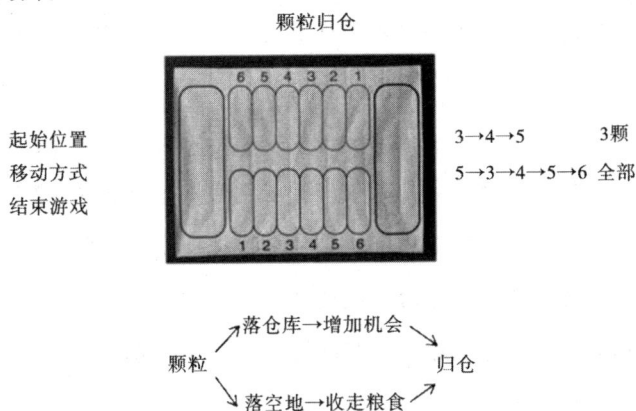

起始位置   3→4→5   3颗
移动方式
结束游戏   5→3→4→5→6 全部

图 6-1-6　颗粒归仓游戏讲解图

3. 迁移应用

（1）理论指导

北京师范大学教育学部郭华教授在《深度学习及其意义》中写道："有学习就会有迁移，甚至学习就是迁移，学习为了迁移。""应用"则是"迁移"的表征之一，也是检验学习结果的最佳路径。如果把学习活动看作一个闭环系统，那么"迁移"便在闭合处，既是学习开始的端点，也是学习结束的端点，从别处"迁移"来，又从这里"迁移"到别处去；"应用"也是如此，既是上一个环节学习结果在此处"应用"，又是通过"应用"开启新的"学习"。

（2）设计思路

迁移与应用，是把学习过程转化为应用思考法则游戏的过程，在这个过程中组织和建构孩子们思考的过程，让孩子们有意识地梳理思考的过程，反思、调节思考策略，使思考过程有序合理，形成一个个问题解决的思维模型，最终在不断循环往复的应用过程中上升成为优秀的思维品质，成为孩子们应对未来的核心能力。

（3）策略路径

学生在游戏中的获得，仅止步于游戏是不够的，还要引导学生把在游戏中获得的思考方式、问题解决的方法、态度和品质等，迁移应用到学科知识的学习中、学校的学习生活，以至日常生活的方方面面。如此，十大法则和八大策略及学生学习的主动性、积极性、自觉性都在"迁移与应用"中得以彰显。

迁移与应用主要是两个路径。一是类情境迁移与应用：在游戏的进阶中进行迁移和应用。即每一个游戏都有很多关卡，建构思维方法之后，在闯越来越难的关卡时，学生必须应用到思维法则才能挑战成功。因此在游戏进阶中，学生自觉应用法则与策略。二是跨情境迁移：一方面在课程结束环节，在建构了思维方法的基础上，老师引导学生共同回顾游戏中学到的思维策略，元认知方法，并联系生活实际展开讨论。另一方面，向学科知识迁移。学科的知识中较难的题，有了思维策略的助力，变得简单易行。

如：狼和羊的游戏课上，在学完了候鸟法则后，孩子们联想到我校的"体育＋"课程中有"九连环"和"协力板"，都可以用到"候鸟法则"，于是我们在之后的学校运动会上还特意设置了这两个班级竞赛项目。

又如：五年级红黄蓝游戏，教师在帮助学生掌握侦探法则后，与数学课中数字谜和逻辑推理相结合，让学生把侦探法则迁移到数学课堂教学的学习中。

4. 游戏创新

创新能力可以理解为特定主体为达到任务目标而提出的新颖且适用的理念、想法、程序或者事物。创新能力是一种高级行为能力，是人类心理机能的高级表现。强调成果的新颖、有用。

（1）创新性思维的基本构成。发散性思维、聚合性思维、批判性思维和元认知能力。思维游戏活动课中，主要采用的是发散性思维方式，运用大跨度联想的方法，培养学生的微创新能力，引领学生走向高阶思维。

（2）创新新规则新玩儿法。例如，在学习《狼和羊》游戏后，就有学生提出如果是一只狼和三只羊，或者是两只狼和四只羊，可以怎样制定规则和玩法。还可以创编出新的游戏，如，受"红黄蓝"游戏的启发，学生创编了《数字谜》；受"智兽"游戏的启发，师生共同创作了《找倍数》的游戏，等等。

（3）创作游戏绘本。孩子们喜欢绘本故事，中高年级同学运用大跨度联想的策略提出要创编游戏绘本，用绘本的形式把自己所学的思维游戏介绍给低年级同学。

（4）创编游戏戏剧。如，在学生们学习完《狼和羊》这个游戏后，创编了游戏戏剧。经老师们修改后，三年级孩子们排练的戏剧，分别参加了丰台区艺术节的比赛、数学与科技之光的展演、北京教育科学研究院联盟校展演。

（三）规划授课时间，集中与分散相结合

在时间的规划上，我们采用集中与分散相结合的方式，来保障思维游戏课程的有效落实。

1. 集中的半日课程——每月一次

每周四下午的半日课程时间，学校统一安排"学科＋"课程、综合实践活动课程、STEAM 等课程，我们把思维游戏课程也纳入半日课程，每月一次，每次教学一个新游戏。

2. 分散的动力十分钟——每天一次

每天早晨晨检前，我们有"动力十分钟"时间，让学生分小组来玩游戏。

（四）创新激励方式，自主与自律相结合

1. 提前完成学习任务——可自由组合玩游戏

除了半日课程和动力十分钟以外，我们还鼓励各班教师根据学生和教学实际情况，以奖励的形式，让那些能提前完成学习任务的学生，在晨读、午休、社团等时间可以自主选择、自由结伴来玩游戏。

2. 获得表扬的同学——周末或假期可把游戏带回家

当学生在某方面有突出进步时，我们作为激励，允许学生可以把游戏带回家，并要求孩子：第一，爱护好学具（不丢失、不损坏），培养学生责任意识；第二，教会家长（至少一位），传授方法中提高能力；第三，和家长一起玩并汇报战况（遵守规则不要赖），培养学生规则意识和抗挫能力。

以激励的方式，自主与自律相结合，不但调动起了学生的积极性、让孩子获得成就感和自信心、还促进了亲子关系的和谐、有助于家庭良好氛围的建立。

五、课程评价

（一）评价原则

新课程倡导评价的发展功能，强调对学生的发展价值、对教师的发展价值，以及对课程本身的改善价值，建立发展性的课程评价体系。课程评价的目的是全面了解学生学习和教师教学的过程和结果，激励学生学习和改进教师教学。

（1）评价标准具有时代性。评价标准引领学校发展的方向，又是评价时应遵循的规则。它不是一成不变的，也不是随意而变的，要依据时代发展要求以及学校实际适时调整，不断引领学生发展。

（2）评价过程具有生长性。评价具有导向功能，评价的目标、标准、指标及其权重，对被评价对象来说，起着"指挥棒"的作用，为他们的努力指定方向。为此，学校课程评价要注重评价过程的生长性，使评价过程成为"学习—对照—调节—改进—完善"的过程，引导教师、学生不断自我认识、自我改进、自我提高和自我完善。

（3）评价结果具有可调性。评价的目的是为了不断改进与完善，向着更好的目标前行。因此，要注重以尊重、呵护为前提，以激励、赏识为着力点，重过程、重态度，力争让教师、学生深信自己有努力就会进步，有进步就能更优秀。

（二）星级评价方式，竞赛与进阶相结合

星级评价就是依据不同的要求，学生得到的星级不同。比如，能够做到遵守规则，奖励一颗规则星；能善于观察思考，能运用法则和策略，能与学习生活联系奖励七颗思维星。

星级评价方式，个人与小组相结合、竞赛与进阶相结合

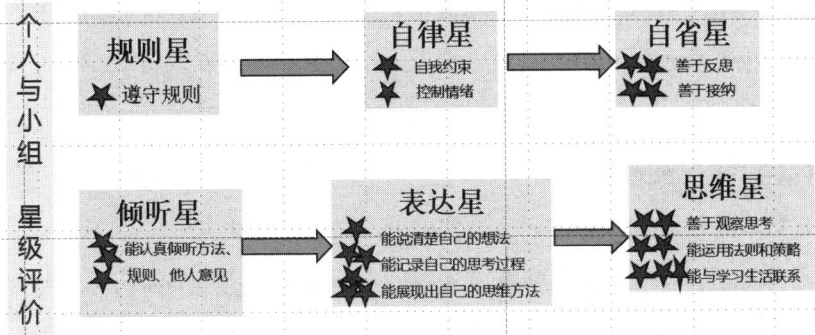

图 6-1-7　星级评价方式图

竞赛包括：个人挑战赛（可向同班同学、同年级同学、高年级同学、教师）；双人默契赛（可同桌、也可以自由组合）；团队配合赛（可以四人小组、班级大组、也可以是班级之间）。

六、实施效果

（一）育英才

课堂发生了由"表"及"里"的变化，学生在玩中收获了成长。在思维游戏课堂上，我们常常看到学生小脸通红，小眼发光，小手高举，小嘴常开，兴趣高涨。在游戏状态下明显比平时上课时精神更专注。兴趣正在成为学生主动的、建构性学习的基础。可见，兴趣是孩子最好的老师，是参与和思考的内动力。在兴趣中体验、在体验中生成、在生成中思考、在思考中学会学习是实现教育目标的最佳路径。游戏是让儿童保持关注力的有效手段。

思维游戏课程的实质是实现了目标引领的学习：在游戏的过程中，孩子们不管闯多少关，最终的目标始终清晰。成人在学习、研究、授课等的过程中，经常出现做着做着就偏离目标的情况，而思维游戏活动使学生始终保持目标的意识，贯彻始终。问题解决的学习：思维游戏课是一个充满快乐的问题解决过程，游戏中的困难和障碍与问题解决十分类似，但却充满了乐趣。同时还实现了思维外显的学习和个性化创新学习。

思维游戏课程引领学生形成一种游戏的精神。胜不骄败不馁，君子和而不同，战胜困难的勇气，体验合作的快乐，坚持不懈的品质，等等。每个人不可能在每一项游戏中都获胜，每个人都有自己所擅长的东西，所谓"天生我才必有用"。这一健全人格的基础在孩子心中慢慢形成。

（二）"新"教师

在数学思维游戏课程的研究与实践中，教师的思维方式发生了转变。课堂是学习的场所，思维含量决定课堂质量。卓越课堂一定是高品质思维与含量的"高思高质"课堂；教师是课堂的主导，是教育目标的实施者与实现者，没有好的教师就没有成功的教育；教师的教育态度以及教学方式都将为学生的成长定下发展基调。教师作为课堂教学模式改革的关键，是实现素质教育目标的奠基人！思维游戏课程为教师提供科学、实用的思考力系列专业化培训。

可以从理论素养、教学模式、职业素质三个方面，提高教师职业技能、业务水平，确保教学实践能力的明显提升。

教师们看到游戏带给了孩子们激情、兴奋，游戏已经成为当今青少年日常生活中不可分割的一部分，作为教师越发不能回避游戏的力量，游戏化教学法正在成为教师们一种新的教学方式，让学习有意思起来，已经成为教师们的一种追求。做好玩儿的老师，教好玩儿的学科，培养好玩儿且优秀的学生，打造好玩儿的学校。

（三）创名校

以数学思维游戏课程为载体，建设校本拓展课程，发展本校特色课程。在校园中建设思维品质养成教育文化。营造自主思考、积极思考的学习氛围，推崇善于思考、敢于质疑的科学精神，形成"以智育才、以智育能"的治学特色。打造"育能树德、成长显效"的教育口碑，形成学校特色，成为人民信任的好学校。

思维游戏课程的信念正在向课堂教学迁移，形成了大家共同的价值观，成为一种学校校园文化，即我要积极拥抱错误，错误最有价值；我有无限潜能，我能创意无限；我只要积极想办法，什么问题都可以解决；我与同伴牵手，一定会拥有多种可能。

（四）促改革

数学思维游戏课程所倡导的"体验、兴趣、质疑、思考"以及教学环节"以学习者作为学习过程的主导"，强调教师作为学习过程中的"引导者""合作者""支持者"等，这些都是新一轮课程改革中备受关注的要点。数学思维游戏课程体系能够为学校教育改革提供的不仅仅是"有效"的施教工具和课程支持，更是严谨的科学学术指导和专业化辅助。

七、特色与创新

1. 特 色

课程利用思维游戏，创造近乎生活的学习情境，通过掌握十大思维法则、十大思维策略，让学生在游戏过程中主动梳理思考过程，反思、调节思考策略。帮助学生建构有序、合理的思考过程。这种直接经验的意义建构，对改善和提升儿童元认知能力，促进思维模型化发展具有积极意义。

2. 创 新

数学思维游戏课程致力于解决思维教育中"模型化""可迁移"的难点问题，引领着思维教育在中国的全新探索。

根据课程内容研发了十大法则和十大策略，开发了"数学思维游戏"教材

图 6-1-8 数学思维游戏素材

3. 在本区、全市乃至全国范围内起到引领、辐射作用

2017 年 5 月和 2019 年 9 月区小教研和区小数学会以我校数学思维游戏课程为主题，召开了两次区级现场会，全区 500 多人参会。在区课程中心在我校召开的课程交流大会上，我校做了课题研究经验交流，在全区起到了很好的引导和辐射作用。在北京市小学数学教研活动中做的思维游戏课程的经验交流，获得吴正宪、张丹等专家的好评。我校还多次接待广州、深圳等省市的校长和骨干教师，展示思维游戏课并做课程经验分享，将辐射作用延伸到外省市。

2019 年 5 月，在全国首届小学数学思维研讨会上，我校青年教师韩偲有幸与著名特级教师吴正宪、刘德武老师同台，进行了数学思维游戏课《红黄蓝》的教学展示。我校的祁红校长作为特邀嘉宾，在专家论坛中，与美国专家共同就"如何培养学生的思维品质"这一问题进行了探讨。我校的张冬梅主任也受邀进行了题为《借助游戏课程让思维飞翔》的课题经验分享。

在数学思维游戏课程的研究与实践中，教师在理论素养、教学模式、职业素质三个方面，都获得了提升。两年多的时间里，老师们在市区乃至全国共做思维游戏展示课 9 节，课程汇报 4 次，韩偲老师所撰写的教学设计《智慧红黄蓝》获北京市教学设计二等奖，侯丽丽老师所撰写的教学设计《酷拉米》发表在国家级核心期刊上发表。

学生自己创编的思维游戏剧在区艺术节、北京教科院联盟校展演，在北京学习科学学会第四届文化艺术节展演中获数学与科技创意奖。

2019 年 12 月 4 日中国教育报刊登的《"有意义"与"有意思"如何兼顾——北京教育科学研究院丰台实验小学数学思维游戏课程观察》，登上了今日头条的热点动态，并先后被人民网、新浪网、中国网、央广网等媒体转载。

4. 家长肯定

思维游戏课程的开设也受到了家长们的大力欢迎，得到了家长们的高度肯定，家长们纷纷表示思维课程能充分利用小学生好奇、好动、好问等心理特点，并紧密结合数学学科的自身特点，在游戏中创设使学生感到真实、新奇、有趣的学习情境，激起了学生心中的疑问，创造了学生"心求通而未得"的心态。

在课程中设置悬念，启迪学生积极思考，由自发的好奇心，变为强烈的求知欲，产生跃跃欲试的主体探索意识，同时增强学生解决问题的能力。

第二节　改进小组合作策略，实现每一名学生的深度学习

作者：蔡歆　祁红　张冬梅　张帆

自课改以来，合作学习作为一种教学理论和策略体系越来越受到学校的重视，特别是基于未来社会人才培养的考虑，合作学习更成为追求学校未来效能的重要选择。然而，在实践中，理念认同与行为体现之间不无遗憾地存在着巨大的鸿沟，合作学习未能有效发挥其应有价值，进而演变成教学改革中必不可少的"装饰品"。面对这一窘境需要思考的问题是：在目前的课堂中合作学习的优势功能是什么？哪些学习活动适合通过合作的方式进行？如何确保真正的合作行为产生？不可否认，自 20 世纪 70 年代以来各国大量关于课堂中合作学习的研究已经提供了丰富的答案，但是由于不同阶段、不同国家教育目标以及现实的差异，简单的移植与模仿无法有效解决适合我国现阶段课堂教学合作学习的具体问题，因此，必须回到学校的现实情境中，从育人目标着眼、从课堂实际着手、从关键问题着力，让每一名学生在合作学习中获得切实的发展。基于此，项目组以北京教科院丰台实验小学为基地开展了课堂小组合作学习改进策略的研究。

北京教科院丰台实验小学以"每一个都重要"为办学理念，努力创建学生乐学会学的"欢学园"，自 2012 年建校起就一直坚持课堂教学中合作学习方式的运用。但是随着学校教育质量观的不断提升，合作学习中的一些问题也逐渐被关注：学生层面，话语霸权和组织游离现象并存，学生在小组任务中的参与程度两极分化；教师层面，课堂气氛活跃与课堂效率欠缺的矛盾时有体现，合

作学习的关键目标点不能被很好确定。面对这些问题，项目组提出解决思路是将小组合作学习的目标聚焦高阶思维的培养，通过调整小组合作学习要素重点、明确不同类型小组合作学习的思维培养任务，以及开发相应策略工具实现小组合作学习的功效升级。

一、高阶思维培养是小组合作学习的时代意蕴

高阶思维能力集中体现了知识时代对人才素质提出的新要求，是适应知识时代发展的关键能力。对于什么是高阶思维，目前尚无统一界定，例如 De Bono 简明地认为，高阶思维能力是超越简单回忆事实性知识的思维过程；而 L.Resnick 则认为，所谓高阶思维，是这样类型的思维——其问题解决路径没有确定，问题的解决有多种而不是单一的方案。实践中衡量高阶思维的尺度也是多样化的，布卢姆教学目标分类中将分析、评价、创造三个级别定为高阶思维；香港《课程纲要》认为，五项基本的高层次思维能力分别是解决问题能力、探究能力、推理能力、传意能力和构思能力；SOLO 分类体系中多点结构水平、关联结构水平和抽象扩展结构水平属于高阶思维水平；斯腾伯格认为，成功智力包括分析性智力、创造性智力和实践性智力三个关键方面，这也可作为高阶思维的标准。虽然内涵和外延呈现多样化，但是比较一致的观点在于高阶思维的显著特点就是思维的具体内容间关系复杂、规范性和统一性弱，需要对多要素进行结构性加工。小学生虽然囿于知识与经验的局限，思维的深刻度有限，但需要在思维的丰富性、关联性、结构性、逻辑性、创造性等方面加强培养，使之形成更为复杂、客观和有序的高阶思维方式。

与低阶思维不同，高阶思维建立的核心过程不是信息概念的存取，而是多种信息概念间关系的主动重建，因此它需要更多的"依据"用以指导信息概念间关系主动重建的过程，"依据"越丰富、重建选择的理性程度就越高。从这个角度看，合作学习具有其自身的组织形式优势。合作学习指学生以小组形式相互帮助进行学习的各种教学方法，是一种为实现特定学习目标而进行的学生间的互促活动。课改十几年的实践证明，小组合作学习的价值并不能很好地体

现在课堂教学目标的达成效率上，师生授受的学习模式可能更适合高效的课堂教学。但是，随着对学习本质和人才培养目标认识的深化，我们可以发现，学生之间基于合作目标的交流与行动能够为丰富和深化的学生思维提供有效的促动。这是因为在小组合作中，学生之间的解释和说明能够细化对问题的分析；学生之间的补充与质疑能够完善对观点的建构；学生之间的提示、借鉴与竞争能够提升问题解决方案的创新水平；伴随学生间讨论与协作的展开，学生的认知策略和自主学习能力也得到了发展。在参与全面、信息多元、产出个性化的小组任务中，学生的思维以群体互促的形式实现着升级。小组合作学习更能够在学生高阶思维培养过程中发挥其独特的价值。

在信息化与智能化的社会走向中，人类的生产与生活方式将被改写，高阶思维是未来生存与发展的根本要求，因此也必须成为当下基础教育育人目标的重要内容。面对这一任务，小组合作学习主体建构性的优势得以发挥，小组合作学习产生了新的方向与动力：在群体互动中实现思维的互补与激发，提升小组群体高阶思维能力。

二、高阶思维培养中小组合作学习要素的新特征

小组目标、积极互赖、个体责任、公平参与以及社交技能是已被公认的支持小组合作能够得以开展的关键要素，在指向高阶思维培养的小组合作学习中，这些要素的内容也有了新的特征。

（一）小组目标：聚焦任务效用

思维活动必须依托具体内容才能进行，当简单的信息调取不能解决所面临的问题时，学生就将有意无意地调动起更高层级的思维活动，尝试通过更多的途径与方式去认识问题、找寻答案。具有固定答案的封闭性问题，以及按照教师指定步骤进行程序化操作的手工活动并不能激发学生的积极思考，而过于开放的任务又可能导致小组合作学习的指向不明，进而影响教学目标的完成。因此，在确定小组目标时，重点是阐明任务的实际效用及其要求，也即让学生明确合作成果将在何种条件下解决什么具体问题，以效果为导向组织合作学习过

程的展开。例如，"制定一个最便宜的春游租车方案"就比"算一算我们春游租车需要多少钱"更具思维挑战性，同时也比"请制定一个春游租车方案"更聚焦于课堂教学目标。

（二）积极互赖：源于认知欲求

积极互赖意指一个人的成功必须以他人的成功为依据，一个人不可能离开其他组员的帮助或协作而独自取得成功。当协作并不是必需时，评价成为促成积极互赖的有效方式，能够通过外力将组员捆绑在一起。但是，更深层次的互赖应来自组员个体内心的需求，当学生被合作任务所吸引，既有挑战任务的激情又缺少独立完成任务的条件时，便主动产生了积极互赖的意识和行为。因此，在指向高阶思维培养的小组合作学习中，应重点关注通过有趣而复杂的任务设计促成小组成员间的协作，而不仅仅是评价激励。

（三）个体责任：基于核心内容

小组合作向来强调个体责任，甚至在此基础上产生了系列小组合作中的固定角色，如组长、记录员、计时员、汇报员等。诚然上述角色对于小组合作的顺利开展功不可没，但这些角色都是出于组织管理秩序需要而承担的责任。对于课堂教学来说，小组合作学习最主要价值在于促进学生认知能力的发展，围绕任务进行的思维撞击是每个个体都应承担的责任，因此，除组织管理职责外，每名学生更要明确自己的思维责任：对于问题我是怎么理解的，解决问题我能做什么，我还需要什么，我能为别人补充什么，我能从别人那里学到什么，我们怎么能让结果变得更好……只有围绕任务目标进行积极思考，个体责任才能真正推动合作学习的深化。

（四）公平参与：每一个都重要

所谓"公平参与"并不是让每一个学生去做同样的事情，或把同一件事情做到同样的程度，而是每一个人都有为完成任务做出贡献的机会，合作成果中应体现每一个人的贡献。这就要求小组合作学习，一方面设置保障每一个学生发表意见、实施行动的组织机制，另一方面不仅仅重视最终成果的展示，同时也要将群策群力的学习过程作为成果的组成部分进行呈现。在高阶思维活动中，由于问题的复杂性使得不同成员有了更多提供见解（包括质疑）的可能，也为分工协作提供了更广阔的空间，每个人都能够在合作中展示自己、实现提升。

（五）社交技能：学会集体决策

小组合作学习需要必要的社交技能，如怎样组织学习，怎样倾听他人的意见，怎样表达自己的见解，怎样与他人沟通，怎样质疑不同的观点，以及合作学习过程中如何提供反馈，如何获得所需的信息，如何评价团队成员间互动的过程，如何注意别人对自己行为表现的感受，等等。在此基础上，进行高阶思维培养的小组合作学习中一个更重要的社交技能是每个人都能把握好任务的进程，在理解他人的基础上提出或者提供当前进程阶段所需要的观点或行动，组内能够有效整合不同的个人贡献，提高集体决策能力，迅速推进任务完成的进程。

三、指向高阶思维培养的课堂小组合作学习的实践形态

高阶思维培养是新时代对育人目标的更高要求，是学校教育需要着力的方向，但是高阶思维要以扎实的低阶思维为根基，学校教育也要以现有课堂教学为基础，在确保现有基本教学目标圆满完成的前提下逐步进行教学改进，提高学生的思维水平。统观目前小组合作在课堂教学中的常见使用情况，可以发现其基本呈现出操练、探究、评鉴、分享、设计与开发五大实践形态，它们对于完成教学任务的意义各有不同，对每一类合作进行目标提升，有意识地加入促进高阶思维的任务或要求，能够发挥小组合作学习的更大价值。

（一）操练类：提升认知策略

操练是经常在课堂出现的小组合作学习活动，其目的是让学生之间互相检测知识技能的掌握情况，比如生词默写、英文对话背诵、习题计算等。此类合作是小组合作的最经典形态，能够直接促进课堂教学目标的实现，提升学生成绩。小组操练时若全部正确，表明教学成功，但若有学生出现了错误，则需要

同学间对问题进行解析，找到问题的原因和今后避免的方法。哪里不对，为什么不对，怎么做下次才能记住……例如，有学生将"scissors"误拼成"scisors"，错在少了一个"s"，原因就是没有记准确，在这里发音规则并不能帮助准确记忆，于是，有同学提出形象记忆法，剪刀两边要对称，所以要有 4 个"s"，少一个就不对称了，有些单词今后我们可以通过形象联系来记忆。可见，对于错误的解析在细化阐述知识技能要点的同时更是推动学生间反思和发展自身认知策略，当操练类小组合作学习从学会知识点提升为找到掌握知识点的方式时，学生的高阶思维得到了锻炼。

（二）探究类：学会逻辑论证

探究是当下最为活跃的课堂小组合作学习形态，是学生一起由已知推导未知的过程，例如，推测作者写作意图、发现某种规律、找到情境问题的解决方法、设计实验装置等。应该说探究类合作学习本身就具备较高的思维含量，需要学生通过假设、筛选、判断、推测、验证、归纳、提炼等多种思维活动去获取答案。在探究类小组活动中，关注重点在于各组的探究过程而不是结果，探究的思路与方法是否多元、探究中对问题的考虑是否全面、探究推断的证据是否充足、探究的论证过程是否逻辑严密、探究结果的提炼是否简明……这些要点可以提为小组报告的要求之一，也可以通过自测表格等让各组自行反思。为了保障探究过程的充分性，首先要在问题设计上留出学生发挥的空间，使任务包含更多的信息要素；其次要有充分的时间支持，不能将其作为课堂点缀匆匆了事，宁可减少探究次数，或者将部分探究延伸至课下，但不能减少每一次探究的时间。

（三）评鉴类：进行理性判断

评鉴类小组合作学习是在培养学生的评价与鉴别能力，评价与鉴别的对象可能是本组成员或其作品（如作文、图画），也可能是其他人的作品或行为。评价与鉴别包括水平判断、价值评估、特点提取、趋势揭示、取舍决策等行为，评价的做出要以一定的标准为依据，因此，如何设定评价的维度、如何确定评价的标准、如何对被评价对象做出判断体现着学生对评价目的以及被评价事物发展特征的客观把握能力。评鉴类小组合作学习，不是让学生简单地选出自己最喜欢的人或作品，而是要在群策群议中根据评鉴目的确定本次评鉴的关键指标，然后通过例证分析每个对象在该指标上的表现（也包括特点、趋势等），若有需要则逐一分析后通过比较选出代表性最强的对象。有理有据地做出判断是评鉴类小组合作学习的核心。

（四）分享类：基于审、辩的传意

小组分享是在大班教学背景下增加学生学习收获交流的一种形式，它也是一种学生之间相互学习的方式，具体内容如好书推荐、拓展知识介绍等。简单的复述并不能提升学生的高阶思维能力，因此需要对分享方式提出进一步要求：第一，分享者要从吸引听众的角度设计导入语；第二，分享者要通过海报、思维导图、绘本制作、图表模型等方式重新整理和呈现介绍内容；第三，分享者要说明自己对分享内容的评价，比如好与不足的地方，对我的启示等；第四，分享者介绍后开设讨论环节，听众从收获和质疑两方面对介绍内容发表意见，进行沟通。在这个过程中，学生对知识信息进行了基于审、辩的传意，学生的自我学习能力得到了增强。

（五）设计与开发类：尝试创造与实践

设计与开发类小组活动较之前几种形态具有更强烈的综合性与实践性，其任务往往与实践密切结合，包括了从设计到实施再到总结的全过程，其跨度也超越了传统课堂的边界，例如社区调查、园林探秘、原创游戏征选、口号与标语设计等。此类活动除涉及上述探究、分享、评价等合作形态中的高阶思维培养点外，还在创新性思维的培养方面具有特殊的价值。在这类活动中，学生面临的任务本身就具一定的创新性要求，对于完成任务的过程和方法也有更大的自主空间，学生之间需要借助经验、洞察力及创造力来发现和解决新问题，产生新观点、新作品、新行动。设计与开发活动中时刻伴随学生最核心的问题就是"我还有什么好主意"，行动中可以用阶段性追问的方式不断提示学生思考这一问题。

四、高阶思维培养小组合作学习的策略工具支持

学生在小组合作学习中不断提高高阶思维能力是一个渐进的过程，在一开始需要一定的策略工具作为支持，逐步引导学生投入小组任务，积极开展思维活动。特别是探究类的小组合作学习，由于其过程对生生互动的要求最为频繁，对策略工具的需求更为突出。

（一）融智记录

小组合作要立足于每个人的独立思考，也要最终落实到每个人的思维发展上，因此每个人都可以用笔记的形式记录自己在小组合作中思维发展的轨迹。融智记录采用三色笔策略，第一色笔记录（画或写）合作开始前自己认为的关键信息和问题解决思路，也包括疑问与困惑；第二色笔记录讨论中受到他人启发而补充的新内容；第三色笔记录不同意见或自己遗留的问题。实践证明，自我解决问题中没有想到的方法，恰恰是思维上容易被遗忘，容易被忽视的内容。换一种其他颜色笔，是在暗示学生要关注这方面的内容，在下一次解决同类型问题时会格外注意。日积月累，学生的思维更加全面。

（二）分工卡片

分工卡片为保障每个学生真正投入到小组合作学习的核心内容中而设计。在四人小组中，分工卡一共有四种，分别是：审题卡 1 张，解题卡 4 张，提问卡 4 张，总结卡 1 张。

审题卡要求：一是通读题目，说清题目中的文字信息，图片信息；二是找出关键信息做标画；三是理解题意，表明探究问题。在审完题目后，可以询问组内其他同学是否还有补充。

解题卡要求：一是明确问题，说出对问题的分析和答案。二是解答题目时思路要清晰，语言简洁准确、逐一解答。三是解答完题目后，需要询问组员是否理解。

提问卡要求：提问可以从三个角度提出问题。一是提出自己要探究的问题；二是提出组员讲解过程中出现的不理解的问题；三是听别人发言后产生的新问题。使用时做到问题明确，语言清晰，逐一提问。

总结卡要求：用概括性的语言来归纳总结本组的各种方法、策略、类型等，以及存在的争议与问题，提醒同学们注意的地方。做到有层次、有方法、思路清晰、有侧重点。

每人至少要根据自己的能力选择一张卡片上的内容去完成，进而获得该卡，意即每人至少完成一项合作的核心工作，开展真正的基于问题的思考。同时，为了保证机会的相对公平，也要求每人不得多于两张卡。为了进一步促进组内学生的均衡发展，可以配以适当的评价机制，通过分数奖励的方法鼓励弱势学生在组员帮助下多承担提问以外的工作。在一次次的任务中，学生不仅学会了解题，更学会了通过提问的方式完善和发展解题思路，使思维更加严谨、全面、有逻辑。

（三）语言模板

在学生不熟悉如何进行沟通与讨论的时候，可以参考相应的语言模板，其目的是通过语言导引帮助学生形成沟通与讨论的思路，将学习逐步推向深入，最后实现脱离模板学会合作。在基本模板的基础上，不同任务类别可以进一步开发更为具体的语言指导模板。

1. 小组讨论基本模板

A 审题：我们要得到……我们知道了……，大家还有什么补充？

B 解题：我的想法是……大家有什么问题？

我和你想的一样……

我还有点不明白……

我还有点补充……

我跟你的想法不一样……

我还有问题……

C 总结：刚才我们形成了……种答案，其中大家一致认同的是……，它是这么想的（关键步骤、原理）……；还有……的答案，……也有道理，但是……；我们需要注意的是……；我们没解决的问题是……我还落了什么吗？

2. 小组汇报基本模板

A 我们组的结论有 × 条，分别是……

B 我们的这些结论可以分成几类，各自的特点是……

C 我们想特别提醒大家的是……

D 我们还有……的问题不是很清楚，需要帮助。

3. 倾听的思维模型

小组合作学习虽然强调学生之间的交流与互动，但同样也高度重视学生个体的倾听与思考，个体的倾听与思考是小组合作交流顺利推进的基础。为此，设计了倾听的思维模型，在小组合作中强化个人内省的重要作用。

随着改进项目的推进，北京教科院丰台实验小学的课堂小组合作学习呈现出新的发展态势。首先，合作课堂中游离现象基本消除，所有学生都能全程投入到小组任务的思考和实践中；第二，小组合作学习情境目的性与任务复杂性提升，学生探究兴趣更为高涨，探究能力也迅速提高；第三，在小组合作多种工具策略的支持下，学生思维和语言的全面性与逻辑性明显增强，"说得好"已成为教科院丰台实验小学学生给校外同仁留下的突出印象。实践证明，指向高阶思维培养目标能够充分发挥小组合作学习的组织优势，不同类型小组合作学习对于学生不同方面高阶思维发展的促进作用各有侧重。

（设计者：蔡歆　祁红　张冬梅　张帆）

第三节　开拓多维、立体的中华优秀传统文化教育途径

设计者：荣建伟　张蕊　贾兴洁　池铭

2017 年底国务院颁布的《关于实施中华优秀传统文化传承发展工程的意见》中"中华优秀传统文化"的内涵明确为：核心思想理念、中华传统美德和中华

人文精神。历史使命促使我们思考，探索开拓多维、立体的中华优秀传统文化教育途径，让中华优秀传统文化扎根于实小的教育沃土。

学校在探索中华优秀传统文化教育途径过程中，北京教育科学研究院给予高屋建瓴地引领。由上位的目标确定到明确实施路径，由外部环境建设到内部课程建构，由基础课程的构建到实践活动延伸，由课堂主渠道教学到课外国学社团学习，教科院的专家帮助学校从无到有、由浅至深，开拓了多维、立体的中华优秀传统文化的教育途径。

一、确定多维的中华优秀传统文化教育总目标

结合我校办学理念及培养目标，中华优秀传统文化教育课程育人目标确定为：通过传统文化知识点的选择与架构，撑起传统文化教育的格局，引导学生在制定规划，使用工具，合作沟通中学习、体悟、反思传统文化的仁爱之心、正义之气、礼仪之规、智谋之力、诚信之品、爱国之情，鼓励学生以保护和传承中华优秀文化为己任，做有动力、有能力、有自信的中国人，做民族文化的传承者和代言人。

这一目标涵盖三个维度，即情感态度、知识能力和过程、方法。总体表述为：在中华优秀传统文化教育过程中，学生掌握方法，获得文化知识，汲取道德力量拥有解决困难的能力，对民族文化产生热爱之情，形成正确的价值观。

二、建构立体的中华优秀传统文化的教育体系

北京师范大学国学经典教育研究中心主任徐梓把学校的中华优秀传统文化教育内容分为三大类，即经典文本、文化知识、技艺技能。这三类内容，融入于学校教育体系的软硬件建设中，涵盖四个方面：国家基础课程、拓展课程、校本课程和个性课程。学校深入挖掘国家基础课程中的语文课堂教学，探究传承中华优秀传统文化的有效学习活动；完善校本课程中的《经典诵读课程》内容及学习方式；开展了多彩的社团活动；有计划地进行学校环境建设……从而建立起课堂、社团、环境综合一体的点、线、面、体相得益彰的中华优秀传统

文化教育体系。

三、开拓多维、立体的中华优秀传统文化教育途径

多维度的教育总目标是构建立体的教育体系的出发点和归宿点，需要开拓多种教育途径做保障。我校开拓了以环境养中国心，以课程强中国根，以社团活动培中国情三种途径，进行中华传统文化知识、经典诵读文本和传统记忆技能的传承，培养有动力、有能力、有自信的中国人。

（一）建浸润式环境滋养中国心

校园环境是育人的隐形课堂，文化育人的作用不容小视。良好的校园文化建设既能体现学校的办学理念，也能承载学校的文化内涵。实小在发展过程中，十分重视校园环境、课堂环境的文化建设，充分发挥环境文化的育人功能，实现中华优秀传统文化的传承与理解。为此，校园环境建有"一道一带一楼宇"，寓优秀传统文化教育于浸润式环境中，滋养学生的中国心。

"一道"是学校铺设的古诗大道。学生一进学校大门，就行走在古诗文间，口诵古诗文开始一天的学习生活。

"一带"是学校开掘的汉字文化地带。学生能眼见到世界仅存的古代人类文明——汉字的千年演变过程，增强民族文化自信。

"一楼宇"是教学楼内楼道和教师都留有优秀传统文化的符号。楼道墙上挂有皮影、剪纸等古代艺术文化；空间设有"燕京八绝"精湛的古代技艺；楼道上方有《少年中国说》的爱国情怀；有行书墨宝。每间教室内，有激励人心的名言警句，有做人做事的古训、班规，更有教师的谆谆教诲……

环境育人，每一面墙壁都在说话，每一处景物都是文化，点点滴滴、时时处处，校园的每一处人文景观，都富含着浓厚的传统文化元素，吸引着学生，浸润着学生，养其心性、化其行为，润物无声，悄然传递着优秀传统文化的精髓，培育着学生的中国心。

（二）研课内外传统文化课程强壮中国根

学校是传统文化教育的主阵地，课程是实施的主渠道。依据国家课程，开发拓展课程，完善校本课程，实小建设了立体的课内外三级课程，让中华优秀传统文化在学生心中扎根。

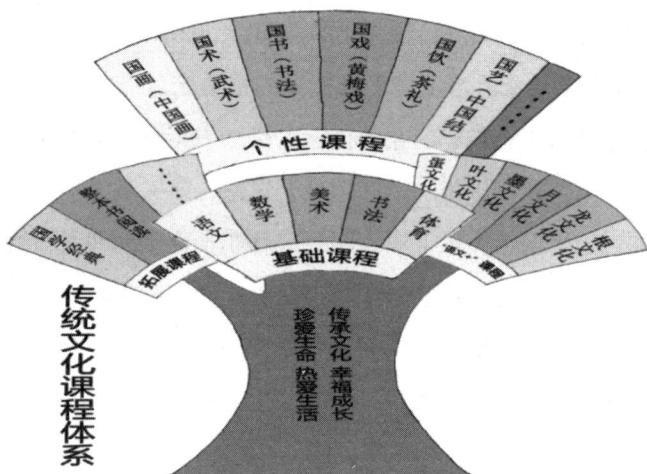

图 6-3-1　我校传统文化课程体系

1. 中华优秀传统文化教育扎根在语文课堂的沃土

学校开设的国家课程承担着传承中华优秀传统教育的主任务，通过课程标准、教材编写、阶段评价，构成系统的学科课程体系。语文学科在传承中华优秀传统文化中发挥着主渠道的作用。教学实践中发现，符合学生年龄特点的实践性活动是语文学科内化语言、外化行为，是传承中华优秀传统文化的有效策略。

语文是一门实践性很强的学科。学生在言语实践中才能认识语言、理解语言、运用语言。有研究表明，言语实践活动有利于学生记忆 75% 的内容，这就为理解和传承文化奠定了基础。北京教科院基教研中心的张立军主任引领我们加入"十三五"课题，通过低、中、高三个年段的课堂教学实践研究，提炼出三类实践性学习活动，促使中华优秀传统文化为学生持久发展蓄力。

"讲故事"的言语实践活动能够激发学生学习传统文化的兴趣。如学习《闻鸡起舞》的成语故事，组织学生通过自己"自言自语"、与同桌"窃窃私语"、面向全班地"侃侃而谈"递进性的"读、说、讲"活动，加深对《闻鸡起舞》故事内容的记忆，促进对"发愤学习，报效国家"道理的理解。伴随语言的输入和输出活动，学生积累经典语言，内化完善自己的语言系统，改善自己语言习惯的同时，潜移默化地接受传统文化的熏陶。（见图6-3-2）

"讨论"是围绕某个话题发表个人意见的平等交流方式。通过讨论，学生能加深理解，提高认识；集思广益，拓展思路。中年级学生思维活跃，在文言文学习过程中，组织他们围绕一个话题展开讨论，能够激活学生思维，体会古人的智慧。如讨论《滥竽充数》中，围绕"韩非子直接劝韩王和给韩王讲故事哪个效果好"的话题进行讨论。学生各抒己见，既倾听吸收，又思辨表达，不仅知道这则寓言故事最初的用意，而且领略到劝谏文化的智慧，体会智慧能够决定国家的命运、改变一段历史。讨论使学生的思维走向深刻，领悟到传统文化的无穷魅力，更加热爱伟大的中华民族。

"评论"是针对事物或事件进行主观或客观的自我观点的阐述。在语文教学中引入"评论"式学习活动，能促进学生主动思考形成观点，并有理有据地做出评价，发展思维的深刻性品质。如组织小学高年级学生评论"2018年10月四川重庆万州22路公交车失控坠江事件"中"司机有无责任"时，学生参看网上的新闻事件及网友评论形成自己的观点，将课堂学习的中华寓言故事《弈秋败弈》和《学弈》当论据，有理有据地阐述观点，增强了说服力。在评论过程中，学生能够感受到中华优秀传统文化是多么富含智慧，时隔千年仍能帮助我们解决现实生活中的问题，是智慧生活取之不竭的源泉。（见图6-3-3）

以上学习活动是通过言语运用的实践，增强学生的文化认同感和文化自信，形成积极向上的价值观、人生观。"用"在当下，是中华优秀传统文化在现代生活中真正的传承与理解。

图 6-3-2 "讲故事"活动

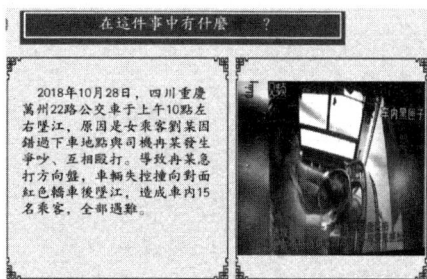

图 6-3-3 "评论社会热点新闻"活动

2. 开发强基固本的拓展课程《经典诵读课程》

我校拓展型课程《经典诵读课程》，开发目的是强基固本，播种扎根，课程目标为：

（1）传承中华文明。通过诵读，使学生浸润于传统文化中，感受民族文化的源远流长，吸收民族文化的源头活水，崇尚民族精神。

（2）涵养悟性心灵。通过诵读经典，浸润传统文化渊源，涵养心性向善。通过诵读，积淀厚重的文化底蕴，觉悟心灵的聪慧，为幸福人生奠基。

（3）提高文化素养。通过诵读，培养学生语感，感受文言精华，与圣贤对话古今，感悟民族文化精髓，提高自身文化素养。

诵读内容是经典的古诗文，这是中国优秀传统文化最好的载体，既蕴含处世为人的哲学和道理，又有优美的音律和词曲。诵读这些经典古诗文，能够提高对孩子们的眼界、胸怀、志气、品格修养。这一课程根据学生年龄和心理发展需要不断丰富，完善了学生的认知结构，激发了学生学习中华优秀传统文化的兴趣。

诵读，即大声朗读，有助于学生博闻强识，导行养心。发展心理学认为 6 岁之前是儿童性格、品格形成的关键阶段。一年级学生在一天学习生活之始，大声诵读《弟子规》《三字经》，择其精华能帮助学生建规立矩，养就仁爱之心、礼仪之规。8—9 岁是学生思维最为活跃，想象力最为丰富的时期，配乐诵读《唐诗三百首》，以音乐渲染，让优秀的传统文化精髓滋养学生心灵，培养良好的文学艺术素养。11—12 岁的学生自我意识增强，在与外界的碰撞中形成对世界的看法。诵读《论语》，接触圣贤思想，有助于学生学会做价值判断，明辨是非，成熟心智。

表 6-3-1 各年级诵读课程内容

	一年级	二年级	三年级	四年级	五年级	六年级
诵读课程内容	《弟子规》	《笠翁对韵》	《大学》	《唐诗三百首》	《论语》	《诗经》
	《千字文》	《声律启蒙》				《世说新语》

经典诵读拓展课程的内容尊重学生心理特点，精选经典文化内容，做《每日晨读规划》按不同课型及实施方式充分体现"诵读"的特点。以"三定"保障课程实施效果：一定目标——强壮学生的中国根；二定时长——每日晨诵 15 分钟；三定评价体系——重过程性评价。校内的"每日晨诵 15 分钟"的诵读以周为基本时间单位，进行学期规划，根据目标，构建不同类型的晨诵课。具体目标及实施方式如下：

表 6-3-2 每日晨读计划

每日晨读规划			
星期	目标	实施方式	课型
周一	1. 读准字音——字正腔圆	乐读激活动力：轻吟、朗读；学生领读、错误提醒。	1. 素（诵）读课——乐读、熟读 2. 导读课——义理串讲和点拨 3. 鉴读课——有评判选择明辨
	2. 快速阅读——记忆积累	加速保持动力：速读；积分奖励、火车接龙、游戏闯关、师生交替读、播鼓助兴。	
	3. 读出节奏——初步理解	悦读内化动力：角色扮演、图文匹配、配乐美读。	
周二	1. 快速阅读——背诵记忆	加速激活动力：打拍子读、完形填空读、对读、听读。	
	2. 比读节奏——理解诗意	乐读保持动力：复沓式引读、转换语境读、歌咏读。	
	3. 读出感情——体会诗情	悦读内化动力：创设生动情境、联系生活实际、提供鲜活事例、回顾岁月往事、提取阅读经验、拓展阅读空间、强化审美体验。	

续　表

每日晨读规划			
星期	目标	实施方式	课型
周三	1. 快速阅读——巩固背诵	分组检查、同桌互查、教师抽查	4. 习读课——伦理道德类：乐读、熟读、化读
周三	2. 表演成果——提升素养	动作表演（道具） 模仿名家（配乐）	4. 习读课——伦理道德类：乐读、熟读、化读
周三	3. 分组展示——个别辅导	分层辅导（达标、表演）	4. 习读课——伦理道德类：乐读、熟读、化读
周四	1. 背诵过关——人人达标	抽查巩固、火车接龙、抢答积分	5. 品读课——寓言类：乐读、熟读、悟读
周四	2. 成果展示——提升素养	道具、配乐、队形	5. 品读课——寓言类：乐读、熟读、悟读
周五	查漏（会背）成果（表演）	走队形展示成果	5. 品读课——寓言类：乐读、熟读、悟读

（三）创多彩社团学传统技艺培养中国情

1. 定位传统技艺，规划社团活动

中华传统技艺和技能是中华优秀传统文化中宝贵的财富，有的体现了古人崇高的美学追求，有的体现了古人丰富的生活情趣。学校社团活动把学习中华传统技艺、培养学生艺术素养作为目标，规划了国画、国书、国术、国戏、国饮、国艺等活动内容。学生能够学习中国画、书法、武术、黄梅戏、茶艺、中国结……学生能书善画、能打会唱、雅致生活，不仅修身养性、强健筋骨，而且提高传统文化素养，体会到中国人的性格气质和传统文化的精髓。如参加黄梅戏社团的学生在婉转动听的曲调中，深受传统戏曲的熏陶，怡情养性，改善行为，报考了戏曲院校。由兴趣爱好发展为将来的事业，中华优秀传统文化改变了学生的择业方向。

2. 精心设计演出，展示活动成果

社团汇报演出为多才多艺的学生搭建成功的平台，为学生绽放独特的个性提供广阔天地。每学期有固定时段演出，随时有灵活机动的演出，这就为学生创造了多层面的展示机会，既成就学生个人，也继承和发扬了中华优秀传统文化。

固定演出：每年六一国际儿童节，每个社团都参与校级文艺汇演；元旦联欢上，社团成员是班内表演最闪亮的星。

机动演出：迎接到校访问的国外使团——黄梅戏表演；代表学校参加主题演出——武术表演；作为学校礼品赠予手拉手学校——国画作品……

在 2018 年底，我校黄梅戏社团的学生参加中国语言文字展览会，现场演出《对花》，其专业性受到教育部部长刘宇辉及在场观众的称赞。这使得参演学生不仅对黄梅戏这一戏曲艺术更加热爱，而且增强对中华文化艺术的亲近感，认识到传统文化艺术的价值。

四、中华优秀传统文化扎根学校的效果

（一）让学生在精神上更丰富，获得思想根基

学校立体、多维的中华优秀传统文化教育让学生立足当下，扎下中国根，更让学生具有面向未来的底气。诵读国学经典文本，学生学习了中华传统美德和中华人文精神，认识了中华优秀传统文化的精神内涵，增强了民族自豪感和文化自信。习得了传统文化技艺和技能，修养人格、提升素养，增进了对传统文化的热爱之情。学习传统文化知识，领悟知识背后的智慧和道理，学生触摸到了中国人特有的生活方式和思维方式，对民族文化有了深层理解和领悟，对民族和国家有了情感共鸣，坚定了做中国人的信念。

（二）语文课题研究硕果累累

1.明确低、中、高年段学生寓言学习活动

通过实践研究，在语文课堂上，根据寓言故事的特点，开展符合不同年段学生认知水平的学习活动，能够让寓言在小学生的现实生活中发挥社会价值，起到明理导行的作用，有助于学生辩证思考，形成正确的价值观。

表 6-3-3　各年级段寓言学习活动

	分类	适合年段	学习活动
寓言	做事说理类	低年级	讲故事、找关联
	劝谏君王类	中年级	讨论话题、解决实际问题
	做事做人类	高年级	比较、评论现实事件

2. 参与课题实验的教师屡屡获奖

在张立军主任的引领下，学校进行为期三年的课题研究，取得丰硕的成果：

（1）推出优秀教师：2017 年 7 月，我校王薇老师代表北京市参加全国教育艺术大赛现场教学，荣获一等奖；12 月代表丰台区参加"京城杯"课堂教学交流活动。

（2）教师团队成长：语文教师团队中有 20 余人次荣获总课题组年会优秀论文评比一等奖。10 余人次在片、区、市、国家级做研讨课和展示课。

3. 学校获得多项荣誉

（1）学校获得荣誉：2017 年，我校荣获全国"十三五"课题组委会颁发的"优秀实验学校"奖。祁红校长荣获课题组委会授予的"优秀校长"称号。2019 年 12 月，我校被评为中国高等教育学会教师教育分会"十三五"科研课题"中华优秀传统文化与现代语文课堂教学实践研究"课题先进科研单位。

（2）学生思维发展：学生思维的灵活性、深刻性方面得到发展，受到崔峦先生及市、区教研员的好评。

（三）黄梅戏社团登上央视平台展示国韵

"欢之韵"黄梅戏社团的小欢宝们怀揣对黄梅戏的热爱，精进技艺，屡创佳绩：

2018 年 5 月，在国图音乐厅倾情演绎《黄梅戏联唱》。

2018 年 8 月，远赴新加坡参加"第六届狮城青少年戏曲汇演"。

2018 年 11 月 4 日，参加第九届"国戏杯"学生戏曲大赛，荣获三等奖。

2018 年 12 月 13 日，走进梅兰芳大剧院，参加了第九届"国戏杯"学生戏曲大赛优秀节目展演，精彩演绎黄梅戏《女驸马》选段《谁料皇榜中状元》。

2018 年 12 月 18 日，走进中央电视台参加《回声嘹亮》节目录制，表演的《打猪草》选段《对花》受到了全场赞叹。

第四节 学校特色综合实践活动课程的建设与实施

设计人：张海燕 李佳 黄豫谦 郭巍

综合实践活动是国家规定的必修课程，与学科课程并列设置，是基础教育课程体系的重要组成部分，其具体内容以学校开发为主。这一课程特质既强调了综合实践活动课程的国家课程地位，同时又明确了其校本开发的特点。本文试以北京教育科学研究院丰台实验小学为例，探索学校特色综合实践活动课程建设与实施的路径。

一、理清背景特色综合实践活动课程建设的基础

（一）指向"中国学生发展核心素养"的综合实践活动课程建设

在深化教育改革的背景下，学生综合素质的发展越来越受到关注。2016 年9 月发布的《中国学生发展核心素养体系》有着明确的目标指向和积极的价值导向。学生发展核心素养，主要指学生应具备的，能够适应终身发展和社会发展需要的必备品格和关键能力。三个方面、六大素养、十八个基本要点，各素养之间相互联系、互相补充、相互促进，在不同情境中整体发挥作用。北京开放大学校长褚宏启指出，"核心素养是重要而且高级的共同素养"，在基础教育阶段主要概括为"新六艺"：创新能力、批判性思维、公民素养、合作与交流能力、自我发展素养、信息素养。而创新能力是人作为有理性、能思维的动物的本质体现，是个人发展与国家发展、是提升国际竞争力的最重要素养，是"核心素养的核心"，是核心素养宝塔顶尖上的明珠。

核心素养的提出为学校综合实践活动的深度实施提供了更加明确和清晰的目标。在综合实践活动课程的学习中，学生综合运用各学科知识，认识、分析

和解决现实问题，提升综合素质，着力发展核心素养，特别是社会责任感、创新精神和实践能力，以适应快速变化的社会生活、职业世界和个人自主发展的需要，迎接信息时代和知识社会的挑战。不难看出，在学校课程体系中，综合实践活动课程指向核心素养培养的课程功能极为凸显。

（二）落实《中小学综合实践活动课程指导纲要》的综合实践活动课程建设

2017 年 9 月，《中小学综合实践活动课程指导纲要》正式推出。《中小学综合实践活动课程指导纲要》强化了课程育人导向，明确提出了价值体认、责任担当、问题解决、创意物化四个方面的课程目标。注重引导学生体认、践行社会主义核心价值观，热爱中国共产党，热爱祖国，热爱劳动，培养社会责任感、创新精神和实践能力；强化新型课程形态的建构，要求通过考察探究、社会服务、设计制作、职业体验等方式进行学习，综合运用各学科知识分析、解决现实问题，尊重学生的自主选择与创造，真正让学生"活"起来，"做"出来。

对照《中小学综合实践活动课程指导纲要》，学校要对综合实践活动课程体系进行统整，将学校的综合实践活动课程进行顶层规划，开发出基于新推出的《中小学综合实践活动课程指导纲要》的课程体系。

（三）突出学校具体校情、学情、区域特色的综合实践活动课程建设

学校在课程开发的过程中，要对综合实践活动课程进行整体设计，将办学理念、办学特色、培养目标、教育内容等融入其中；要依据学生发展状况、学校特色、可利用的社区资源对综合实践活动课程进行统筹考虑，建构促进学生持续发展的特色综合实践活动课程。

开发具有学校特色的综合实践活动课程，必须植根学校文化背景，理清学校文化的由来及特点，以此作为学校课程架构的逻辑起点和上位依据。作为一种独立的课程形态，综合实践活动课程体现了新的课程管理和发展制度，它是最能体现学校特色、满足学生个性差异的发展性课程。这就要求课程实施的具体内容更多地来源于地方和学校的自主开发生成。综合实践活动是学校"生命绽放"课程体系中不可或缺的一环，它区别于其他学校课程的特质、跨学科课程的建设，将成为学校特色课程文化的名片之一。

二、课程设计特色综合实践活动课程建设的主脉

（一）确立综合实践活动课程目标

课程目标是"教育目的和培养目标在课程当中的具体体现"，因此，建构课程目标既是学校育人目标在课程中得到体现的关键所在，也是学校课程回归教育原点的必然要求。综合实践活动课程目标的建构，不仅需要明确核心素养的具体内涵，更应该思考如何融合学校特色，才能建构出充分体现学校学生特色的个性化课程目标。

《中小学综合实践活动课程指导纲要》指出，综合实践活动课程的总目标是：学生能从个体生活、社会生活及与大自然的接触中获得丰富的实践经验，形成并逐步提升对自然、社会和自我之内在联系的整体认识，具有价值体认、责任担当、问题解决、创意物化等方面的意识和能力。

以此确定学校特色综合实践活动课程目标为：学生主动参与考察探究、社会实践、设计制作、职业体验等综合实践活动，使学生能够懂规划、用工具、会学习、善沟通；有动力、有能力、有方法、有活力；成为具有独立、自信、坚韧的品格，具有关怀、宽容、合作的美德，能够乐学、敏行、淳美的健康少年。

（二）完善综合实践活动课程体系

主题是综合实践活动的灵魂，根据学生实际和学校的需要，依托学校特色构建具有学校特色的综合实践活动课程新体系。只有这样才能开发出适合学生探究，便于教师操作，有学校特色和彰显个性的活动主题，才能真正提高综合实践活动的实效。对照《中小学综合实践活动课程指导纲要》提出的四种活动方式：考察探究、社会服务、设计制作、职业体验，将其作为学校综合实践活动课程内容设计的重要逻辑起点或内容框架，围绕这四种活动方式进行建构、梳理，每一种形式开发出相应的特色主题，针对每一主题再进行年级小主题的切分，从而形成了学校特色综合实践活动主题系列。

表6-4-1 综合实践活动课程一览表

课程目标	课程领域	模块	项目	一年级	二年级	三年级	四年级	五年级	六年级
价值体认	考察探究	校园一角会说话	第一学期	绘本长廊读绘本	古诗大道吟诗诵对	三味书廊论古今	校园科技我探秘	燕都古观八景	欢园雅集展我雅
			第二学期	体育环形带的秘密	汉字大道溯本清源	走遍世界地理园	艺术长廊展风采	燕都古韵八寻八绝	校园规划我参与
		地铁里的新发现	第一学期	身边地铁我知道	地铁乘坐我最棒	地铁历史我搜集	地铁文化我了解	地铁科技我探秘	地铁运行与生活
			第二学期	地铁大揭秘	安全文明坐地铁	北京地铁漫游	地铁遇上老北京	地铁科技初探	地铁生活大探秘
				标识牌的秘密	地铁乘坐小窍门	世界地铁游游	沉淀后的北京地铁	地铁科技推广	未来地铁我设计
		研学旅行	行行（第一学期）	北京海洋馆	陶然亭公园	花卉大观园	天坛公园	中国科技馆	圆明园公园
			中研（第二学期）	自然博物馆	琼岛春荫（北海公园）	汽车博物馆	卢沟晓月（卢沟桥）	居庸叠翠（八达岭长城）	故宫博物院
责任担当	社会服务	欢宝志愿者		自我服务我能行	班级服务我能行	少年先锋岗	少年先锋岗	小小地铁志愿者	小小地铁志愿者
问题解决	设计制作	欢学园STEAM课堂	第一学期	1. 仔细听，咚咚响 2. 轮子转起来 3. 黑暗中的艺术品，火山 4. 喷发吧，火山	1. "站立"的A4纸 2. 撞上之前停下来 3. 纸牌屋 4. 超级跷跷板	1. 疯狂过山车 2. 我的外星朋友 3. 盒子吉他 4. 隐身的秘密	1. 光和彩 2. 外星人调查小组 3. 油与水 4. 是液体还是固体	1. 织梦者 2. 愤努的乒乓球 3. 吸管悬臂 4. 鸟嘴	1. 木牛流马 2. 防震高塔 3. "听话"的小球 4. 保护鸡蛋
创意物化			第二学期	1. 舌尖上的色彩 2. 谁咬了我的柠檬蛋糕 3. 助我扬帆 4. 慢下来停下来	1. 高塔建造师 2. 声音可以移动 3. 隔音墙探秘 4. 太阳能科学家	1. 遮风挡雨 2. 纸飞机 3. 气象学家 4. 海上航行	1. 未来赛车 2. 漂浮的胡萝卜 3. 热卖音乐盒 4. 魔幻游乐场	1. 我是桥梁工程师 2. 拯救企鹅 3. 我是外科医生 4. 神奇的平衡木	1. 星星有多远？ 2. 金牌特工 3. 小工具与大问题 4. 风力使者
职业体验	职业体验	欢宝职业体验营		迷你世界我探秘	我和（家长）去上班	我是校园小导游	我是校园小导游	我是小小消防员	我的职业我设计
其他	其他			少先队活动课					

1. 考察探究

考察探究，是学生基于自身兴趣，在教师的指导下确定研究主题，开展研究性学习，在观察、记录和思考中，主动获取知识，分析并解决问题，形成理性思维、批判质疑和勇于探究的精神。在梳理学校已有的实践活动课程以及深入分析校内外特有资源的基础上，确定了《校园一角会说话》《地铁里的新发现》和《研学旅行行中研》三个主题。

《校园一角会说话》主题实践活动的开发源于学校"五园四馆"的环境设计，让学生在校园中认识各种设施、景观的特点，初步了解学校校园文化建设的内涵，体验探究的快乐，热爱"会说话"的校园，增强身为实小一员的自豪感。

《地铁里的新发现》以宋家庄交通枢纽辐射北京地铁、中国地铁、世界地铁的研究，发现自己感兴趣的人、事、物，发现站名故事、沿途名胜、特色建筑、奇闻趣事，及城市地铁交通的发展变化。

其中的《研学旅行行中研》是我校经典的少先队活动课程，已经形成了"行前课""行中课""行后课"的课堂模式。

2. 社会服务

社会服务指学生在教师的指导下，走出教室，参与社会活动，以自己的劳动满足社会组织或他人的需要。针对"社会服务"这一活动方式开展"欢宝志愿者"主题综合实践活动。学校的校树——合欢树化身为"欢学园"的校园形象——欢宝，一个个欢宝从自我服务、班级服务到校园服务再到社会服务，学生在满足被服务者需要的过程中，获得自身发展，促进相关知识技能的学习，提升实践能力，成为履职尽责、敢于担当的人。

3. 设计制作

设计制作是指让学生运用各种工具、工艺进行设计，并动手操作，将自己的创意、方案付诸现实，转化为物品或作品，提高学生的技术操作水平、知识迁移水平，体验工匠精神等。学校引入了具有工程设计理念的 STEAM 课程，并结合学校、学生实际进行改造。学校与美国教育联合会深度合作，引进美国原汁原味的 48 个 STEAM 课程进行深度开发。在课程内容的选择上注重联系学生生活，同时与新《科学课程标准》和《中小学综合实践活动指导纲要》对接。在课程设计上借鉴综合实践活动的实施模式，引导孩子自主进行主题知识的探索，并让孩子在问题解决中自主完成知识的建构。

4. 职业体验

职业体验指学生在实际工作岗位上或模拟情境中见习、实习，课程旨在帮助学生体认职业角色，培养职业兴趣，形成正确的劳动观念和人生志向。针对这个主题，学校设计了"欢宝职业体验营"主题活动，在主题活动中学生可以体验到不同的职业角色，既有模拟体验的"迷你世界""比如世界"，也有陪伴父母去上班体验父母的职业角色，还有走进消防中队做一回小小消防员、走进地铁做文明引导员。在进行导游职业体验时，我们还将"校园一角会说话"成果"我是校园小导游"的内容引入其中，让学生在体验导游职业的同时，也实现了不同主题课程之间的关联。

需要强调的是，这种划分强调的是主要活动方式，在实际操作过程中会有其他活动方式作为补充。本次调整将德育及少先队活动与综合实践活动进行融合，加强对价值体认和责任担当目标的实施力度。

三、扎实推进特色综合实践活动课程建设的关键

（一）建构模型促课程开发

每一个主题的具体实施成为课程开发的重点和难点，老师们思之无方，思之无法，无从下手。因此在研究中，学校总结出了主题开发的一般模型，即三个实用性工具：整合模型（理论层）、活动模型（设计层）和实施模型（操作层）。

整合模型（理论层）：基于主题的发散性思考形成的主题相关知识（内容）的集合。

活动模型（设计层）：基于整合模型内容进行概括形成的有层次的系列活动体系。

实施模型（操作层）：以学生学习为出发点为学生提供的学习工具支架。

1. 整合模型（理论层）

用于课程开发之初的头脑风暴，引导教师围绕课程设计中的主题和综合实践活动的目标从人文、历史、科学等角度进行发散性思考，同时强调针对这一主题的评论活动、创造活动和整合活动的设计。

表 6-4-2 《三味书屋论古今》整合模型

主题	综合实践活动目标	人文/历史/科学等	评论	创造	整合其他学科
三味书屋论古今	1. 通过对"三味"书屋的研究，了解到三味书屋文化中所蕴含的深厚历史和艺术传承价值。 2. 在阅读鲁迅相关作品的过程中感悟"横眉冷对"的鲁迅精神。 3. 了解图书分类及编号的方法。 4. 通过对古今中外各种书屋研究，感悟承载文化传承的书屋的无限魅力。 5. 参与书屋志愿服务活动，激发学生热爱学校之情，同时受到校园文化的熏陶。	文化： 1. 搜集有关"三味书屋"的内涵的说法，理解其中蕴含的文化价值。 2. 搜集鲁迅的相关文章，理解鲁迅作为文化斗士的原因。 3. 搜集古代各种书屋、书院，了解其文化内涵。	描述 关于三味书屋的内涵、古代各种书院的资料、鲁迅的相关文章。	1. 手抄报。 2. 制作书院、书屋的书签。	1. 信息技术：通过互联网能够根据所需查找信息。掌握基本的搜索方法，了解正规的官方网页，养成良好的信息检索素养。 2. 传统文化：通过阅读相关资料，理解三味书屋的内涵及古代的书院文化。
		事件或故事： 1. 从百草园到"三味书屋" 2. 焚书坑儒 3. 凿壁偷光 4. 宋濂苦学	分析 书屋自古以来就承载着文化传承的功能。	1. 讲故事 2. 表演	
		人物： 与"书屋"相关的人物：鲁迅、刘禹锡、蒲松龄等。	解释 体会这些人物与"书屋（斋）"之间的关系。	1. 关于鲁迅散文（小说）的研究。 1. 设计"三味书屋"管理规程。	3. 语文：通过相关分析撰写研究报告。 4. 图书馆学：了解图书馆的相关知识及管理流程。 5. 社会资源：首都图书馆。
		趋势： 1. 搜集现代的各种图书馆，感悟"书屋"的发展历史。 2. 主动承担书屋志愿服务活动。 3. 为学校三味书屋提出合理化建议。	评价 你认为活动中自己是否取得了进步？其他人有没有值得学习的地方？		

2. 活动模型（设计层）

活动模型用于将发散性思维形成的资料进行整合，形成一系列的活动主题。这些活动中包含根据具体实施情况进行的主题引导课、开题课、方案设计课、方法指导课、设计制作课、中期指导课、资料整理课、成果设计课等课型。

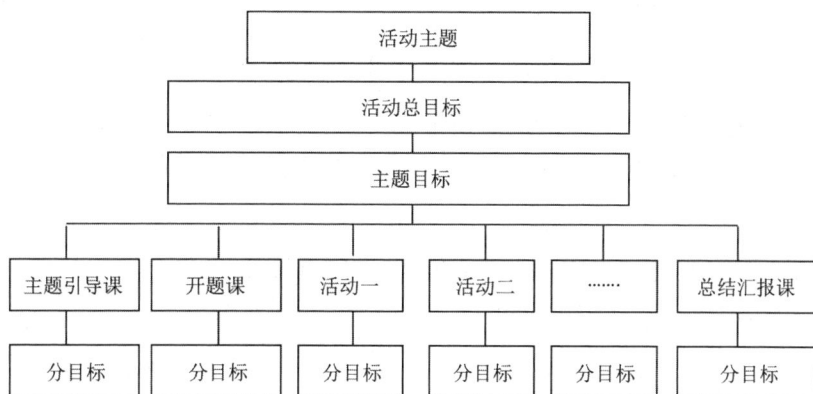

图 6-4-1　活动模型

3. 实施模型（操作层）

实施模型用于每一个活动的具体实施。基于学生的课程开发方向，实施模型从《学习单》的建立角度为学生的综合实践活动提供支撑。实施模型（学习单）包括学习指南（活动主题、达成目标、学习方法与建议、学习形式预告）、学习任务（任务明细、学习建议）、学习资源、活动评价几个板块，成为学生自主学习的工具。

表 6-4-3　实施模型：综合实践活动学习单

一、学习指南		
1.活动主题：		
2.达成目标		
3.学习方法与建议		
4.学习形式预告		
二、学习任务		
活动	任务明细	学习建议

续　表

三、学习资源
四、活动评价

（二）形成模式促深度实施

当前，深度学习成为基础教育改革的支点，发展核心素养是深度学习的目标指向。深度学习是在理解学习的基础上，学习者能够批判性地学习新的思想和事实，并把它们融入原有的认知结构中，能够在众多思想间进行联系，并能够将已有的知识迁移到新的情境中，做出决策和解决问题地学习。深度学习意味着理解与批判、联系与构建、迁移与应用，这是发展核心素养的现实途径。

在课程实施中，首先，应该设计出学生可以积极参与的学习活动，只有积极的主动性才是深度学习的最基本的保障。其次，应该注意教学策略的选择，如采用基于问题的教学设计，不仅要设计大的问题，更要设计相关的小问题，这样才能不断地激发学生深入的思考，并且注意时时生成的新问题；如任务驱动的教学设计尽量要让任务情境多样化，与学生的生活联系起来，这样既可以保持学生的参与积极性，同时也更利于学生运用所学的东西。此外，在评价的环节应该注意对过程的评价和评价主体的确定，有效的评价能够引发学生的深度思考，同时成为后续学习的动力。基于以上思考，在综合实践活动课程实施过程中，形成了"五度"教学模式。

1. 激趣先行，提高学生体验的参与度

走向有深度的学习，需要在学生的外部活动和内心世界之间建立联系。知识伴随着情感，情感来自实践。从某种程度上来说，有深度的学习也就是在学生的外部活动和内心世界之间建立起有深度的情感。在活动开展初期，我们就要激发学生的参与度，引发学生对主题活动产生关注与认同。例如，开展"关于攀岩墙安全性的调查研究"这一主题活动，指导教师在起始课时就以来自学生调研中产生的疑问"攀岩墙安全吗？"这一问题，让学生意识到自己在校园建设中的主人翁地位，从而对这一主题产生兴趣。这样鲜活的主题活动对学生有着极强的吸引力，积极主动体验的参与度显著提升。

2. 加入创意，开拓学生体验的广度

在主题活动的实施过程中，类似调查、采访这类的活动是学生经常体验的内容，开展得多了，容易产生固定的模式。很多时候，这样的体验变成了一成不变的总结，变成了活动中的一个流程。因而，在设计活动的时候，我们加入"创意"元素，让体验活动更加宽广。在开展的"三好游戏棋"的活动中，创造性地引入了"请为我的游戏棋投票"活动，孩子们设计海报，进行游戏推介。这一个性化的活动设计让学生体验了产品推广的过程，学会了邀请他人投票的措辞，对本次活动的主题也有了更深刻的认识。

3. 方法指导，推进学生体验的深度

能否切实促进学生创新精神和实践能力的发展，反映出综合实践活动课程的有效性。这就需要教师在活动实施的过程中不是泛泛而谈，而是要进行深度教学。郭元祥教授在谈到深度教学时说，教师要从"告诉"走向"指导"，从"督促"走向"陪伴"。教师的根本作用不是告诉知识，而是在活动中激发学生的学习潜能，引领处事的方法、态度和价值观，以及综合能力。在指导过程中要选择好时机，把握好火候，起到"不愤不启，不悱不发"的效果。不要急于对学生指手画脚，要潜心跟进，耐心陪伴。当学生在活动中遇到困难，遭到"瓶颈"的时候，我们"该出手时就出手"，给予学生"雪中送炭"般的帮助。

在开展"关于攀岩墙安全性的调查研究"这一活动时，其中一组学生决定采用访谈的方法，但在确定访谈对象上就卡了壳，大家众说纷纭，无法统一意见。此时我就引导他们，这次调查的目标到底是什么？对啊！安全，应该围绕与攀岩墙安全相关的人进行访谈。访谈之前大家都做过，但是访谈得到的资料总是浮于表面。我又适时给出了建议，针对设计好的问题一定要做到及时追问，追问细节，追问案例、数据、故事。

类似这样的指导始终贯穿在整个活动当中，教的过程也是引导学生"学"的过程。在体验活动中，我们可以以学生经常遇到的问题为起点，点拨方法，引领学生体验后自主建构学习方法，并迁移到生活中，真正实现生根，建立起个人的理解、独特的思维方式、行为方式和价值观念。

4. 学科整合，激发学生体验的厚度

学生基于自身的兴趣，在教师的指导下，针对主题学习的内容选择和确定研究课题，主动地获取知识、应用知识、解决问题，这必然会涉及各学科领域，各学科领域中的知识可以在主题综合实践活动课程中延伸、综合、重组与提升。

在实施《校园一角会说话》的过程中，孩子们对操场用以游戏的轮胎产生了兴趣。在老师的引领下，结合数学、科学、体育、美术学科开展轮胎的相关研究。学生们在"轮胎与数学"的研究中寻求多种方法测量周长：选择皮尺测量；选择线绳围一周再用直尺测量；将轮胎涂上颜色的记号通过滚动测量……在老师的引导下，孩子们知道了减少测量误差的方法。随后在对轮胎大小与车型的对应研究中了解承重的知识。孩子们将数学与生活紧密相连，综合能力得到了提升。省思阶段孩子们写下自己最真挚的感受："第一次用卷尺测量后，我发现我们小组的数据和别的小组误差很大，通过讨论我们知道轮胎有一定的宽度，卷尺在绕轮胎一周的过程中会有位置的移动。第二次测量时我们有两个人专门观察卷尺位置是不是移动了。而且我们连续测量了三次，还用计算器算出了平均值呢。"孩子们针对自己的操作行为进行的省思，相信这样的省思一定有助于孩子们今后的学习。

5. 评价落地，体现学生体验的效度

综合实践活动要突出评价对学生的发展价值，充分肯定学生活动方式和问题解决策略的多样性，鼓励学生自我评价与同伴间的合作交流和经验分享。要将学生在综合实践活动中的各种表现和活动成果作为分析考察课程实施状况与学生发展状况的重要依据，对学生的活动过程和结果进行综合评价。学校为每个学生建立自己的综合实践活动档案，以便使学生深入地了解和肯定自己的能力，并能与其他人分享自我探索的体会以及进步的喜悦。在课题管理的过程中，我们把评价贯彻到实践活动的全过程：

开题——评价学生发现问题、提出问题、提出设想的意识和能力。

中期——评价实践活动计划的实施情况、资料积累情况，以及实践过程中遇到的困难和克服情况。

结题——评价实践活动的全过程，关注学生的体验情况、活动成果及成果展示方式。

在具体操作中，我们力图形成师评、生评、专家学者评和社会评议等多角度的评价方法，发挥学生在评价中的主体作用。评价内容涉及实践活动的全过程，包括了学生的参与态度、操作技能、人际关系、实践报告、文件夹的充实等。在具体实施过程中，让学生自评，填写反思卡，这是很重要的一个策略，它可以作为下次实践活动能力提升的生长点，也是下一个主题活动的出发点。

在综合实践活动的实施过程中，教师以"五度"为活动主线，在深度意义教与学的指导中紧扣目标，不断地为学生提供认知脚手架，使他们逐渐从方法的迁移能力的提升过渡到社会责任感的增强，真正走向有深度的学习。

（三）加强管理促有序推进

1. 课时安排长短结合

综合实践活动课程的实施，采取常规课与连排课相结合的形式进行推进，这样安排使教师可根据阶段任务进行长短课的安排。外出参观考察课、成果汇报交流课等适宜采用长课即连排课的形式进行，方法指导课、中期反馈课等可在课下充分了解学情的基础上以常规课的形式进行即可。

2. 课程资源打包管理

对于开发的考察探究领域课程逐渐形成课程规划（实施模型）＋学习单的双轨并行制，针对教师角度的实施模型为活动的有序开展提供了保障，针对学生角度的学习单成为学生自主探究的强大助力。

图 6-4-2　STEAM 学习手册

对于开发的设计制作领域课程（STEAM）形成"三个一"课程资源包，即：一个教学设计、一个学习手册、一个PPT。

社会服务、职业体验这两种活动方式的资源库正在开发之中，拟将开发出《社会服务手册》和《职业体验手册》。课程资源包的建立，成为学校综合实践活动课程的智库，集中了学校综合实践活动课程建设的成果，为这一课程继续走向深入奠定了基础。

3. 工具支架思维导图

将思维图引入综合实践活动课，让学生从形象、色彩及深度思维等多个角度记录学习过程，帮助学生体验科学研究的一般方法。

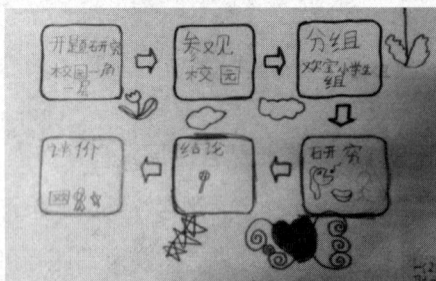

图 6-4-3　思维图之流程图　　　　图 6-4-4　思维图之圆形图

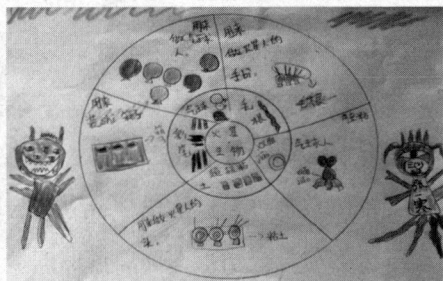

图6-4-3是学生用流程图规划自己的研究过程；图6-4-4是学生用圆形图介绍了各种材料在制作火星生物中的作用。思维的可视化提升了学生思维表达的有序性，并在不断地反思过程中向深刻性迈进。

4. 课题引领重点推进

学校申报了中国教育学会"十三五"教育科研规划课题《依托社会教育机构，开发与实施STEAM课程的研究》。通过课题的实施，重点推进STEAM课程建设。

（1）以问题解决为目标的STEAM课程实施步骤

STEAM课程是跨学科的课程群。培养学生运用所学知识，创造性解决问题的能力是STEAM课程的主要目标。

《"愤怒"的乒乓球》这一主题以投石车的研究为方向，学生通过探寻历史来学习科学，学习到众多历史事件、物理概念、测量方法等。还可以根据探究过程和记录的实验数据，分析、归纳出投石车的规律和抛物线的轨迹，并利用规律模拟历史上的战争情形。这一主题按以下步骤实施：

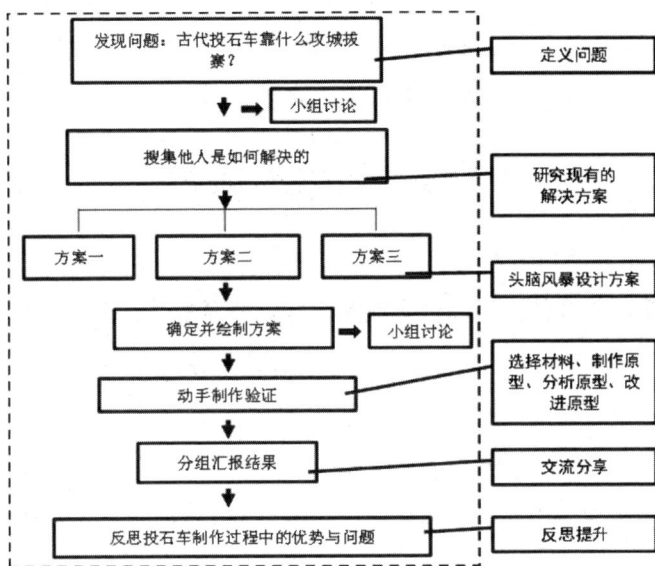

图 6-4-5 《"愤怒"的乒乓球》实施流程

（2）以学生综合素养提升为着力点的 STEAM 课程实施特性

● 材料的经济性

我校实施的 STEAM 属于经济型的，材料选择是关键性因素。投石车制作的第一阶段教师为学生提供了一次性木筷和皮筋，以便让学生在课上方便地进行制作，尽快体悟杠杆、弹力等科学概念。第二阶段的学习学生就可自选材料设计，给孩子们更多的自主权。

● 过程的迭代性

制作过程中需要不断进行测试、反馈，以期达到预期的目标和结果。在投石车这一活动中，教师通过三个给定的任务让学生依据任务进行调试，第一个比远，第二个比准，第三个又远又准。影响"远"和"准"的因素包括皮筋的弹力和投射的角度，在不断地调试中完成一次又一次的迭代。

STEAM 课程倡导在真实的任务中学习，强调在动手实践中学习。在"光与影"活动中，孩子们像科学家一样探究，研究光与影的规律后进行我喜爱的玩具影子的创意绘活动；在开展"木牛流马"活动一段时间后，孩子们利用机械传递的知识设计制作了一个主题纸板动力机，太阳升起的故事就这样产生了。科学家、艺术家、建筑师、工程师……这是欢学园孩子们的一个个崭新的名称。这一课程的实施成为核心素养在学校落地的重要途径之一。

四、反思提升特色综合实践活动课程建设的愿景

（一）学生教师同发展

孩子们毫不掩饰他们对综合实践活动课程的喜爱，在教师的引导下，孩子们乐此不疲地探究着、设计着、访问着、总结着、展示着……

1. 改变教学方式——教师像陪跑者一样带领

传统的课程形式重设计轻生成，学生跟着教师的节奏走；而在综合实践活动课程中，教师和学生在活动中的地位和角色发生了很大的变化，整个活动的时间和空间，是完全交给学生的。教师成了一名陪跑者，始终伴随着学生，学生可以在探究、讨论、表达的天地中自由驰骋。但如遇到困难需要帮助时，教师随时施以"援手"，个别指导或集中解决共性问题。

2. 开放学习时空——学生像研究者一样探究

学生对整个未知的世界充满了好奇和探究的渴望，探究对于他们来说是一种本能。在确定了探究的目标之后，教师和学生一起讨论想要了解的东西、可以从哪些途径搜集素材、如何做好记录等。

在"光与影"活动中，首先学生和教师一起研究光与影的规律，在此过程中，学生经历了制作同一物体不同长度的影子和不同物体相同长度的影子的研究过程（光源和光屏距离一定）。随后引导学生为自己喜爱的毛绒玩具绘制彩色影子的活动，教师规定了投射面积，学生在方格纸上进行合并、估算。孩子们像科学家一样经历"提出假设——实验验证"的过程，一步步地寻找问题的答案。一张张童稚的小脸上时而充满困惑，时而充满喜悦。

3. 进行个性表达——学生像设计师一样创造

这里的个性表达具有两种意思：一是真实情境中的任务具有结果的开放性。学生会面临在核心经验上的共同挑战，同时也会基于各自原有经验对问题给出不同的回应，进行不同形式的个性化表达。比如，在研究"投石车"项目中，我们看到孩子们自由选择他们认为合适的材料和工具，非常投入地开展实验，呈现出多元的思维和表达。二是人与人之间存在智能长项的差异。学生的表达会呈现出个体差异，有的擅长以戏剧的方式表达，有的擅长以绘画的方式表达，还有的擅长用讲述的方式表达。我们提供资源和方法，鼓励和满足学生多种表达的需要。比如，在开展"木牛流马"活动一段时间后，孩子们习得了关于机械传递的很多知识，孩子们将其发现融汇在了自己的"纸板动力机"设计中，每一个作品都有一个生动的主题，汇报过程中伴随着纸板动力机的演示讲述着一个个生动的故事。

（二）未来之路寻方向

回顾学校综合实践活动课程的建设与实施，引起了我们的几点思考：

1. 学校综合实践活动课程内容繁多，是否可以实施学生自主选课的形式，以便给学生更大的空间？

2. STEAM 课程后续的精细开发。现阶段的 STEAM 课程科学、工程味过浓，缺少文化底蕴的支撑。如何将中华优秀传统文化与 STEAM 课程建设深度融合，开发具有中国特色的 STEAM 课程。

3. 如何破解"研学旅行"的难题？形成具有学校特色的既经济又安全的课程实施模式。

腾出一个空间，让学生自己往前走；搭建一个平台，让学生自己去锻炼；创造一个机遇，让学生自己去把握；设立一个冲突，让学生自己去讨论；提出一个问题，让学生自己去寻找答案；选择一个主题，让学生自己去探究。综合实践活动课程，必将成为引领学生踏上精彩人生的重要驿站。

第五节　家庭教育返璞归真

祁　红

作为一线教育者，我接触到很多家庭教育案例。我发现，在很多家庭中，年轻父母为了省事、省力，无意识地放弃了自己的教育引导责任，将孩子的教育义务推向隔代教育，甚至网络教育。时代越是发展，越是要面对社会上的浮躁现象。作为教育者、作为家长越应该保持教育的定力，追求教育的返璞归真。

观点一：家庭教育从家政教育开始

如今在家庭教育中，我们的孩子到底缺什么？很多家庭看重校外辅导，给孩子报班、报班、再报班，但是孩子们最基本的家务劳动都不会。家庭教育要返璞归真，从家政教育开始。什么是家政教育？就是以家庭成员为对象，协助家庭成员对其各类家庭事务进行实际操作和科学管理的教育。

为什么进行家政教育？

家政教育能让孩子拥有未来幸福生活的基本技能。我举个案例，每年学校党政工团队都要对教师进行家访。当教师的父母说"孩子当了班主任会擦桌子了"，"孩子当了班主任会扫地了"……这样的话深深地刺痛了我们。学校的老师不具备基本独立生活的能力，怎么能培养独立生活的学生呢？家庭教育要把孩子培养为能在未来社会中幸福生活的人，怎么能幸福生活？首先要具备幸福生活的基本能力，那就是家政教育。爱孩子，就要舍得用孩子。

家政教育能够让孩子找到自身存在的价值。我孩子三岁的时候跟我买菜，上楼梯时帮我提篮子，上一步磕一下腿，一直从一楼磕到六楼。我说了一句"儿子，有你妈妈特幸福"。就是这样一步一步走来，到了高三毕业的时候，时间那么紧张的情况下，我孩子永远是最后一个从学校出来。他说要把教室打扫干净，要让同学们每周一的时候，在干干净净的环境里，踏踏实实地进行高三的学习。家政教育能够帮助孩子找到自身存在的价值，让孩子感受到在家庭中孩子对父母的重要。而这份价值和这份重要慢慢就延伸到他对社会人的尊重和责任感。

家政教育让孩子具备施与爱的能力。如今很多孩子为什么不会施爱与人？他们在爸爸妈妈的精心呵护下，承载的爱太多，不具备施与爱的能力和洞察力。而家政教育中，孩子们不断地从事家务劳动，就会习惯于为家人做一些事情。慢慢会不断地发现家人的需要，及时做事。在家庭生活共同构建的过程中，孩子知道家长们需要什么，进而为家人提供服务。这份有心而为之的、为家人着想的服务是一种责任，是一种分享，是一种情分，是对家庭人员爱的行为表达。这种表达不仅能及家人之所急，而且具备了"及"的能力。慢慢地，这种爱的表达会延伸到对周围伙伴、对他人。

观点二：家庭教育需要保持一种平衡

为什么要保持一种平衡？平衡有很多，自由与规则的平衡，学习与锻炼的平衡等。家庭教育中更要关注快乐和敬畏的平衡。现在很多家庭对孩子放纵多，要求少；自由多，规矩少；快乐多，惩戒少，任由孩子自由生长。作为教育者不难发现，孩子越来越自我了，越来越散漫了，越来越不敬畏老师了。这种普遍存在的问题根源在哪里？在家庭！孩子在家中没有培养敬畏父母的那颗心。在家庭教育中家长为了让孩子快乐，对孩子一再地放任，一再地让步，致使孩子对父母缺少敬畏之心。由不敬畏父母进而延伸到不敬畏老师、不敬畏自然、不敬畏道德。爱孩子，要恰当，要有分寸，要适度。让快乐与敬畏在平衡中、在适度中促进孩子的发展。

高质量的家庭教育，高质量的亲子关系不要丢弃我们家庭应该承担的责任，不要成为学校的再教育，要返璞归真！

学生发展的基础与初心

【词目】育德

【拼音】yù dé

【词意】培养道德。

第一节 诵读"规则童谣"规范良好行为

齐 季

一、研究背景

我们的教育，无论是在形式上还是在语言上，都要尽可能地符合儿童的特点，教育应该收起古板的面孔，尊重儿童快乐的情绪主调，设计童趣的教育活动，让孩子在良好的道德环境中逐渐培养良好的习惯。

在汉语中从词源上看，习惯有两种基本的含义：一是指习于旧惯，习于故常，二是指长时间养成的不易改变的生活方式。王健敏博士认为，习惯是一种动力定型，也就是稳定的行为、思维模式。《心理学大词典》认为，习惯是人在一定情境下自动化地去进行某种动作的需要或倾向，或者说习惯是人在一定情境中所形成的相对稳定的、自动化的一种行为方式。一些好的行为习惯会是学生一生都受用不尽的财富，好的行为习惯不仅能让学生在学习中获得事半功倍的效果，也能够有助于学生形成良好的修养和品格。

二、发现问题

新学期开学了，这群刚刚步入一年级的孩子们，他们在课上目光懒散不集中、上课随便说话、有的同学甚至自由散漫，随便离开座位。此种学情下，我认为我应该把培养学生良好行为习惯作为课堂中的重中之重，但是生硬古板的"小学生守则"、贴满墙壁的"日常行为规范"对孩子们而言只是一面"冷冰冰的，不说话的墙壁"。孩子年龄还小，怎么也理解不了条条框框。规则是死的，但是教育应该是活的，要想让这些具体要求深入孩子的内心，我该怎么办呢？

三、研究过程

通过参加各种培训讲座和观看全国优质课，我有了很大的灵感，我选择了符合孩子年龄特点的方式——诵读规则童谣，来协助我规范学生的良好行为。我将那些规范学生们行为的要求编成了各种小歌诀，师生通过互动小歌诀的方式让"规范"悄无声息地落实到孩子们的心里。铃声响起的时候，老师说完"请坐"后不用再说"同学们请安静，咱们准备上课"，而是大家坐下后值日班长带领大家一起诵读小歌诀——"专心致志，聚精会神，脚踏实地"。上课的时候为了让孩子注意力集中起来，老师和学生会这样互动歌诀，（师说）小眼睛—（生说）看前方、（师说）小腰板—（生说）挺起来，（师说）小耳朵—（生说）仔细听。再比如培养孩子倾听习惯时，师生会对出这样的歌诀，（师说）有发言—（生说）认真听或者（师说）他来说—（生说）我来听。再有，培养孩子发言习惯时，师生又会对出这样的歌诀，（师说）发言要举手—（生说）回答不乱抢、（师说）发言时—（生说）站如松、（师说）将上堂—（生说）声必扬。读书前孩子们便会自主地齐声背到：读书法，有三到，心眼口，信皆要。写字前孩子们一定不会忘了这句儿歌：头正、肩平、腰立、足安、一拳、一尺、一寸。写完字后孩子会自觉地说上一句儿歌：小铅笔，送回家。为规范课上行为习惯，教师还可以使用这样歌诀来指导学生的行为：眼神跟着声音走、脑子跟着问题走、手放平，眼看前，耳听清、手定、心静、注意听、用你的小手告诉我你想说话、坐着要学大白鹅，挺起胸膛真精神。

孩子们一边背诵歌诀，一边检查自己是不是真正做到了，时刻地严格要求自己。通过互动小歌诀的方式来规范孩子的行为习惯在我的课堂中真正起到了事半功倍的效果。

我们学校的特色之一是小组合作，所以我将小组合作中会用到的小歌诀整理如下：合作围绕问题学，归纳梳理要牢记、合作学习声要低，不影响他人最为宜、如果他说得好你就夸夸他，如果他遇到困难你就帮帮他。

规范课间行为习惯的小歌诀还有很多呢，一起来听一听！下课后，同学们会大声说出这个歌诀：一换书包，二喝水，三摆桌椅，四方便。这句歌诀明确出孩子课间的正确活动，使学生的课间变得井井有条。类似于这样规范孩子课间行为习惯的儿歌还有很多——走路要学小花猫，脚步轻轻静悄悄、宽转弯，勿触棱，上下楼梯靠右行、楼道当中都有轻，说话轻，走路轻，上下楼梯靠右行。

这样的小歌诀简单易懂，语言简练，给低年级孩子们在正确的行为上指出了一条光明大路。

当然有人会提出这样的疑问，这小歌诀的效果怎么样？单凭这些说在嘴上的小歌诀就起作用了吗？我想告诉大家，这歌诀成功规范孩子行为习惯的背后离不开教师积极的、及时的评价。孩子说完儿歌，老师应该立即表扬那些真正按儿歌要求做好的学生，给予他们大大的表扬等，积极性评价还有很多方法，需要自己去摸索，但是请大家谨记，评价形式要多样，评价要及时，评价要具体。

四、研究结果

小歌诀的诵读、口令的强化帮学生们逐步建立起规范意识，有了这些小歌诀，老师的课堂没有多余的题外话，提高了教学效率，总能腾出更多的时间来指导学习；有了这些小歌诀，课堂上再也没有了啰里啰唆的教条，更多的是激励性的语言，让课堂的学习氛围更浓厚；有了这些小歌诀，学生边说边严格要求自己，让自己的听讲效率更高。真的是一举多得。

自从这些小歌诀走进了我的课堂，与以往的教学相比，我的课堂中少了一份急躁，多了一份温和；少了一份喧闹，多了一份安静；少了一张发脾气的脸蛋，多了一张时常微笑的脸蛋。而孩子们呢？从上课随便说话到懂得发言要举手，回答不乱抢，从注意力不集中到懂得眼神跟着声音走，脑子跟着问题走，从不会读书到知道读书有"三到"，心眼口，信皆要。从下课随便乱跑到懂得走路要学小花猫，脚步轻轻静悄悄、宽转弯，勿触棱，上下楼梯靠右行……孩子的进步太多太多了，看着孩子们一天天成长、进步，我感到十分地欣慰。

五、展望未来

这些小歌诀的确起到了很大的作用，在应用中当然也有很多不足的地方，在今后的教学中我会继续努力探索发现，不断完善自己的小歌诀以及评价方法。

（本文获丰台区第十四届论文评选三等奖）

第二节　通学生之统，序个体之性

刘美含

做人我承袭通天地之统，序万物之性的人生观念；作为教师，我秉承通学生之统，序个体之性的教育观念。学生看不到教育的发生，而教师的教育行为却实实在在地影响其心灵，使其能够充分发挥自身潜能。充分结合利用学校提倡的"五课堂"理念，从课内到课外、从校内到校外、从线上到线下、从理论到实践，便是好的教育。

一、故事案例

小邱同学，是班级里一名比较特别的孩子，说他特别，并非是指特别优秀，他的故事是个别案例。小邱在缺少关爱的家庭成长，妈妈从事销售行业，经常加班。平时没有空管教孩子，上学、放学都由阿姨接送。家长觉得平时忙亏欠儿子，所以在物质上尽量满足孩子的需求。学习用品买了很多，小邱同学却不当一回事，一点也不珍惜，笔头笔芯乱拆乱丢，随手搞破坏，一点也不心疼。平时一到学校就喜欢把书包往地上一摊，书本也不爱惜，乱涂乱画，他的座位周围总是乱糟糟一片。某天中午，有同学来找我说班里有位女同学在座位上哭得很伤心，我问明原因后得知，该女同学因没有借东西给小邱，课本就被小邱同学用铅笔乱涂乱画，还被撕掉了书的封面页，并且拒不道歉。事后我找来小邱进行谈话，询问他撕同学书时的想法及不道歉的原因，发现他认为破坏课本并没有什么，对于破坏书本的行为也感到不屑，他经常那样做，觉得只是小事根本没有道歉的必要，认为如果别人破坏他的课本，他就不会在意，认为女同学哭只是她自己小气而已。此事之后，我发现小邱个人行为习惯问题较为严重，须采取手段对其加以干预及正确引导。

二、原因分析

教育工作者应了解，每个孩子的个性不同，背景学养各异，施教时应针对个别差异，进行符合学生自身情况的教育教学工作。对于小邱这样平时较为缺少父母关爱，习惯不太好的学生，我认为对他进行全班的批评没有什么大的作用，相反和他敞开心扉，以关爱之心来触动他的心弦，倒是非常有用的。动之以情，晓之以理，用师爱去温暖他，用情去感化他，用理去说服他，并引导他从不同角度去理解父母，感受爱，从而促使他主动地养成良好的习惯。

（一）思想支配行为，以行为填补缺失

通过多次与小邱谈话交心，我发现他觉得撕书比看书更有意思，那唰唰的声音和各种颜色、各种形状的小纸条，要比那呆呆地捧着书莫名其妙地看有趣得多了。缺少父母的关爱就如同失去半个天空，生活中少了许多快乐。在小邱看来，破坏的过程可以给他带来快乐，用来弥补家庭生活中所缺失的爱与快乐。

（二）行为习得，环境使然

通过利用面谈、电话访谈的形式，我和她的父母进行了沟通，她的父母也认识到了他们在教育孩子时所存在的问题，孩子不爱护书籍，有时候也是父母造成的。孩子不爱护书籍喜欢破坏，部分原因是他看的图书激发不起阅读兴趣，或者效仿父母对书本乱摆乱放的行为。家长没有做到以身作则，平时自己看完的报纸、杂志、书本，乱放桌子上，或者发脾气时就乱撕报纸，导致孩子有样学样，认为不爱护书本是一种好玩的行为。

（三）"我"的存在，寻求关注

小邱平时较为缺少家庭的关爱，父母工作繁忙无暇看管，导致孩子感到自己不重要与不被重视，所谓会哭的孩子有糖吃，在小邱看来他便是要会闹任性，父母才会关注到他，唯有这样才会得到他所迫切需要的关心重视，在家里是这样，父母在他安静乖巧时置若罔闻，只有在一次次的任性破坏中，父母的视角才会集中在他的身上，在学校，去搞小破坏，同样是可以引起老师和同学们的关注的，大家的注意力都集中他的身上，这时的小邱才感到最为个体"我"的真正存在。

三、解决办法

"一把钥匙开一把锁"，每个学生的情况都是不一样的，因此我在弄清楚小邱的具体情况及其行为背后所潜藏的原因后，制订了相应行之有效的对策，因材施教，正确引导。对待小邱的问题，应采取潜移默化式的，要让他懂得我为什么不能这样做的道理，从理念上加以改变强化，只有明白了道理，才能使学生自觉地按照老师提出的要求去做，使小邱能够逐渐将"我要做"转变为"我应做"。

（一）课文教学促进思维转变，教育中的价值观渗透

课文"爱护书籍"中鲁迅从小爱护书籍的做法给学生树立了学习的榜样，是一篇很好的教育素材。在讲授这篇课文时，我针对小邱破坏同学课本这一案例，对所授课内容进行了一定的调整，行为习得，讲授中对学生们强化养成良好行为习惯的必要性与重要性，着重帮助小邱改变观念，纠正行为。我以问题导入新课，让同学们先谈谈自己对课文题目的看法，同学们基本都能正确谈理解，此时的小邱却显得不以为然，同学们的发言也没有引起小邱的注意，他并没有发言。

在课文教学环节，我采取以读为主，在读中感悟，读中理解的方式，使学生在品词赏句中，抓住人物爱读书、保存书、爱护书的好品质、好习惯，从而学习鲁迅爱书的精神品质和做事认真的态度。进而培养学生树立爱护书籍的意

识，从而能够在生活中主动爱护书籍。本课前我将课文中鲁迅爱护书籍的语句打印好，发给同学们，"鲁迅小时候很喜欢看书，每天晚上做完功课，就把书拿出来看。这时候，他总要先看看手干净不干净，然后才小心地一页一页翻着看。他看书的时候，弟弟可以在桌子旁边一起看，但不许动手摸书。"对于此段，集体朗读时同学们的声音富有感情，重点词语能够在读中加以强调突出，在叫小邱朗读时，为了让他能够体会课文思想，读出真情实感，我让几名同学先来朗读，通过小榜样的力量来带动他，在多次诵读跟读中，小邱的朗读语气已经由最初的单一平淡，渐渐转变为有情感地融入了，对课文内容他有了较好的理解，我感到些许欣慰。

在课文讲解过程中，我让同学们划下鲁迅对待图书的态度，分别发表自己的看法，引导学生以"鲁迅小时候，把书看得比什么都宝贵"为主线贯穿学文的始终。在品词析句，理解感悟课文内容时，引导学生抓住鲁迅爱读书、爱护书的事例来学习鲁迅爱书胜过财宝，胜过生活中的一切。使小邱和同学们从中感悟到我们应该爱护书，学会保存书，课堂中我多次提示小邱先认真倾听同学们对于课文的理解与看法，再让他来谈谈从鲁迅的行为中感受到什么，在发言过程中，从他的眼神中，我看到了希望。

学完《爱护书籍》这篇课文后，为了更好地引导学生们特别是小邱同学在今后怎样保护书，爱护书，课间我又找来几名同学，安排他们自行排演一个课本小话剧，来向全体同学进行爱护图书的宣传，而话剧的小主角，我则推荐由小邱来担当。

（二）课本话剧角色模拟，情景中塑造个体

促进学生发展，转变学生思维，在我看来须用好"五课堂"，利用学科间横向融合，从课内到课外、从理论课到实践课，思想与行为相辅相成，互为贯通。对于演话剧，同学们兴趣盎然。作为话剧小主角的小邱，在这一过程中逐渐感受到另一种形式的关注，是一种与他平时通过搞破坏所获得截然不同的正向关注。话剧的开始一幕，学生1正在书架处看书，与此同时，学生2进入图书馆，从书架拿了本书，一边走一边看，看了看觉得没什么意思，抬头一看此处正有一个书架（与此本书书架不同），便随意把手中的书扔在书架上，又随手从书架上拿了另一本书大摇大摆地走了（此时学生1也恰好转到此书架），看到此景，加快了脚步拿起那本书一看书名，想"这本书我好像见过"于是慢慢寻找着这本书到底应该在何处？当看到书架上有和它一样的书时，学生1立刻放松了紧蹙的表情，把书放回原位后才离开，此时屏幕出现"请爱护书籍 物归原位"的字样。我将话剧学生1的任务交由小邱同学来饰演，并对其能够饰演好这一角色予以大力鼓励，使小邱能够在话剧中通过所饰演角色的行为来促进自身观念的转变。

（三）关心从点滴处、友谊的影响力量

通过和小邱父母的多次交谈，感觉到父母平时工作虽然忙，陪伴孩子的时间少，但对于小邱的关爱却是不曾减少的，只是他们给予的并非是小邱现阶段真正所需要的。为了更好地帮助小邱，转变思想强化行为，我找来他的几位好朋友交谈，让他们课间多提醒帮助小邱，并由好朋友来向小邱传递父母其实是非常爱他的观念，并用他们自己的行动影响带动他。小邱在与他们学习玩耍的过程中，也能够慢慢改掉原来的不良行为习惯，强化其正确的思想行为。在学校带动同学们从小的事例中去鼓励他，使他的小小优点得到放大，让他深知自己的转变大家都看在眼里，提高他在老师与学生们心中的地位。对小邱每天的情况与转变，我进行了细致观察与记录。

四、实施效果

一个月左右，我收到小邱父母的信息，谈到小邱为父母制作贺卡的事情，文字间满是父母对孩子转变的欣喜与感动。由此小邱破坏图书现象所连带出的不良习惯已经有了很大程度的改善，那个曾被小邱破坏课本而大哭的小姑娘，后来与小邱成了同桌，经常互相帮助。不仅如此，有了老师同学们的爱与帮助，他的学习成绩也有了很大的提高，课上听讲也比原来认真很多。他的快速变化令我也很吃惊，多些关爱对于孩子来说竟是如此重要。在小学阶段，老师的督

促是十分重要的，学生良好习惯的养成不是一朝一夕的，在养成良好习惯的过程中，往往会出现反复现象，由此，教师平时的督促就显得更为重要，要通过经常性的督促检查，使学生在不断实践中养成自觉的习惯。

"问题"学生是教育中的一种现象，造成学生有"问题"的原因有学生自身、家庭、社会、学校多种原因，而攻克学生的"问题"需要教师付出真诚无私的爱与帮助，小邱成功转变的案例也同样说明了所谓真爱的种子，便是真爱的教育。只有在孩子的心理播撒爱的种子，方能看到真正的鲜花硕果。这种爱可以融化其冰封的心灵，产生向上的希望，也可以治疗心理问题与儿童心理疾患，端正人生坐标，确立正确的人生观念。

通学生之统，序个体之性，学生"问题"有其共性相通的方面，更有其个体之独特性，不可同日而语。施教须各因其材，探究学生"问题"表象背后潜在内核因素，小以小成，大以大成，予孩子以幸福的童年和充满光明的未来。

第三节　生活狭小却是书海

程　鹏

在我不长的教师经历中，很多的时候在过着每天如一的生活，上班下班，波澜不惊。而这静如湖面的生活里，总会遇到一些事情，激起涟漪，引发我对教育的思考。

如今的孩子们物质生活丰富，生活中是一家人的宝。过度的宠爱让他们的课余生活丰富多彩，却逐渐遗忘了最简单的课外生活方式——读书。读书与物质生活无关，它能丰富我们的精神世界，让我们通过文字，去认识这个世界，遨游在书的海洋，丰富我们的心灵。

暑期家访，因为是新班级的缘故，所以对班里的孩子都不太了解，家访的对象大多是按照学习成绩确定下来的。进行到最后一家小董同学的时候，天已经黑了，走到小区里的时候，小董同学的妈妈已经在楼下等候多时了，聊着说着，我们一同走进了小董同学的家。

五口之家，让这个不大的屋子略显局促，但在局促中，又是那么的温馨。从客厅走进卧室，每一个房间都摆满了书，桌子上是书，柜子里是书，就连沙发上也堆满了书，这真是一个书的世界啊！我不禁佩服起这一家子来。

而更令我意外的是，在我走进卧室的时候，我们的小董同学还在看书呢！虽然是第一次见面，但我对这一家人的感觉却是那么亲切。当我们坐定，爷爷奶奶为我们端来了水果，小董同学也为我们添上了热茶，这让我受宠若惊的同时，也非常的不好意思。"这一家人的待客是如此的规矩，孩子也和家人学到了很多啊！"我这样想着，开始了本次的家访。

在交谈中我了解到，为了孩子上学方便，所以一家人住在一起。母亲又担心爷爷奶奶会过分宠溺小董同学，所以一定要亲自照顾他。小董同学的妈妈说："我平常工作忙，孩子一直是爷爷奶奶带着，从小爷爷就让小董看书，家里的书都是爷爷给买的或者去图书馆借的，有时候写完作业，爷爷就和小董一起看。"爷爷的这个做法让我心头一震，在一般的印象中，爷爷奶奶都会非常宠爱孙子，注重好吃好喝惯着孩子不受委屈，对于读书习惯的培养很少重视的。祖孙三代人所传承的读书习惯，这真是难能可贵的。

正聊着天，小董同学对我说："程老师，这本书明天就要还回去了，可是我看不进去也看不懂，怎么办啊？"我拿过来一看，是一本章回体的长篇小说，内容也离生活比较远，再看看书桌上其他的书，都是军事科技类的，我也就明白了。原来，我们的小董同学对于军事科技类比较感兴趣，所以读得快，而对这种章回体的长篇小说接触的比较少，一时间不知道从哪里开始理解阅读，所以提不起什么兴趣，于是我对他说："读这本书你不能着急，要一点点看，先从文章的内容简介开始，熟悉了主要人物，看看他们经历了什么故事，再去仔细阅读每一章回的内容，这样的小说在叙事上一般都是环环相扣逐渐深入展开情节，一点一点地抓住读者的内心，让你随着故事的发展而欲罢不能的阅读下去，让你有一种身临其境的感觉，"我轻轻拍了拍小董同学的头，"看书要慢慢来不能着急。"听我说完小董同学挠挠头，想了想，恍然大悟，于是又开始捧书阅读……

家访结束，小董同学的妈妈把我们送下了楼，走到小区口的时候，我下意识地回了下头，却看到小董同学的妈妈还在楼下望着我们。

回来的路上我就在想，我们一直追求的好家风，好家教其实不就是像小董同学一家人一样，一点一滴的培养吗？

家访时，妈妈的礼貌待人，离开时"送君千里"，爷爷带着孩子以书为友，这一切的一切都让孩子看在眼里，如同那潺潺的溪水悄无声息地影响着孩子的思想与行为。从而教会了孩子待客之道。家长的言行举止，潜移默化的教育了孩子，把孩子塑造成一个爱看书懂礼貌的人。这样的习惯养成，会伴随他的一生，让他一生受益。

新学期开始，小董同学读起了他之前不感兴趣的长篇小说，下课的时候，总能看到他兴高采烈地为同学们讲述书中的故事，深受大家的喜爱。在课上，他的思维越发地活跃，还能运用读过的书中知识融会贯通课堂上的新知识。这一切都让他从中体会到了成就感，更激发了爱读书的兴致。

刘禹锡说"斯是陋室，惟吾德馨"，一个人拥有什么样的品质，与他居所的大小并无关系，而和他所居住的环境却有着很大的关系。案例中的小董同学家中，到处是书，可谓是"书的海洋"。在他的家中，床可以放在阳台，休息可以坐在床上，但书柜里的书、沙发边的书还有书桌上的书都是整整齐齐的。这显现的是一种读书的态度，这一家人对于读书的热爱深深地影响着小董，让他从小就在"书海"中遨游，让他爱上了读书，培养了爱读书的好习惯。

同时，就像阳台的床，和那屋中的书桌。爷爷说："家里住得再挤，也要让孩子有个安心学习的地方。"家长对于学习的重视超过了物质生活的需求，在这种观念的支持下又怎么不会教育出一个谦恭有礼、规规矩矩的好孩子呢？

第四节 "高门槛"家庭中的孩子

许 明

【背景】

每一位孩子的成长都是家庭教育与学校教育共同作用的结果，长期以学校为基地的锁闭沟通方式，并不能很好地适应这个多元化的教育形式。而且这从很大程度上，既影响了家庭对学校教育的认识，也影响了教师对学生的全面了解，使得教育效果滞后，事倍功半。因此，我觉得家访便是班主任工作中的一项重点内容。走进家庭，了解孩子背后的故事，应该成为多元教育形势下的一门必修的沟通艺术。通过家访，无论是家长还是学生都给了我极大的感动与震撼，这些远远超过我在课堂上、在办公室里所能了解和想象到的。

在这个学期，我们年级重新分班，由此我便注意到了这个之前鲜有接触的孩子。小王同学是个瘦瘦小小的男孩子，性格也比较内向，很难被老师注意到。不夸张地说，可能教过他一个学期的老师都对他没什么印象。但从期末考试来看，小王同学无疑是个学困生，数学考试成绩不及格，语文和英语成绩也很不理想。我不禁产生了好奇，这是什么原因呢？借着家访的机会，我走进了他的家庭。

【故事】

23 号下午，我和小王的妈妈约好了时间进行家访。但因妈妈还未下班到家，只有小王和姥姥在家，我只能按照妈妈发来的地址独自寻找。他家离学校有一定的距离，我捂住口鼻穿过尘土飞扬的小路，走到了一片棚户区。万万没想到，一排一排的平房旁边，满是露天堆放的生活垃圾，污水横流，这不得不让我和副班老师走得小心翼翼。由于没有门牌号码，更是给找到他家带来了诸多不便，我们只能边走边喊着小王的名字，终于听到了小王姥姥的回应声。寻着声音，我们见到了刚刚走到门口的小王姥姥，那是个胖胖的老人，很是热情，急忙把我们迎进屋里。还没进屋，我就又迎来了一个挑战，面对足足到我膝盖位置的水泥门槛，我不禁一愣，问道："这门槛怎么这么高？"小王姥姥忙解释道："嗨，这不是雨季了吗，我就自己砌了个门槛……这片儿地本来就低，屋里年年下雨遭淹，'7·12'大暴雨那年啊，屋里的水都快淹到胸口了，家具电器全完了！"一时间我甚至不知道该如何接话，只得默默地跟在小王姥姥身后，走进里屋。

简单环顾了一下屋内的陈设，极其简单。两张铁床，一张折叠桌，在快到房顶的位置有两扇小小的窗户，窗前还有几盆很好养活的绿植。屋里基本不进光，只能长时间开着灯。小王坐在一张小椅子上，专心地盯着那台老旧的电视机，看到我们来了，他显得有些局促紧张。我迎上去，跟他打了个招呼他也并未作声，悄悄地站在了姥姥的身后。姥姥拿来了两张小马扎，招呼我和副班老师坐下，这时小王拿来了两瓶冰凉的北冰洋饮料和两个玻璃杯，不禁让我心头一暖，心想："别看这孩子话不多，可还真懂事！"于是我便听姥姥讲起了小王家的故事。

原来小王是个单亲家庭的孩子，很小的时候父母便离异了，小王跟着妈妈和姥姥生活在这简陋的小平房里。姥姥和姥爷也因为性格不合分居多年了，这房子是姥爷单位分下来的职工宿舍。小王的妈妈是一家公司的出纳员，也是家里的顶梁柱，每天朝九晚五挺辛苦的，一家三口在这里勉强维持生活。而小王的亲生父亲也另外娶了妻子。再说小王，那张又小又矮的方形折叠桌既是他的书桌也是全家的饭桌，可以说这样的环境真的不适合学习。性格沉默内向的小王，偶尔去亲生父亲家里也会遭人冷眼，总是自己默默地吃饭、默默地看电视。也因为没有同学住在这样的地方，姥姥又不放心让他出去玩，整个假期他都待在家里不出门，每天睡醒看会儿电视，就被姥姥催着写会儿作业，中午吃完午饭迷瞪一会儿，醒来再写会儿作业，然后再去看电视……这样百无聊赖的生活简直是我无法想象的，更别说一个不满十岁的孩子！这时，小王的妈妈下班回到了家，从妈妈口中我还得知，孩子看电视的时候总会跟电视里的人物对话，跟着情节起伏而开心或者难过，不难看出这孩子该有多孤独！而令我意想不到的是，因为幼时小王的脚被卷在自行车轮子里而受伤，导致孩子现在非常胆小，感冒时嗓子痛都会让他吓得整宿整宿不敢睡觉，生怕自己会在睡梦中因为喘不过气而死。我不禁心痛，这该是怎样一个可怜的孩子啊！小小年纪的他究竟承受着多大的苦！

想想在学校的小王虽然没什么朋友，但也从不招别的同学讨厌。即便成绩很差，但他总是默默地做着自己的事儿，安安静静地上课、悄悄地捡起地面的垃圾、轻轻地跳起来擦黑板……仿佛他生活在自己的小世界里，从不打扰别人。他是那么懂事，总是在我们都不留神的时候就打扫好班级卫生。

【措施】

教师的任务并不仅仅是促进学生智力的发展，还要促进孩子社会性和人格的积极健康发展，包括从小拥有积极的社会情感、态度，具有初步的社会交往能力，良好的同伴关系，活泼开朗、积极愉悦的性格。学生社会性、人格的发展是其全面健康发展的重要组成部分，是其成长的核心内容，并且对促进认知和智力的发展至关重要。因此，积极促进每一个学生社会性、人格的发展，进而促进全面健康的发展，是教师不容忽视的重要责任。

于是我下定决心要帮助他。在这一过程中，家长的配合是必不可少的。家长是孩子的第一交往对象，我建议家长要尽可能多的陪陪孩子，还可以带孩子进入自己的社交圈，让孩子观察成人的交往。最重要的是，要给孩子找几个同龄的玩伴，多到玩伴家去做客，于是我帮助他找了个学习上的"小师父"，还进行了简单有趣的"拜师礼"，让两个孩子在学习中增加交流沟通的机会。如此一来，慢慢地孩子就会知道怎样和小伙伴在一起相处了，从而提升孩子和人交往的能力。

【反思】

每个孩子的性格都是不一样的，但是我知道他们有一个共同的期盼，那就是对爱的渴望。孩子都希望老师像妈妈一样关心自己、重视自己。因此我要从课堂开始给孩子关爱，多关注他的点滴进步，并及时鼓励他，让他慢慢喜欢上我的语文课，也慢慢喜欢上我，从而慢慢对我打开心扉。要充分尊重和信赖孩子，乐于倾听，特别是遇到不如意的事情时，孩子更希望得到老师的鼓励和安慰。当孩子获得成功时，要及时地给他鼓励，给他一个微笑。当孩子遇到难题时，要适当引导，多提建议，尽量让孩子自己找到问题的答案或解决问题的方法，享受成功的喜悦。还可以在班级中建立帮扶小组，让小王同学时刻感受到来自伙伴的帮助与关爱。我们不能因为孩子的安静、成绩差，而漠视孩子的消极状态，放弃对孩子能力发展的培养。

美国著名心理学家詹姆斯说过："人性中最深切的本质就是被人赏识的渴望。"那些正在成长中的孩子们，他们更渴望被欣赏，更渴望被赞扬。因为赞扬会激起人的心志，会开发人的潜能。它能让人在逆境中看到曙光。这一点在儿童身上尤为突出，尤其是教师的赏识教育更具有一定的导向性，他们会把这种赏识化为一种无穷的巨大动力，产生一种积极的、强烈的心理冲动。因此，他们会尽自己最大的努力来投入到新的学习活动中。赏识教育应该关注学生的个体差异，尤其应该偏爱那些心理有障碍的、学习后进的学生。因为他们更珍惜那来之不易的赏识。因为，同样的一份赏识，对于学困生的价值体现远远超过了对于优秀生的价值。窦桂梅老师说过："哪怕天下所有的人都看不起你的学生，做老师的也要眼含热泪地欣赏他，拥抱他，赞美他。"一颗星星，一个赞许的眼神，一个期盼的目光，一句激励的话语，一颗等待的耐心，都将给学生们带来不可估量的动力。

第五节　今日表现我最棒，争做优秀小榜样

李　颖

有人说，一个好班主任就是一个好班集体。如果说每个孩子都是一颗小星星，我愿用真诚、热情为他们撑起一片挚爱的晴空，让他们各自闪烁出最灿烂、最动人的光辉！

【背景分析】

做班主任仅有三年，刚接手这个班时，说实话真的很愁，学生个性化强，自律能力差，课堂上有地上爬的，有跟同学吵架跑出教室的，有因为课间打闹把盆景砸倒、玻璃打碎、厕所门弄掉的……这是二年级的学生吗？这些学生该怎样教育？我在脑海里一直问自己。

【解决过程】

针对学生好动、精力充沛、喜欢玩的特点，再加上工作中家长的反映，语数英三科教师协同合作，改变常规的贴画、印章等奖励模式，尝试新的教育方式，以纠正学生自律能力差、心中无集体的不良习惯为目的，日常管理中设置了"今日我最棒"栏目。好习惯不是一蹴而就的，每天改变一点点，日积月累好习惯。"今日我最棒"的目的就在于强调从当堂课做起，用醒目的方式提醒学生把今天做好，进而逐日积累养成好习惯。

我在班级黑板的左侧设立了"今日我最棒"板块，每天，我会制定不同的榜样评比项目，如"听讲、发言、坐姿、写字"等，老师把一节课中表现突出的学生名字写在黑板上。对于那些平时捣乱不听讲的学生，还设立了"进步"评比。小组团团坐的合作式学习是我校的特色，为了促进组内团结、激发组间竞争，小榜样的评比不仅仅针对个人，还针对小组之间，每天还会评出综合表

现最棒的组。学生特别希望自己的名字写到黑板上，成为"今日我最棒"，因而会尽量规范自己。但有时候，学生一节课表现好但下节课放松了要求，他的名字就会被擦掉，这一举动更能调动学生的内心，从惩戒角度起到警示作用，因此名字已上榜的同学必须更加自律以免发生被擦除的尴尬。

每天教师会为小榜样发一张表扬信，以此鼓励学生，并且发到班级微信群中，让学生好的一面发扬光大，也让家长协同强化孩子的行为习惯。但简单的评比是不能满足这群孩子的。爱玩是孩子的天性，游戏激励对于他们的吸引力更大。每周五是榜样总结日，教师统计本周得到小榜样的个人和小组，组织榜样学生到外面活动。去操场上玩娱乐设施、在操场上"疯一会儿"、雪天时打雪仗、堆雪人……学生知道了自由和纪律是不可分割的，明白了认真学和放开玩的关系，同时，在活动中锻炼了身体，掌握了规则，懂得谦让，与同学和睦相处。

【实践效果】

时间久了，学生心中有了"今日表现我最棒，争做优秀小榜样"的意识。不知不觉，很多习惯在潜移默化中逐渐形成了。课堂上，他们知道要等同学发言完毕再张嘴；打饭时两位同学谦让得没完没了，这种在大人眼中看似很幼稚的行为，我心里却为他们高兴得不得了；冬天的楼门挂着厚重的帘子，每次课间操或体育课，前面的小同学都抢着为后面的同学和老师撑帘子，后面的同学从帘子里出来时为他们的付出表示感谢，走在队伍后面的我也被这种行为感染，不由自主地说了声："谢谢。"

冰心说："有了爱，就有了一切。"教育技巧的全部奥秘就是在于如何爱学生。不但要爱聪明、活泼、可爱的学生，更要爱差生、特殊生、顽皮捣蛋生，更要亲近他们，了解他们，热忱地关怀、帮助他们，挖掘他们心灵深处埋藏的优秀品质，激发他们的上进心。让每一个学生尽享教育的真爱。

第八章 启智

学生发展的方法与途径

【词目】启智

【拼音】qǐ zhì

【词意】启发心智。

第一节　神之民族魂与想象美，话其思维深与语言妙

——小学中年级神话主题教学的思考

王　薇

一、神之名——神话的定义

从文学理论的角度，对神话的定义有很多种。古春梅学者在《论中国神话的神性、人性与圣性》中说："神话是远古初民对周围世界自然现象和社会生活的解释，它用虚幻的想象和夸张手法，采取艺术的方式，反映人民战胜自然的愿望。"这段定义不仅说出了神话的起源，还说出了其文本特点。

在很多名师谈到神话教学中，我看到蒋军晶老师说的一句话，非常认同。从整个人类史来说，蒋老师认为远古时期其实就相当于人类的童年时期，在生产力极其低下的情况下，遇到很多自然问题，唯有靠天马行空的想象来解释。这段话带给我很大启发。从某种意义上来说，神话就是想象的产物，就是竭尽本事的夸张与想象。可以说科学是远古神话在实践推进中的一种延续，比如古有"嫦娥奔月"，今就有"嫦娥四号"登上月球；神话也可以说是远古时代人们的科学畅想，我们的民族神话中"盘古开天辟地"那一片混沌的景象，恰好就记录了有科学考证的当时发生的一次宇宙大爆炸。

再来看"神话"这个名字，它有丰富的内涵。"神"在于人物、力量、器具甚至于心中的感觉所体现的神奇性。而"话"则在体裁上体现了这是口头文学，是在口口相传中得以永生。好听、好记是它最突出的特点。

说到神话，还有一个词——传说，我们经常把它们放在一起说。可以说神话和传说都属于民间文学范畴，神话更多是人类早期关于神的故事，具有明显

的非理性色彩。而传说更多的是关于人的故事，是后世文人对传奇故事进行整理加工的作品，包含人间的行为原则，是神话的社会化、历史化。从这两个词的对比中，我们更加可以感受到神话主题的文学作品其神奇性的特点。

而再从整个社会发展史的角度来看，人类遇到了自然界中难以理解、难以解决的现象或问题，就用无边的想象力去寄托、记录，从而流传下来，可以说。每一个神话，都曾经是一次伟大的创造神话，神话之美不仅是神的美，更是人类的智慧之美。所以神话教学，品话是手段，悟神是目的，是推动人类社会前进发展的动力。

二、神之魂——神话的内涵

1. 虚化的语言，饱满的画面

神话创作的过程中，大都会体现出一个共同的写法——留白。我们读很多神话作品，都会发现，虽然神话有很多神奇的想象，但是对想象的描述不会特别细致具体，这既有口头文学的特点，同时也恰恰体现了用比较虚化的语言，来使读者能够运用自己的想象，去感受到更为饱满的画面。

比如京版教材中课文《女娲补天》中的这一部分：

五彩石找齐了，女娲在地上挖个圆坑，把五彩石放在里面，用神火进行冶炼。炼了五天五夜，五彩石化成了很稠的液体。女娲把它装在一个大盆里，端到天边，对准那个大黑窟窿，往上一泼，只见金光四射，大窟窿立刻被补好了。

五彩石究竟什么样子，把它们冶炼后又会怎样，任君想象。而"一泼"之后，金光四射，多么有冲击力的画面，散发着迷人的光芒。

2. 生动的形象，分明的个性

如果看到这一段文字："这个神没有头，把胸前的两个乳头当作眼睛，把肚脐当作嘴巴；左手握盾，右手拿斧。"你一定会脱口而出，这是刑天。如果再读到这样的描述："她是女仙首领，其状如人，豹尾虎齿而善啸，蓬发戴胜。"你眼前也一定出现了这位神——西王母。

可以说在情节人物比较复杂的神话体系中，我们可以发现每个神都有自己外形的特点，即使外形没有具体描述的，我们也能够在故事中感受到人物的性格各具特色。有爱音乐的神，有爱吼叫的神。总之在神话中我们可以生动地感受到他们的世界并不比人类简单，甚至更为多样与复杂，这与他们个性鲜明，各具特点是有密切关系的。

3. 瑰丽的想象，神奇的情节

神话充满着神奇的幻想和想象，故事情节生动离奇，夸张大胆；人物形象丰富奇特，有以人为基础的增减变形，有人兽结合体，还有动物的人化，大多神话英雄拥有高尚的道德情操和修养，是人性的极致。

比如京版课文《羿射九日》描写射日的段落。看到羿拉弓射箭，想象到他那勇猛的英姿，再联系他的目的是拯救在烈日中苦不堪言的百姓，像西方神话中盗取神火给人类带来光明的普罗米修斯一样，为了救人类于水火之中不惜以下犯上，这种抗争精神和悲壮忘我的精神令人敬佩。

4. 民族的文化，东方的审美

作为中华民族文化瑰宝的其中之一，神话作品中处处都有我们民族文化的烙印，需要我们细细品味。比如《羿射九日》中，君臣、夫妻、父子等人伦关系，这不正是我们的三纲五常；羿的神弓偏偏是红色，为什么？红色在中国文化中就有勇猛甚至暴力的象征，恰恰这种颜色就能体现他神弓的特性；而神箭是白色的，白色在我们的文化中代表着与丧事有关，所以这白色的神箭是要命的箭啊。

这些细节中处处渗透的东方文化与美感，都让我们更加沉醉于神话的美丽中。

5. 严谨的思维，清晰的逻辑

思维与逻辑听起来好像是西方的、数学的独有特点，但在我们的东方神话中，其实一点儿也不缺失。我们的神话故事看起来是一个个短小的篇章，但在整个神话宝库中其实是一个完整的体系，神与神之间有着千丝万缕的关系，他们之间发生的事情又对后世产生了深远影响。如果能够系统地梳理出东方的神族体系还是很有意义的。此外，对于语文教学来说，神话题材的文章是非常适合培养学生联想与想象力的，在此基础上借助讲故事，能够使学生有条理地生动表达，这对提升其逻辑思维品质很有益处。

三、神之用——神话的教学

（一）思考主要教什么？

基于前面对神话题材文本的认识，我认为在神话教学上应该从想象入手，来引导学生对文本进行反复研读。既要想象人物的神奇，还要抓住细节和空白之处来想象，最终再读文本，想象情境细节；精读文本，想象故事神美。

我们先来看看京版教材中神话主题的课文：二年级下册《女娲补天》、三年级上册《羿射九日》、三年级下册《夸父逐日》、四年级下册《大禹治水》。

从教材编排的特点上看，低年级神话情节、结构简单、人物单一，而高年级神话的情节、结构与人物关系则比较复杂。而且我们不难发现，中段恰恰是学习神话的重点阶段。

基于这样的教材编排，再来思考深化教学。如果是低年级，教学重点可能是生字、新词和构词规律，比如叠词，简单地讲故事。如果是中年段，就要引导学生关注文中奇特、大胆的想象，个性鲜明的人物形象，以及适当地写法。到了高年段，故事情节的发展与完整性、篇章结构是不可忽视的重点。

（二）探讨应该怎么教？

1. 多种策略，复述故事情节

各类版本的教材中对神话类课文，课后题要求大多都是有"讲故事""复述故事"，但根据大纲要求，每个年段复述应有所区别。低年级是"对感兴趣的人物和事件有自己的感受和想法，并乐于与人交流"；中年级能"复述叙事性作品的大意，初步感受作品中生动的形象和优美的语言"，"讲述故事力求具体生动"；高年级则要"阅读叙事性作品，了解事件梗概，能简单描述自己印象最深的场景、人物、细节"，"表达有条理，语气、语调适当"。

关于"复述故事"这一环节，梳理出大致的一些教学策略。

第一，抓关键词复述。教师在研读教材时要提炼出能够把握文章内容的词语，作为辅助提供给学生。可以是动词，也可以是时间先后的词语，还有可能是情绪态度变化的词语，总之根据这些词语，学生就能够把文章的内容基本梳理出来。

第二，想象画面复述。神话当中都会有很神奇的画面或场景，这些场景可以以图画的形式呈现出来，按照顺序排列帮助学生复述，也可以是动态的视频，要学生通过配音来把握文章内容，同时还可以激发学生的兴趣。

此外，中高年级就可以训练提炼重点句子，进行概括，梳理通顺从而用一小段话来进行主要内容的复述。还可借助一些图示直观形象地呈现，比如情节流程图、情节曲线图、鱼骨图、树形图等概念图的形式。

其中，三、四年级可以采用内容丰富一些的词语组块和情节流程图形式。词语也能呈现故事发展的主要环节，作为讲述的凭借，直接运用词语，会使语言更丰富，故事更生动。

如果是遇到有高年级的神话教学，五、六年级可以采用具有严密逻辑思维的概念图形式，可以绘制情节曲线图。用一波三折的情节曲线表现故事发展的波折，讲述者、听众的心情也会随之波动。

此外，适当的任务驱动，比一比赛一赛，小组合作后的展示也能激发学生复述课文的兴趣。

2. 分析人物，体认民族精神

神话对民族精神的体现往往集中在神话人物上，比如我们教师和孩子都很熟悉的神话：盘古开天辟地，为创造万物而献身，女娲创造人类，不辞辛苦，羿射九日，解救人类的苦难，夸父为寻找永恒的光明，道渴而死。这些神奇的人物身上，无不凝聚着中华民族引以为傲的民族精神。

比如我们讲授《羿射九日》时，抓住了人物的言行，进行角色对话。或者是从不同身份的角度去劝说十个太阳，或者是走进羿的内心，思考"为什么明明知道偷走了箭，却装作不知道？"通过创设情境，角色体验，并进行移情对话，深化情感体验，深层次地走进文本。

3. 补充材料，感受母题源头。

神话多以口头形式存在，经过长期的发酵、增补和交互影响而形成，在口耳相传过程中，神话故事会产生变异，同一个神话会出现多个版本，但贯穿于多种译文中的基本要素相同而又定型，使神话故事呈现出类型化特征。甚至不同国度，不同文化背景，在神话源头之初，也会出现类型化的主题、类型化的人物，比如"天地从哪里来"，不同国家关于宇宙之初的形象也极其相似，分别是鸡蛋、鸟蛋、石蛋、金蛋，这与先民所生活的地理环境、生产方式、宗教、习俗、心理、思维方式以及民族交流融合息息相关。此外，神话还呈现情节类型化特征，比如英雄神话，结构几乎是一致的，神话大师坎贝尔将其结构概括为"英雄的旅程"："英雄从日常生活的世界出发，冒种种危险，进入一个超自然的神奇领域。他在那儿跟各种奇幻的力量相遇，并且赢得决定性的胜利。然后英雄从神秘的冒险归来，带回来能够造福他的同类的力量。"

还有我们像《羿射九日》《夸父逐日》《女娲补天》《盘古开天辟地》等这类神话，我暂时想到一个主题，称它们为"救世神话"，它们也有一个共同的规律——人类遇到困难，请求神的帮助，神解决了困难。

神话表达着人们美好的愿望，诠释着真善美的主题，传承着优秀的民族精神和民族文化。这些主题蕴含在故事里，体现在人物形象上。阅读神话，就是要让流淌在孩子血液中的这些民族传统精神重新被唤醒，得到继承。

神话是诸多文化现象的源头。仅仅依靠教材的神话类文本本身，显然是不够的，所以在必要的时候，可以简单利用相关材料加以补充，感受主题文化的魅力。

总之，文化、思维、语言、审美，从这几方面来思考我们的深化教学的话，相信在核心素养的大背景下，大家都能有自己的些许收获，会让我们的神话教学更有深度，更有魅力。

（发表于国家核心期刊《中国教育》2018.03）

第二节　理性单元重构　落实核心素养

曹梦媛

一、引　言

（一）课题的提出

1. 在 2017 年新修订的《数学课程标准》中提出：数学是人类文化的重要组成部分，数学素养是现代社会每一个公民应该具备的基本素养。作为促进学生全面发展教育的重要组成部分，数学教育既要使学生掌握现代生活和学习中所需要的数学知识与技能，更要发挥数学在培养人的理性思维和创新能力方面的不可替代的作用。

2. 教育部 2014 年发布《关于全面深化课程改革，落实立德树人根本任务的意见》的文件，提出了核心素养以及学科核心素养。课程标准把数学核心素养定义为"学生应具备的、能够适应终身发展和社会发展需要的、与数学有关的思维品质和关键能力"。

3. 史宁中教授认为："培养一个孩子，这个孩子可能未来不从事数学，那培养的终极目标是什么呢？终极目标就是学会用数学的眼光观察现实世界，会用数学的思维思考现实世界，会用数学的语言表达现实世界，眼光、思维、语言，在讲课的过程当中，在备课的过程之中，这个是很重要的，我认为是终极目标。"

如何设计教学才能让学生真正"学会"，如何设计教学才能让育人价值"发生"，如何设计教学才能让核心素养"落地"？科学、有效、合理地进行单元教学设计是落实学科核心素养的有效途径之一。

（二）传统教学模式与单元整体教学方式对比

1. 传统教学模式

在传统教学模式影响下，教师们备课时更多的是关注知识点。大家会根据每一课时的具体知识点进行研究，确定教学目标以及重难点，然后再进行单独的一节课的教学活动设计，来帮助学生突破重难点。这样虽然能让学生学会每一节课的知识，但是无形中已经把知识打散。单元整体知识具有一定的内在联系，如果教师缺少关注知识之间的内在联系，那么这样的教学设计自然会影响学生对知识的理解和掌握。小学数学具有一定的逻辑性，小学生认知水平有限，这种教学模式不利于帮助学生建构知识体系，不利于培养学生的数学思维。

2. 单元整体设计

近年来，由于课程改革不断地深化，我的思考也更加深入。数学学习逻辑性、抽象性较强，但是小学生认知水平和组织能力有限，在学习新知识时只能借助于已有的"前概念"，零散的学习让学生因数学知识的抽象性而难以理解，这不利于学生对知识的理解和吸收。

那么，这就需要我们以单元为整体进行教学设计，以单位为整体对教学活动做出总的"战略部署"。单元是教师设计教学的基本单位，只有站在单元整体的高度，审视教学内容，依据学情确定教学起点，设计教学活动才能解决"单一课时设计"教学中知识分割的问题。

单元整体设计是有连续性、逻辑性的，在设计过程中应该明确教学主线，确定适合的教学方法，设计符合学情的教学活动，重视思考学生的发展点和提升点。整体的进行综合思考，有助于提高教学效果，实现教学目标，从而最终真正将学科核心素养落到实处。

二、研究过程

（一）研究方法

1. 抓住素养的魂

数学核心素养就是小学数学教学的灵魂，在单元整体教学设计时，不能只关注知识点的教学思考，要以培养学生数学思维，提高学生数学能力，发展学生核心素养为主线进行思考。

所以作为一名教师，应该有意识地在设计数学知识和技能教学时，体现和培养学生的核心素养，充分提高学生学数学、用数学的能力，为学生的终身学习与发展打下良好的数学基础。这样，教师才不愧为"人类灵魂的工程师"。

2. 剖析学生的学

学生是学习的主体，不管怎样进行设计，最终的服务对象都是学生。因此，在单元整体设计时，要充分考虑学生的年龄特点以及学生学习数学的特点。整体构建单元教学时，要以学定教，根据学情确定教法，为了"学"设计"教"。要符合学生的认知规律和心理特征，要满足学生的学习需求，帮助学生突破学习的障碍点。

3. 钻研教学的法

作为一名新时代教师，我们要有创新的意识，充分发挥自身的创造精神，敢于为了学生而进行创造性的教学设计。尝试转变教与学的方式，综合利用各种教学形式和教学策略，对教学单元进行统筹整合，突出数学内容的主线以及知识间的关联性，以达到优化教学效果的目的。边教边反思，边教边调整，让单元整体设计"动"起来，在调整中完善，以实现数学核心素养的培养与学科教学的完美结合。

（二）具体落实

我在理论学习的基础上，理性地将单元进行重构，力图落实核心素养。下面就以五年级《多边形的面积》这个单元为例说明。

1.教材整合的思考

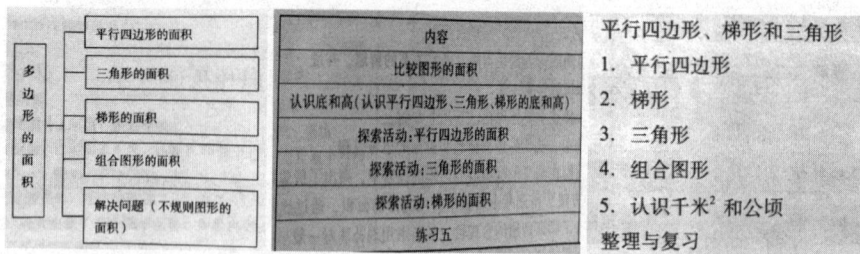

图 8-2-1　各种版本教材整合（人教版、北师大版、北京版）

人教版：先将多边形的认识分散在不同册里进行了教学，然后在五年级集中学习了面积的计算。这样的安排可以使多边形这一部分知识的学习更加系统，让知识之间的联系更紧密。

北师大版：考虑到底和高在平行四边形、三角形和梯形的面积计算中的重要作用，专门安排了一节认识底和高，然后系统地探索了多边形的面积。

北京版：在五年级上册分别将每个图形的认识与面积放在一起教学，这样安排可以让学生对每一个图形的认识更深刻，但是知识点比较多，也很零散。学生对于数学思想的把握会比较分散，也不便于找到图形间的联系。在学习的过程中，不利于思维的延续。

小学儿童思维的主要特点，是从以具体形象思维为主，逐步过渡到以抽象逻辑思维为主，但他们的抽象逻辑思维，在很大程度上仍然直接与感性经验相联系，仍然具有很大成分的具体形象性。

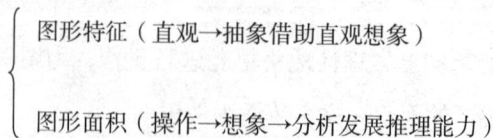

图形特征（直观→抽象借助直观想象）

图形面积（操作→想象→分析发展推理能力）

图 8-2-2　教材整合契合学生认知特点

由于认识图形的特征与推导图形的面积两部分内容思维方式不同，所以我将北京版教材进行了整合。希望能结合现实情境帮助学生经历由实物抽象到直观的过程，先认识图形特征。再通过动手操作活动，在观察、想象、比较、综合、抽象分析的过程，引导学生推导面积计算的公式，遵循儿童的认知规律。

从而达到发展空间观念，提高推理能力、培养创新思维能力的目的。

教材整合后，教学内容分成以下三部分：

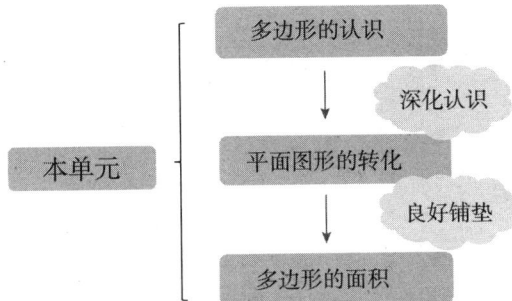

图 8-2-3　教材整合后的教学内容

先系统学习三种图形的认识，再集中学习多边形面积的计算，教学内容也改为先研究三角形的面积，再研究梯形的面积。中间设计一节平面图形转化的课，作为纽带，既能深化学生对图形的认识，也为后续面积计算的学习做良好铺垫。

2.教学内容的优化

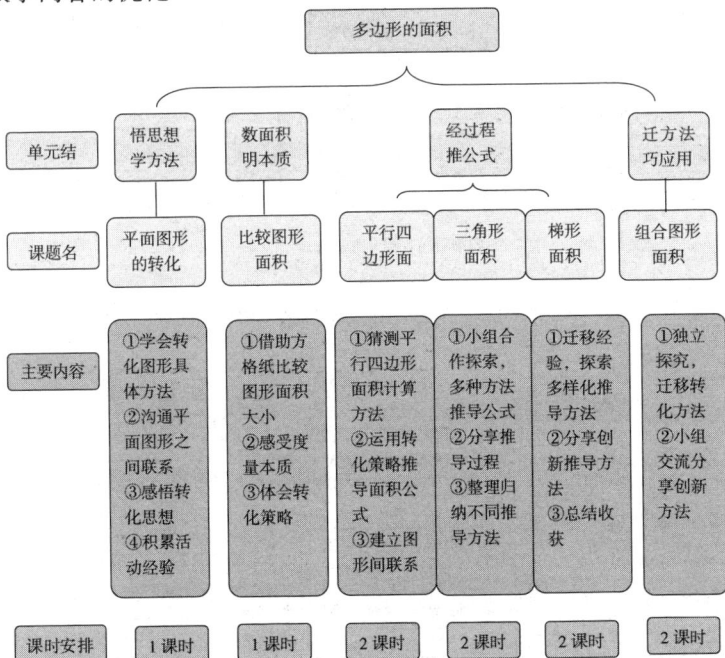

图 8-2-4　教学内容优化结构图

3.教学单元的整体设计

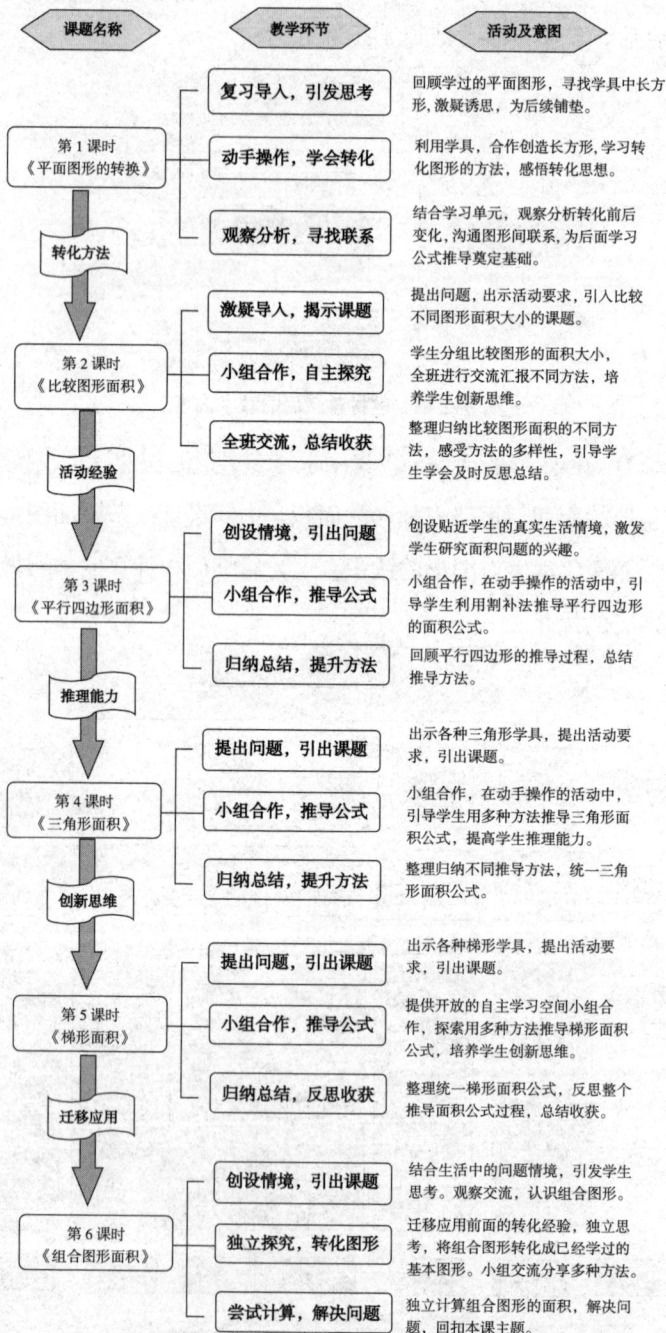

课题名称	教学环节	活动及意图

第 1 课时《平面图形的转换》

- 复习导入，引发思考 — 回顾学过的平面图形，寻找学具中长方形，激疑诱思，为后续铺垫。
- 动手操作，学会转化 — 利用学具，合作创造长方形，学习转化图形的方法，感悟转化思想。
- 观察分析，寻找联系 — 结合学习单元，观察分析转化前后变化，沟通图形间联系，为后面学习公式推导奠定基础。

转化方法

第 2 课时《比较图形面积》

- 激疑导入，揭示课题 — 提出问题，出示活动要求，引入比较不同图形面积大小的课题。
- 小组合作，自主探究 — 学生分组比较图形的面积大小，全班进行交流汇报不同方法，培养学生创新思维。
- 全班交流，总结收获 — 整理归纳比较图形面积的不同方法，感受方法的多样性，引导学生学会及时反思总结。

活动经验

第 3 课时《平行四边形面积》

- 创设情境，引出问题 — 创设贴近学生的真实生活情境，激发学生研究面积问题的兴趣。
- 小组合作，推导公式 — 小组合作，在动手操作的活动中，引导学生利用割补法推导平行四边形的面积公式。
- 归纳总结，提升方法 — 回顾平行四边形的推导过程，总结推导方法。

推理能力

第 4 课时《三角形面积》

- 提出问题，引出课题 — 出示各种三角形学具，提出活动要求，引出课题。
- 小组合作，推导公式 — 小组合作，在动手操作的活动中，引导学生用多种方法推导三角形面积公式，提高学生推理能力。
- 归纳总结，提升方法 — 整理归纳不同推导方法，统一三角形面积公式。

创新思维

第 5 课时《梯形面积》

- 提出问题，引出课题 — 出示各种梯形学具，提出活动要求，引出课题。
- 小组合作，推导公式 — 提供开放的自主学习空间小组合作，探索用多种方法推导梯形面积公式，培养学生创新思维。
- 归纳总结，反思收获 — 整理统一梯形面积公式，反思整个推导面积公式过程，总结收获。

迁移应用

第 6 课时《组合图形面积》

- 创设情境，引出课题 — 结合生活中的问题情境，引发学生思考。观察交流，认识组合图形。
- 独立探究，转化图形 — 迁移应用前面的转化经验，独立思考，将组合图形转化成已经学过的基本图形。小组交流分享多种方法。
- 尝试计算，解决问题 — 独立计算组合图形的面积，解决问题，回扣本课主题。

图 8-2-5　教学单元的整体设计图

三、研究效果

1. 教师理论水平提高，研究意识增强。通过课题的深入研究，教师观念发生转变，教学方式发生转变，增强了创新教学的主动性，提高了落实核心素养的意识。随着理论认识水平不断提高，课改科研能力也明显增强。

2. 学生学习完整个单元的内容后，留在脑海中的不是分散的知识点，而是建立了完整的知识体系。学生有意识地用数学方式进行思考，数学思维水平与数学学习能力有进阶性提高。

3. 经过教师在研究中不断地摸索、总结、提炼，再回到实践中加以验证，初步形成有自身特色的系统性学习课堂教学模式，并仍在不断地完善，以求形成一个较稳定的科学的课堂教学模式。

综上所述，作为基础教育的数学教学，在研究教学方式时，应该结合学生的年龄特点和数学学科的特点，重视知识间存在的联系、重视对育人价值的渗透，理性地进行单元整体设计，让核心素养的培养"落地生根"。

（北京市首届教师"基本功与智慧"教育教学研究成果征文一等奖）

第三节　自然拼读引领下的绘本教学研究

孙宏志

《中国中小学生英语分级阅读标准》（实验稿）中提要出要培养学生的阅读素养，并提出阅读素养的框架，从阅读能力和阅读品格两大方面，六个维度，二十个要素明确了阅读培养的方向。从框架中可以看到，学生阅读的最终目的是养成阅读兴趣并形成阅读能力，而解码能力是学生阅读能力的基石，当学生具有了音素意识、拼读能力，就开启了阅读的第一步。

笔者所在的团队一直在进行基于绘本的自然拼读教学研究，在以往的课例中，团队教师均基于绘本聚焦一至两个音素进行学习，但与此同时也发现学生学习了很多字母或字母组合的发音后，却很少有系统运用这些音拼读的机会。那么"如何让学生运用自然拼读实现自主阅读，从而提升阅读素养"就成了新的研究方向。

基于此，笔者进行了新的尝试，在市、区专家的指导下，团队老师的帮助下开展了自然拼读引领下的绘本教学研究，下面将以大猫自然拼读阅读一级2《Sam and the Nut》一课为例，介绍研究思路。

一、课例分享

绘本讲述的是小松鼠 Sam 通过自己不懈努力最终得到了心爱的坚果的故事。该绘本语言结构相对简单，大部分单词都是 CVC（元音字母的闭音节发音）类型的单词，绘本中涉及的元音字母包括 a, i, o, u，单词如：top, mud, tap, kick, nip, pick up 等。这些单词对于学生而言虽然是新词，但可以运用自然拼读法进行解码从而朗读。

本课的授课对象为二年级学生，他们在之前的学习中已经学习了元音字母 a, i, o, u 在 CVC 单词中的发音，并在常规教学中开展了一年的拼读学习，因此本课采用学生尝试读、教师引导读、听读等方式让学生有时间和空间进行尝试，以实现自主阅读。因此本节课的目标为：学生可以自主运用自然拼读进行阅读，理解故事，并最终实现流利朗读。为实现目标，本课进行了如下的设计：

课前：Chant 复习，练习拼读。

教师播放之前学习字母发音时所唱的有关 a, i, o, u 的小韵文，如，

at at at,

fat fat,

The cat is fat.

课前通过 Let's chant 活动，进行热身，目的是复习已学短元音发音，同时进行拼读训练。

课中：

本课共分为 Pre-reading，While-reading 和 Post-reading 三个环节。

Pre-reading 环节：

（1）Spell and Act. 学生拼读动物词汇 bug, rat, cock, chick 并进行模仿，具体操作如下：课件依次呈现字母 r, a, t，学生随即发出字母音，再拼出该单词，拼出后用动作表现出相应的动物，学生表演时出示相应图片进行验证。

学生在说唱活动中回顾了已学发音，并积极尝试拼读 PPT 中的单词。当学生听到标准的发音与自己的尝试一致时，学生的自信心和拼读能力都得到了加强。学生有意识的自主拼读，为后续的自主阅读做了有效准备。

（2）看图猜动物，导入新课。出示模糊的松鼠图片请学生猜测后，就松鼠的习性展开交流，导入新课。

While-reading 环节：

（1）观察故事封面，激发阅读兴趣。

课件呈现完整封面（如图 8-3-1），通过 What is he doing? Can you do it like him? What's his name? How do you know that? 等问题，引导学生关注封面信息，预测故事内容，同时宣布奖励机制，表现好的学生将得到印有字母的小坚果作为奖励。

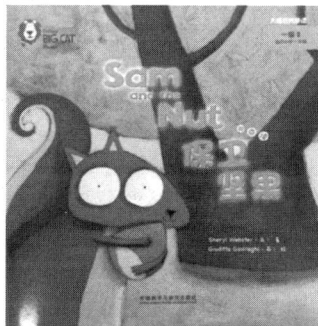

图 8-3-1 故事封面事例

（2）故事片段一（2—7 页）自主排序故事，尝试阅读故事。

教师分发给每组学生一套未标注页码的 2—7 页散乱的绘本图片，绘本内容呈现了小松鼠 Sam 通过爬树、轻拍、踢等尝试希望得到坚果的过程。学生阅读每页的内容，并根据自己的理解排列图片顺序，形成自己的故事。排序后，学生小组内讨论并运用拼读尝试朗读绘本内容。之后，学生以小组为单位展示故事。最后，利用实投，师生共同阅读原版的绘本内容 2—7 页，了解故事内容。

学生在排序过程中，初步感知和理解语言并依据理解形成自己的故事。为了能与小伙伴交流、讲述自己的故事，学生们积极拼、主动读。像这样为理解和表达而主动拼读的活动，将拼读能力与阅读理解巧妙地结合在一起，提供给了学生因需而拼、拼促理解的阅读活动增加了学生自主的阅读体验。在展示环节，以小组进行表演让学生更加的自信与大胆，同时通过展示使教师了解学生的拼读情况，并进一步指导与帮助。

（3）故事片段二（8—13 页）学生阅读绘本，表演体会情感。

教师呈现绘本第 7 页，坚果掉在地上的一幕，同时出现猫、狗的叫声，请学生预测故事的发展之后，自主阅读绘本。然后，师生就故事情节进行交流，重点体会 Sam 从 sad 到 mad，再到 happy 的情绪变化，并进行表演。

先预测后阅读的活动设计，增强了学生的继续阅读的好奇心，而阅读理解后的交流和表演又促进了学生主动拼读绘本的语言，提高了学生拼读的积极性和有效性。

Post-reading 环节：

（1）听读故事，梳理板书

学生跟读录音，然后师生共同梳理板书，学生将关键词与故事图片匹配（如图 8-3-2）。

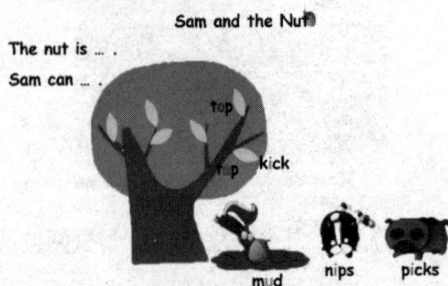

图 8-3-2 关键词与故事图片匹配

（2）绘本配音，语言输出

学生观看教师自制故事视频后四人一小组进行配音练习，之后以小组形式为绘本视频配音。

为绘本配音的设计有利于持续保持学生的阅读积极性，同时检测学生运用拼读朗读的效果。

（3）总结奖励，听音找词并分类

学生根据所得坚果的数量总结自己本课的表现，同时教师鼓励学生将坚果送给 Sam。赠送的方式为：教师或学生随意说 CVC 单词，有相应词的小组可以将可拼出该词的坚果送给 Sam。在赠送时，根据 a, i, o, u 发音帮助 Sam 分装到四个篮子中。

送坚果给 Sam 的活动设计，让学生始终在故事的情境中，有利于学生整体感知与学习。分装坚果的活动设计，不仅增加了学习的趣味性，而且帮助学生从感性认识提升至理性梳理，为之后更好地运用拼读做准备。

二、课堂效果：

本节课学生的学习积极性较高，从课堂伊始需要教师提醒运用拼读到课中自主运用拼读，完成了部分目标。在小组展示环节中，学生并不能流利朗读，通过分析笔者发现，绘本中存在大量无法运用自然拼读解码的视觉词，因此没有达成流利朗读的目标。

三、启示与反思

（一）兴趣是学习的原动力

语音教学不是一件容易的事，一定要有意义、有趣味。因此，如何发挥学习者的主观能动性使其融入课堂，是课堂设计者必须要考虑的问题。本节课为激发学生兴趣主要设计以下几个方面：首先，课堂活动形式多样，激发学生学习兴趣。二年级的学生喜欢活泼、多样的活动，偏爱动手、动脑的形式。因此，从热身活动，到自主排序，小组展示再到听音找词、将坚果送给主人公，均为这样的活动。其次，参与活动体验不同兴趣。学生在热身活动中感受到模仿的兴趣；在自主排序和听音拼词的活动中体验到自主思考与探索的兴趣；在小组分享与展示的环节，体验到表达与交流的兴趣；在单词分类活动中，因为创设了帮助小松鼠的情景，学生在活动的过程中又体验到了助人的兴趣。这些不同方面的兴趣从浅层次的对形式感兴趣，到深层次的成就感的体验都有涉及，这些兴趣会让他们真正体验到学习的乐趣从而投入更多的精力去学习，以此产生源源不断的学习动力。

（二）绘本情境是拼读学习的基石

有研究表明，学生最好在 9 岁以前系统学完自然拼读课程，而小学低年级学生思维方式以形象思维为主，所掌握的概念大部分为具体的、可以直接感知的。因此独立的学习自然拼读不符合学生的认知特点，不论是音素的学习还是拼读的应用都应在一个大情景中进行，将抽象的规律与内容以故事为载体进行学习与应用。

本课的读中、读后环节均在故事的大情境下完成：读中的排序环节，学生是运用自然拼读来阅读故事，完成故事的理解并排序；在绘本后半部分的自读环节，学生依旧基于绘本运用自然拼读进行阅读；在读后的听音选词活动，教师巧妙地设置了将坚果送给小松鼠的任务，延伸了故事的情境，让学生仍处于绘本的情景下完成拼词与分类练习。将理性的拼读运用放置于感性的绘本故事中，更有利于学生的学习与运用。学生会在理解故事时自然而然地学习与运用，真正做到在故事中学，在故事中用。

（三）显性学习是拼读学习的助推器

美国认知心理学家 Anderson 认为学习分为三个阶段，分别是认知阶段，联想阶段和自动化阶段。自然拼读教学的目的是学生可以自动且快速地进行单词的解码与认读，也就是学习中的自动化阶段。

在以往团队的课堂中，教师都是基于绘本进行音素的学习，也就是认知阶段的学习。从认知阶段向自动化阶段转变必不可少的是中间的联想阶段，也就是操练与运用的阶段，本节课则是在这一理念下进行的尝试，让学生有意识地进行操练和运用。热身阶段，教师明确提出拼读要求，让学生有意识地进行单词拼读；在绘本排序环节，教师通过问题和要求引导学生关注文本，自主拼读句子；绘本后半部分的学习阶段，学生已经可以自主运用拼读尝试阅读，且不需要老师的提示。这种学习方式类似于语法中的显性学习，即学生通过有意识的操练与运用达到熟练的程度。当然，在我们日常的英语课堂中，也是存在拼读运用的，但是其运用多是在遇到新词时由老师引导进行。在此过程中，学生一直处于被动思考的阶段，并不能有效增强自主拼读的意识与提高自然拼读能力。而显性学习则显性的帮助学生理解发音规律及拼读规则，并有意识地进行运用和表达。在显性学习时也可设计不同程度的活动，如热身环节是有意识的、机械性的拼读单词；读中环节的排序则是通过教师的任务设置引导学生自主拼读；在绘本后半部分的学习时，学生则不需要提示主动进行拼读。通过显性学习，笔者发现学生自主拼读的正确率提高了，拼读速度也有了提升，可以说确实有效地提升了学生的拼读意识，让学生使用起了自然拼读。因此，在学习自然拼读时适时的加入显性学习，可以帮助学生更好、更快地掌握、运用拼读。

（四）高效设计是自然拼读学习的保障

一节课的时间是有限的，因此要在1~2节课中既学习绘本内容深入理解，又发展拼读能力，就需要教师的高效设计。在设计活动时，教师要进行深入的分析和思考，力争将活动的效能最大化。

在本节课的设计上，绝大部分活动都承担着2~3个目标：热身环节的拼词模仿活动，学生既动起来对课堂产生兴趣，积极融入，又练习了拼读的能力；排序活动，既可以让学生关注到语言，运用拼读又可以发展学生的思维；本课的奖励机制既鼓励同学保持学习兴趣又在课程结尾进行拼词练习，同时起到了情景连接的作用，让学生始终在绘本的大情景中学习。在这样的活动中，学生不仅产生了兴趣，发展了思维，同时提升语言的学习与运用能力，实现高效。

（五）视觉词是自然拼读的好伙伴

在本节课的学习中，学生可以自主运用拼读阅读故事，理解故事但并不能流利地进行朗读。通过分析笔者发现无法流利朗读的原因有两个。一是学生的拼读速度较慢，无法快速解码与拼读，因此需要增加运用拼读的机会。二是在绘本中存在一些不符合规律的视觉词，如，the, can, is, gets 等，因此学生无法解码与认读，从而不能达到流利阅读。在小学低年级的绘本中存在大量的视觉词，这些视觉词运用自然拼读并不能有效解码且耽误时间，因此需要额外练习，整体认读。因此在以后的绘本学习时，应在学习绘本之外设专门的版块进行视觉词的学习。只有拼读与视觉词同时开展，学生才真的可以插上翅膀，在阅读的天空翱翔。

四、研究结论

自然拼读的学习与运用并不是一两节课就可以实现的，因此还需要落实到日常教学中的每一节课。不论是绘本课还是我们日常的教材课，都可以进行自然拼读的学习与运用。在此过程中，不容忽视的是给学生时间和空间。当然，拼读能力只是学生可以自主阅读的基石，我们最终的目的是学生运用自然拼读实现自主阅读从而提升阅读素养。让学生化阅读为悦读，变拼读为品读！

（本文于 2019 年 12 月获北京市首届"启航杯"教育教学研究成果一等奖）

第四节　变教为学，让学生爱"吃"数学！

张　帆

一、问题的提出

1.全国小学数学特级教师吴正宪老师曾经讲过："要让孩子在'好吃'中享受'有营养'的数学。"吴老师引领我们把极富营养的数学知识，烹调成好吃的、近似美食的数学，但一份数学饕餮盛宴摆在学生面前，如何能让学生爱"吃"？也是值得我们思考的问题。

2. 小学数学新课标教材摒弃了传统教学模式，在激发学生学习的好奇心、求知欲、启发学习兴趣和调动学生学习主动性等方面有了新的开拓，使得具有高度科学性和抽象性的数学教科书不再枯燥乏味。这就要求教师在教学中要合理巧妙地创设与数学学习相关的学习活动，从而激发学生学习兴趣。

3. 课程改革时至今日，如何能把"育人为本"的理念真正落实到课堂教学中，并让学生真正成为学习的主人，依然是困扰我们一线教师的主要问题之一。近年来，首都师范大学的郜舒竹教授带领我们开展了"变教为学"的研究，为了有效地落实这些理念，我们在备课、上课，以及批改作业的方式等方面都做了相应的改革。

二、现状分析

（一）我校小学生学习兴趣现状分析

心理学研究表明，兴趣是小学生积极、主动地参与课堂学习活动全过程的一种心理倾向，是学生学习活动中最现实最活跃的心理因素，是一种强大的内趋力，是学习知识、培养能力的前提。一旦有了浓厚的学习兴趣，就会自发地把心理活动指向学习对象，对学习充满热情，就能取得良好的学习效果。所以我们针对这一问题，设计了如下的调查问卷，对我校不同年级的学生进行调查：

1. 你喜欢数学吗？

A. 很喜欢 17.2%	B. 比较喜欢 41.3%	C. 一般 40%	D. 不喜欢 1.5%

2. 为什么喜欢数学？

A. 对生活有帮助 24.2%	B. 数学很有趣 20.7%	C. 上课有趣 3.4%	D. 增长知识 37.9%	E. 不知道 13.8%

3. 学习数学对你有什么好处？

A. 生存的工具 17.2%	B. 丰富知识 69.0%	C. 升学 13.8%	D. 没用处 0	E. 不知道 0

4. 为什么要学习数学？

A. 自己喜欢 20.7%	B. 为了得高分 17.2%	C. 别人说数学很重要 13.8%	D. 多长见识 48.3%

5. 你喜欢上数学课吗？

A. 非常喜欢 10.3%	B. 比较喜欢 44.8%	C. 一般 44.8%	D. 不喜欢 0.1%

6. 上数学课有意思吗？

A. 很有意思 27.6%	B. 比较有意思 34.5%	C. 一般 34.5%	D. 没意思 3.4%

7. 你喜欢数学课上的哪些活动？（多选）

A. 讲练结合 8.2%	B. 合作讨论 72.4%	C. 做游戏 45%	D. 小组竞赛 41.4%

8. 课外时间你会主动去学习数学吗？

A. 一直 0	B. 经常 24.3%	C. 偶尔 51.7%	D. 从不 24.0%

调查显示大多数学生对数学学习的态度是比较喜欢，而兴趣十分强烈的学生不到三分之一。而且学生最喜欢的学习活动是小组合作方式，最不喜欢的就是以老师为主的讲练结合方式，这一调查真实地反映了学生对数学学习兴趣的现状，以及学生最向往的数学课堂活动方式，即以学生自主研究为主的"变教为学"课堂形式。

（二）小学生作业现状分析

我国著名的教育家孔子曾经说过："知之者不如好之者，好之者不如乐之者。"这里的"好之""乐之"，其实指的是兴趣，强调的是兴趣在学习过程中的重要作用。教师布置的家庭作业是否得到学生的喜爱，是作业质量至关重要的保证。不同的作业形式，学生的喜爱程度是不同的。教师日常布置的抄写、作文（日记）、课文后面的练习题、预习新课、教学辅助资料上的选题等家庭作业究竟受欢迎的程度是多少呢？所以我们针对这一问题设计了五个调查问题，分别是：

①你在班里的学习成绩是怎样的？ A 优秀 B 中等 C 差

②你认为现在家庭作业量是怎样的？ A 很多 B 较多 C 适中 D 不多

③你希望家庭作业难度是怎样的？ A 很难 B 较难 C 适中 D 较易

④你认为作业会束缚想象力吗？ A 会 B 不会 C 不知道

⑤你喜欢老师布置什么样的家庭作业？ A 书面形式 B 口头形式 C 游戏形式

据调查的数据反映，一半以上的同学认为作业会束缚想象力，68% 的同学希望作业能以游戏形式完成。由此，我们可以得出结论：小学生的家庭作业，要重视它的"乐"趣，要让学生完成作业的过程，变成快乐的过程，游戏的过程，这样，家庭作业才能让学生接受，取得较为广阔的前景。

基于以上问题和分析，结合"变教为学"的理念，我们开始思考我们在备课、上课，以及批改作业的方式等方面需要哪些调整和改革，并开始了我们的研究。

三、研究过程

（一）课堂前测——了解学生"口味"，设计符合学生"口味"的"变教为学"活动单

课堂前测指在教学活动之前，预先对教学目标中规定的，需要学生习得的能力或倾向的构成及其层次关系所进行的分析，包括将目标技能分解成一系列子技能，确定子技能的性质及其层次关系等过程，目的是为学习顺序的安排和教学条件的创设提供心理学依据。准确到位的课堂前测使得教师可以准确地了解学生的"口味"，从而依据学生情况创造性地进行适合学生"口味"的教学活动。

例如《9 的进位加法》一课，我们设计了如下题目：

1. 9+5=

（前测分析：只有两人错）

2. 你是怎么想的？写下来

（前测分析：举例子的方法偏多、凑十思想的少）

3. 你能试着画图解决上面的问题吗？

（前测分析：用简单的图形代替实物，但没有抽象的数学思维图）

通过前测我们知道，学生已经知道了算式的结果。但是他们没有真正利用数学的逻辑思维来计算，大部分是用实物代替来数出结果，学生也不会画出有数学想法的图，来解决这个问题，更谈不上思维的灵活性。当然这对于刚开始学习计算的学生来说，这个情况是非常真实的。如果只一味地去引导学生学习计算结果，那么学生势必会不感兴趣。根据我们的分析，我们设计了如下的"变教为学"研究活动单。

表 8-4-1 "变教为学"研究活动单

研究者		研究内容	9 的进位加法
小组名称		我的小伙伴	
小组口号			
时间			
研究内容		我是怎样想的（提醒同学注意什么）	
☆探索发现 1 ♡♡♡♡♡♡♡♡ ♥♥♥♥♥ 想一想，看这幅图能列出哪些算式			
☆☆探索发现 2 说一说你是用什么方法计算的？（提示方法：1. 数字 10 的组成；2. 数数的方法；3. 用小棒摆；4. 画图）			
☆☆☆探索发现 3 盒里有红花和黄花（不到 20 朵），其中红花有 9 朵，黄花可能几朵？			

当学生有了一定"凑十法"的数学思想指导，便自创了各种形式的思维图，学生的兴趣和能力都有了很大的提高。经过一段时间的努力，当学生学习退位

减法的时候，他们就已经可以独立运用不同的数学方法来解决新的问题，思维的灵活性初步有了体现。

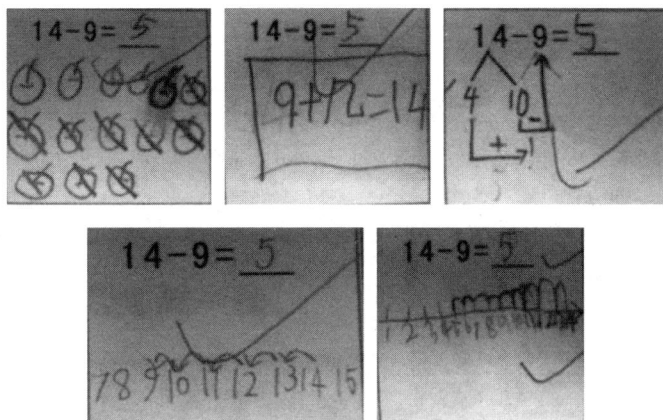

图 8-4-1　各种形式思维图（从左到右依次为实物代替法、算减想加法、数的分解法、数数法、数轴法）

只有了解了学生的"口味"，才能激发学生学习数学的兴趣，从而使学生爱"吃"数学。

（二）"变教为学"——让学生爱"吃"数学！

所谓"变教为学"就是把"以教为主"的课堂教学转变为"以学为主"的课堂教学，也就是把课堂上以教师"讲授"为主的教学活动，改变为学生自主或合作开展的"学习"活动，让学生的学习活动占据主导地位并且贯穿始终。这种教与学的易位追求的是"让每一位学生受到关注，让每一位学生都有活动，让每一位学生都有机会，让每一位学生获得发展"。

1. "变教为学"——开拓学生思维，相同的"食材"可以做出不同的"美味"

我们在课堂教学中，大胆采用"生本"理念，变教为学，放手让学生自己去感悟、体验、讨论、研究，学生在充分的思考后，经过小组讨论，思维的深度和广度都有了很大的提升。

例如《小数除以整数》一课，我们设计如下的活动单：

表 8-4-2 《小数除以整数》一课活动单

研究内容	小数除以整数
温故知新	1.（1）小数点后边第一位是（　　　）位，第二位是（　　　），它们之间的进率是（　　　）。 （2）0.3 里有（　　　）个十分之一；0.05 里有（　　　）个百分之一。 （3）0.126 里有（　　　）个 0.1 和（　　　）个 0.01 和（　　　）个 0.001。 2. 360÷15= （1）写出这个除法算式所表示的意义。 （2）竖式计算并说一说你每步的计算过程：
提出问题	学校准备举办文艺会演，需要准备演出服，3 套演出服需要布 6.9 米，你能根据以上信息提出什么数学问题？
解决问题	3 套演出服需要布 6.9 米，问：1 套演出服需要布多少米？ 用你喜欢的方法解决问题，看谁的方法多？ （提示：可以借助信封中的教具。如果你用信封中的学具，请你将摆的结果画在下面空白的地方。）
大胆质疑	

学生经过自主研究和操作后，产生了许多种平均分的方法，学生们通过交流还发现了，虽然大家的方法不同，但是本质都是先将整数部分的计数单位平均分，再将小数部分的计数单位平均分。学生不仅找到了不同的解决问题的方法，还拓展了思维，提高了数学学习的兴趣。

2. "变教为学"活动单——使学生充分参与"美味"制作的过程

苏霍姆林斯基曾说过："如果教师不想方设法使学生进入情绪高昂和智力振奋的内心状态，就急于传授知识，那么，这种知识只能使人产生冷漠的态度，而不动感情的脑力劳动就会带来疲倦。"不辩便明，一个对数学毫无兴趣的学生能学好数学这是无法想象的。就好比一个人不饿，再美味的食物也不想品尝，即使吃了，也不会品尝出独特的味道。作为数学老师怎样才能在课堂上提高学生学习数学的兴趣呢？我们尝试使学生充分参与"美味"制作的过程，也就是进行自主学习、自主研究，从而品尝数学的美味！

例如，《平行四边形的面积》一课，我们设计了如下的活动单，学生通过自主研究，小组二次研究，全班交流等活动，不仅掌握了平行四边形的面积计算公式，还经历了公式的推导过程，找到了新旧知识间的联系，课堂氛围十分活跃，学生学习兴趣浓郁。

表 8-4-3 《平行四边形的面积》研究单

《平行四边形的面积》研究单 （　　）小组（　　　）	
1. 画一画	在方格纸上画出一个长方形。再画出一个与 长方形面积相等的平行四边形。
2. 说一说	用什么办法证明面积相等？向你的组员说明你的办法。
3. 做一做	将平行四边形纸片转化成我们学过的图形，边操作边思考：转化后的图形与转化前的平行四边形有什么联系？
4. 思一思	通过"做一做"，你能尝试着推导出平行四边形的面积吗？写一写推导过程。
5. 写一写	平行四边形的面积公式应当怎么写？ 平行四边形的面积 =
6. 问一问	你还有什么问题吗？

3. "变教为学"研究报告单——学生自己的"私房菜"

一听到研究报告单，大家都觉得距离小学生很遥远，但是我们大胆创新出这种学习形式，组织学生们对数学问题继续做深入分析和探究，寻找它们与数学之间的联系，独立地思考，把观察到的事情进行归纳、整理，发现它们的内在联系，初步建立数学模型，然后总结归纳发表自己的见解，烹制属于自己的"私房菜"。

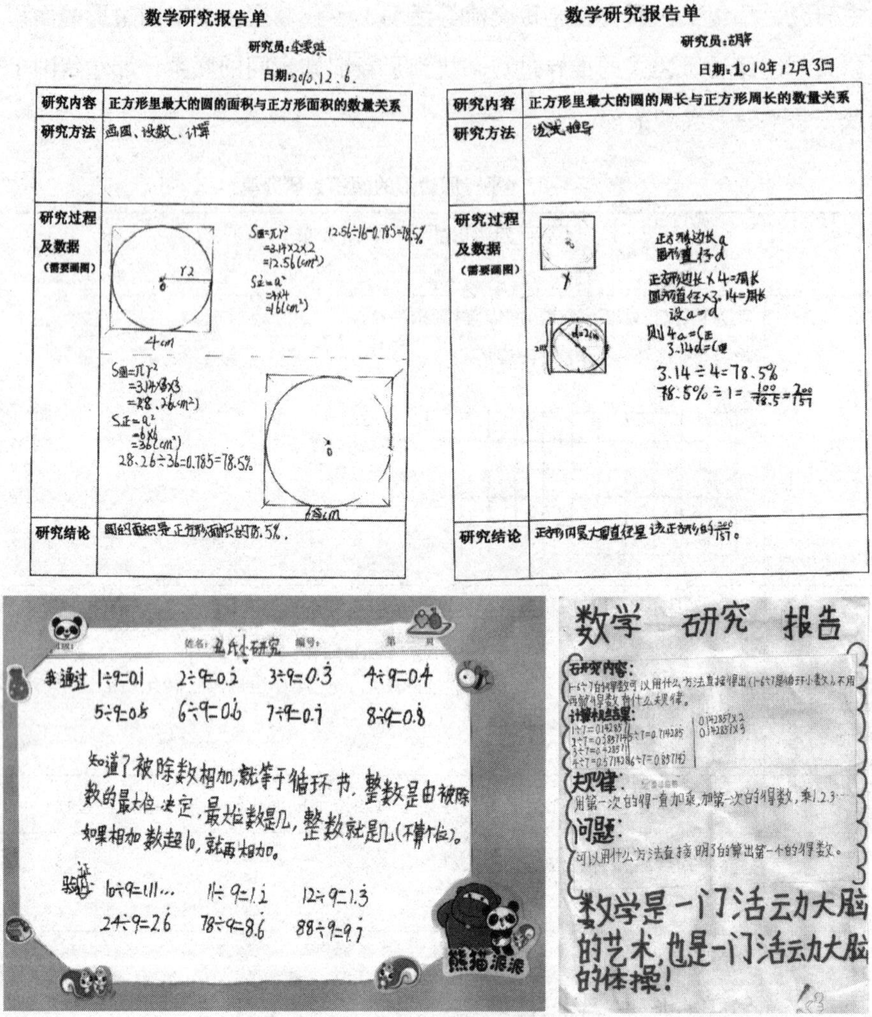

图 8-4-2 "变教为学"研究报告单

不管是什么成绩水平的学生，都可以通过这样的研究，收获不同的知识，写出属于自己的"私房菜"菜谱。学生因为获得了成功感，继而更加喜欢研究数学！

（三）"创新型"作业——好吃又有营养的饭后甜点

如何能让学生在课堂上"饱餐一顿"后，还能爱吃"有营养"的饭后甜点，作业的设计也需要改革和创新。我们尝试设计多元作业形式，激发学生学习数学的兴趣，从而爱"吃"数学。

1. 创新型作业——数学日记

数学日记，就是让学生以语文日记的形式记录下自己对数学教学内容的理解、对数学知识的深刻认识和反思以及数学在生活中的应用等。

起初，学生听到要写作文、日记就感到头疼，追着老师问："有字数限制吗？"态度并不积极。为了不约束学生的思维，起初我们并没有给学生一个固定的写预习日记的模式或字数要求，而且及时肯定学生的成绩和发现，在开放、欣赏的氛围中，提高学生学写数学日记的兴趣。

更令我感到意外的是，学生可以采取如：图表、童话、测试题、生活小故事等不同的形式创新出有特色的数学日记，连我们老师都感慨："学生的想象力太丰富了！太有创造力了！"例如，

《倒数的认识》

钱 航

有一次，双胞胎分数 $\frac{2}{5}$，在比赛跑步时，其中一个在路上被石头绊倒了。摔成了 $\frac{5}{2}$，从此它们就有了哥弟之称。学生用简短的几句话，将求倒数的方法和倒数的特点生动、易懂地写了出来。乙同学写道："分数王国开展找倒数朋友的比赛，哨声一吹响，连主持人都扔下话筒去找朋友了。国王'1'更是不甘示弱，飞奔而去。可是找了半天也找不到自己的倒数朋友。只有皇后'0'在座位上孤单地坐着。"生动的场面描述得栩栩如生，并将知识点"1的倒数是它本身，0没有倒数"巧妙地融入其中。牛顿曾说过："给我一个支点，我能撬起地球！"在欣赏了学生创新的具有个人特色的数学日记后，我们认为只要给学生一个创新的机会，他们可以创造一个新地球！

"一根筋"和"多根筋"

黄佳薇

在学习数学时，我们一定要采用"一根筋"和"多根筋"的学习方法。

大家看到这里，一定会问"一根筋"和"多根筋"是矛盾的，我们到底应该如何应用呢？下面我就为大家介绍一下。

"一根筋"，我们在遇到不会的题时，一定要"一根筋"。此时你的心里就这么想：别人都能做出来，何况我呢？我今天一定要把这道题弄明白了。如果今天弄不明白，明天又会有什么时间让我去想昨天的题呢？如果天天这样下去，我又能学到什么呢？此时你还可以在心中说几遍像"我能行"一样的话。我想这种决心能促使你尽快完成这道题的。

我们解题用一种方法不行时，我们要"多根筋"。此时，我们要灵活地运用学过的方法。当一种方法不行时，我们要立即从这个坑里跳出来，想想问题在哪里，换一种方法。我想你的灵活运用能使你找到解决方案。可能只是时间问题，但不要放弃。

学生在单元复习前，利用数学日记的形式自主地梳理整个单元的知识点和内容，她们比较喜欢采用的写作方法有列表法，知识网络图法和趣味测试法。

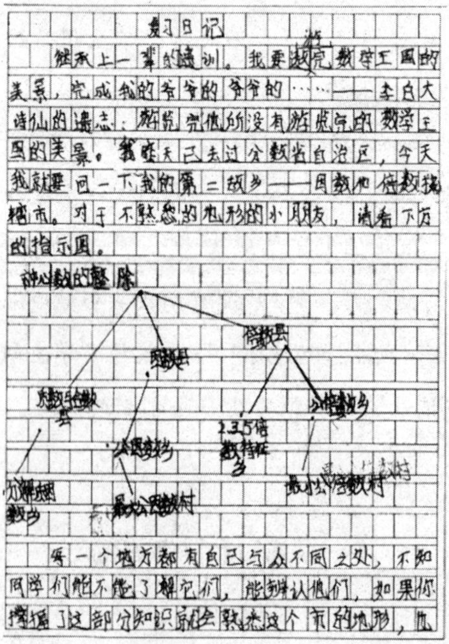

图8-4-3 数学日记

2. 创新型作业——画图

孩子对画画的兴趣是与生俱来的，鲜艳的色彩、变化的图形都牢牢地吸引着他们童真的心。根据这一年龄特点，我们在不同年级设计了画画的作业，让学生可以在画中不知不觉地完成作业，学习知识。

①这是一年级的画画作业，我们将原本枯燥地数数作业改变了形式，先按数字顺序连线，勾勒出图画的轮廓，再按自己喜欢的方式涂色。学生没有感觉到这是一项作业，而是在兴趣使然下，完成了自己的作品！

图 8-4-4　用画画的方式数数

②高年级学生思维具有独立性、发散性、新颖性等创造性思维的特点，因此在平时的作业中，我们设计如下的画图作业，利用学过的平面图形，创造出新的平面图形组合。学生的思维十分开阔，有些甚至是老师都没有设计到的组合类型，如：

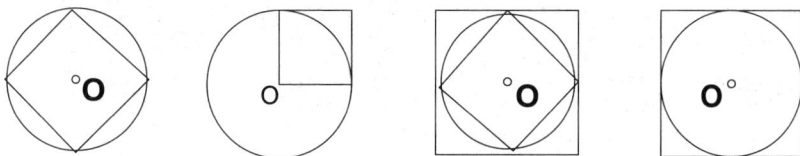

图 8-4-5　平面图形的组合图一

这些都是圆与正方形的组合。在此基础上，学生还创造了圆与长方形、平行四边形、梯形、三角形的各种组合。

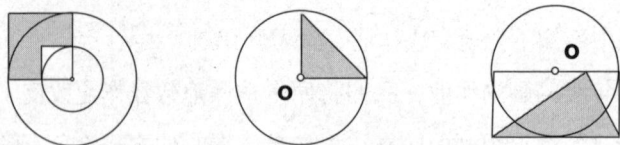

图 8-4-6　平面图形的组合图二

学生想象创造的过程实际就是在辨析图形的特点，理解图形间的联系。通过画图，不仅可以巩固学生对几何图形各要素的理解，又能为后面计算相关图形的面积或周长做好充分的铺垫，还可以增强学生画图的意识、锻炼学生画图的能力，使得数与形在学生头脑中切实结合起来，增加了作业的乐趣，真正是一举多得！

四、研究效果

经过一段时间的研究和改革，当我们再次对学生的数学学习兴趣进行调查，其中很喜欢数学的人数比率由 17.2% 提升到 83.8%，认为数学很有趣的学生由 20.7% 提升到 47.8%，认为学习数学是因为自己喜欢的学生比率由 21% 提升到 78.3%，认为数学课很有意思的学生比率由 27.6% 提升到 91.3%。这些数据令我们欣喜地看到了学生在数学学习兴趣方面的变化，也深深体会到"变教为学"的教学理念带给学生的变化。

以下是学生们对"变教为学"改革的课后感受。

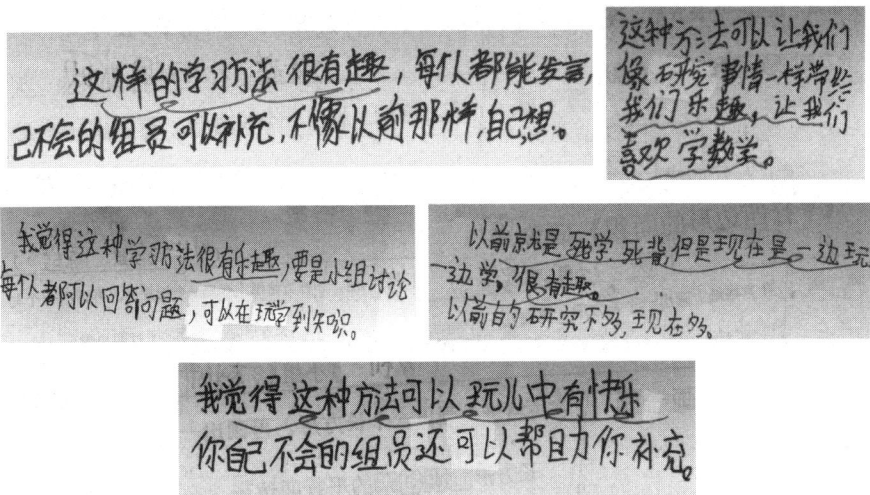

图 8-4-7 "变教为学"的课堂感言

学生通过自己学、自己讲、自己质疑、自己提问、自己解决问题等活动，充分品尝了数学"美妙的滋味"，使学习成为兴趣，求索成为快乐，真正地爱上"吃"数学！

第五节　让"画"与"玩"完美结合

——《绘本·我们的游戏》美术实践活动案例

杨春花

生活中，很多孩子经常拿着自己的画兴致勃勃地讲给别人听，画中表现的是自己经历的故事或丰富的想象情景，这种平常自然的行为中体现了很多知识都是整合的、变化的、开放的、不断生成的。当今教育，也逐渐向综合方向发展，各学科间相互交叉、渗透及融合成为必然趋势，人们的观念逐渐由仅仅重视技能的传授转向关注人的整体生命存在。实践证明，只有在各门学科的相互交融、相互促进，才能使学生获得知识以外的东西——学会学习、学会合作、学会生活。《美术课程标准》中也提出要"加强美术课与其他学科的联系"，美术与其他学科间的互相渗透和融合是当今课程改革的发展趋势。

针对小学阶段的孩子，求知欲强是他们的特点，他们大多不满足学校单调甚至有些枯燥的课堂生活，他们向往和追求一种多维、多层次和多色彩的立体生活，因为只有丰富多彩的教学活动，才会让他们感觉教学更加生动活泼、富于乐趣；也只有丰富的教学活动才能满足他们的求知、发展和实践的需求，诱释出他们的活力，激发他们的创作灵感。由此，我想，生动有趣的游戏活动一定更加触动孩子们的创作灵感，并带来更深刻的感受！思考之余，恰逢我校开展孩子们的自主创编游戏的活动，于是，想到借助孩子们的游戏进行绘本创作，尝试在美术学科教学中打破壁垒，突破界限，整合知识，把美术与相关的学科有机地融合，并让孩子们的"画"与"玩"很好地结合起来。

经过细致地设计思考，确定以学生的游戏活动为切入点，以活动触发灵感，帮助孩子们把他们印象最深的人、事或他认为最深刻的记忆表达出来，以此激发学生热爱集体、团结合作、遵守规则、勇于创新的优良品质，整体过程打破学科界限，首先通过游戏活动的开展激发学生心中的深刻感受，将感受用语言表达的形式进行交流分享，再进行艺术表现，力求让孩子们能玩得痛快、聊得开心、画得生动、写得有趣、演得精彩！

实践活动在活跃的气氛中开始了……

一、游戏中引发情趣

"嘟——嘟——"，随着清脆的哨音，美术实践活动课开始了，而走上来的却是体育孙老师，孩子们兴奋而又新奇！"你们都喜欢做游戏对吗？现在我们就来玩一下！"在孙老师的调动下，孩子们兴奋地进行了短暂的热身游戏，接下来，孙老师又说："现在学校还在开展创编游戏活动，咱们班游戏入选了我校十大游戏之一，老师希望你们能把它用绘本的形式表现出来，这样可以推广到全校。"此时，我边写出板书边充满自信地呼应着："今天我们就一起来创作

'绘本·我们的游戏'，"孩子们的兴趣高涨起来。

二、表演中调动感官

我缓缓推进着活动的每一个环节："绘本就是在讲故事，每个故事都会有故事名称、故事情节，我们的故事情节又是怎样的呢？我们再来回顾一下游戏的场景，看看可以分为几个情节来表现。"孩子们在播放的"篮球飞跃"游戏录像中认真地观看着、积极地思考着："先猜拳，然后发球，双方争抢，进球获胜……"孩子们说出了他们观察到的情节，此时我依次贴出每一个游戏环节。我们请创编游戏的几位同学给大家表演一下，我们的体育老师会帮助他们做出准确的动作，看一看每个环节中同学们的姿态是怎样的！体育老师细致地帮孩子们指导着动作："手再高一点，不然起不到阻挡作用、投篮的动作应该这样……"每一个动势都映在了同学们的脑海中。

"现在你能用木质关节人摆出他们运动的姿态吗？小组同学试试摆一摆游戏中的情节"，活动关节人在孩子们手中转动着，各种情节在夸张的动态中生动地展现出来，他们相互探讨、共同合作。在一系列的"看""说""演""摆"的过程中，孩子们的多种感官被调动起来，对动态形象也有了较为深入的理解。

三、演示中点燃创意

"了解了游戏中的人物动态，我们该如何表现呢？你看，用简单的动态线很容易就可以将人物表现出来了"，我用简单的几笔，画出人物动态。谁来试试？"孩子们跃跃欲试，几位同学很快用简单的几根线条在黑板上画出人物动态。我此时又神秘地说："我能快速地把它变成我们需要的真实人物形象你信不信？"接着，边画边配合着顺口溜："画出一个圆圆头，一画头发二画眼，三画鼻子四画嘴，五把耳朵添两边……"我用熟练的笔法把几根线很快添画成具体形象，"怎么样？是不是很容易？你能像这样表现出更多的动态人物吗？"我的演示已深深地吸引了孩子们，孩子们兴奋地点着头！

四、分析中提炼语言

绘本是一种图画与文字相结合的特有图书形式，是绘画与文字的完美结合。而插图语言作为一种视觉语言、视觉思维和一种审美意象，具有独特的社会性、民族性、文化性和流行性特征。书籍插图是书籍整体设计的一部分，起着延伸、补充文字内容及装饰、美化的作用。插图设计的表现形式及思考方式的应用能弥补语言表达不足，帮助读者对书籍内容进行更好的理解，同时增强书籍的形式美，增加阅读的兴趣。

此时，轮到语文王老师施展才华了，她课前将孩子们对应场景写的标注语言拍成照片，并出示在屏幕上，强调字迹既要工整又不能有错别字，在情感的表达上还重点进行了讲解与对比分析：这两段语言的表达一个说"要开始了，好激动啊！"，另一个说"我们在做汇报"，哪一个更生动呢？这样对比分析的形式逐步引导孩子们发现语言表达的不同效果，王老师用直观的范例、清晰的语言巧妙地在简短的师生互动中让学生感受到了语言表达的魅力，原来绘本中的语言不仅要简洁还应该更生动！

五、实践中表达情感

实践活动开始了，我赶快布置活动任务：每组认领一个游戏情节，以小组合作的形式用剪贴画进行表现，最后全班呈现完整的"篮球飞跃"绘本。在明确任务后请学生看步骤图明确创作的步骤——画、剪、组合、粘贴、添画背景，引领学生将绘本表现得构图饱满、动态生动，色彩鲜艳、图文并茂。在创作前还给学生提供了更多的帮助：画人物时有困难可以打开平板电脑中的资源包，里面的人物动态线稿及简笔画也会给你帮助；如果还有困难就可以举起你的求助卡（语文、体育、美术），相关的老师会及时给予帮助。

人人参与，小组合作，齐心协力，通过画、剪、组合、粘贴、添画背景的方式进行创作，孩子们在创作中分享着艺术的智慧与乐趣。在这样充分的资源与强大的团队支持下开心而大胆地为完成精彩的绘本而努力。每组单独的画面完成后，我引导每组代表将共同完成的游戏绘本封面及游戏情节画面组合在一起，加上装订环，组成整体的绘本并在全班展示欣赏，孩子们怀着喜悦与自豪的心情介绍着作品。相信这样反映孩子们自己生活的绘本在今后，一定会成为他们童年的美好回忆！

本课以多学科融合的方式在各个环节给予学生更多的实效性指导，如体育学科的动态分析、语文学科的文字表达、美术学科的动态讲解以及相关信息媒体工具的使用等，这些方式给学生带来了实际的帮助与亲切感受，让学生呈现出更高的积极性。多学科的教师从不同角度给予指导，打破了学科的封闭性，使教师真正成为学生学习的引导者、促进者。本课收到了可喜的成果，让孩子们的"画"与"玩"得到了完美的结合！也让我在尝试中享受到了学科融合的乐趣，更体会到了团队合作的成果！

第九章 求新

学生发展的助力与支点

【词目】求新

【拼音】qiú xīn

【词意】追求创新。

第一节 "蛋文化"语文实践活动

设计者：李英杰　荣建伟　贾兴洁　池铭

一、主题设计与实施

（一）活动背景

1.基于学生发展，着眼课程育人的总目标

低年级阶段是学生探究生活、生命的起步阶段。学生对世界充满好奇、认为万物皆有生命，常把想象中的事情与现实生活相联系，充满奇思妙想。在人格与社会发展方面，拥有丰富的情感世界，开始学习关心与了解别人。与丰富的情感相适应，低年级学生的语言发展正处于高速发展期。虽然不能清楚、流畅地表达自己的感受，但正是学习语言、发展语言的最佳时段。

聚焦"蛋"，选题小，贴近学生生活，既能达到感悟生命与生活的宏观目标，又便于在生活中开展具体的实践性活动。开展这次活动尊重了学情，在合适的阶段开展了适合的教育，有利于树立正确的价值观，实现育人的教育目标。入学就在多样的实践活动中学习语文，有利于形成、提高听、说、读、写等语文能力。

2.基于课文内容，着眼语文核心素养的培养

本次活动源起课本《它是谁》，仅从课文内容而言，简单而有趣，激起了学生的好奇心。基于课文内容，尊重学生兴趣，培养学生的语文素养，我们设计这次主题实践活动。活动设计遵循语文课程本身实践性、综合性的特点，在实践活动中加强学科内听、说、读、写能力的整合，学生在感兴趣的实践活动中全面提高语文素养。

3.源于课程需要，整合学科外资源

应课程改革之需，整合校内相关学科、社会资源服务于语文学习。本次活动可以整合校外社会大课堂、博物馆等社会资源综合使用。校内相关学科，特别是美术，是活动中的有益补充。这次活动之前，美术课上，学生学习过用色的技法、构图技巧、色彩搭配等专业知识。尝试过在各种材质的物品上绘画，如绘彩盘、沙画等。学生具有一定的美术技能，以及在不同物品上绘画的体验。这给语文学习提供专业支持，为学生提供了必要的技能，保障了实践活动的效果。

（二）设计特色

1.立根学科本位，有效整合美术学科

语文能力的综合运用贯穿于实践活动的全过程。丰富多彩的活动，促进学生运用、发展语文的阅读能力，培养学生审美情趣、热爱生活和生命的情感。美术学科的特质，能够带给学生更专业的技能和审美方法，促进对语言的感悟和运用。

2.来源于教材，根植于生活

低年级的"生命成长课程"实践活动，可综合使用的资源根植于学生的现实生活。确定这一主题，源于学生学习京版教材第一册中第15课《它是谁》一课。开放的结尾，促进学生对各种蛋产生探究兴趣。生活中家家都离不开鸡蛋等蛋类制品，为开展活动提供丰富的实践活动素材。

3.活动走心，贵在深入与创新

对于司空见惯的鸡蛋，设计怎样的活动才能走进学生心里，是活动效果的重要保障。本次实践活动符合低年级学生年龄特点，活动设计体现游戏化、趣味化、故事化、形象化和体验化，激发学生参与热情，做走心的教育。

活动设计突显"育人"目标，重在促进学生体验生命的奇妙与脆弱；感悟生活情趣与美好；注重深刻性思维的培养。立足小小的蛋，学生体验的却是关于生活与生命的意义；着眼于平常物，学生感受的却是深刻的做事、做人的道理。

二、实施过程

低年级"生命成长课程"共有五次活动，分别设有活动目标，安排相应课时。五次活动目标呈现逐层递进态势，活动内容由课内延伸到课外，学生听、说、读、写能力在每次活动中有重点地训练，整个实践活动中，学生语文素养得到全方位锻炼。

表 9-1-1 活动整体设计

	生命成长课程之"蛋文化"实践活动			
总目标： 1.在语文系列实践活动中，综合运用和发展听、说、读、写等语文能力，感受生命的神奇和伟大，产生珍惜生命的情感。 2.学习与人交流、沟通、合作，懂得欣赏美，感悟成长的美好与喜悦。 3.勇于创新，发展个性思维，掌握一些增加生活情趣的技能，热爱生活。 总课时： 共9个课时，五个活动。				
活动	主题	分目标	整合领域	课时
1	奇趣结尾感受多样生命	1.续编故事结尾，感受生命的奇妙有趣。 2.合理想象，锻炼发散性思维，学习有条理地表达。		1课时
2	观察诞生感受生命神奇	1.感受生命的诞生、成长，感悟生命神奇。 2.学会观察、表达感受，学习见景生言。 3.聊一聊，从五方面梳理认知蛋。	中国科技馆	3课时
3	宝贝蛋上学记懂得爱生活	1.寻找最佳护蛋行动，懂得先规划再行动的做事方法，锻炼创新思维。 2.通过起名字、护蛋行动，产生珍爱生命的情感，懂得热爱生活。 3.借护蛋日记学习抒写感受，表达情感。	校园生活	1课时
4	描绘彩蛋共创美好生活	1.独立创作蛋画，能利用文字和图画表达对美好生活的向往，提高思维的完整性和逻辑性。 2.共创"美好生活"的作品，学会合作，能与他人分享自己的创作、创新作品。 3.能完整、清楚地介绍自己的设计，提高语文综合素养。	美术	3课时
5	厨艺比拼领悟生活情趣	1.展示流程图，丰富做不同蛋品的基本程序。 2.交流与父母做蛋制品的感受，分享生活中的爱。学习借景生言，学习表情达意。 3.组成蛋宴，品尝美味，感受生活情趣。	家庭生活	1课时

活动1

【活动主题】奇趣结尾 感受生命多样

【活动内容】

1. 回忆内容，选择动物编故事。

学生学习京版教材第1册第7单元的课文《它是谁》之后，对课文最后一句话"这个小宝贝，它是谁？"充满好奇。应学生所需，开展实践活动。

根据生活经验，学生猜测这种蛋生的动物可能是：小鸡、小鸭、小鹅、天鹅、丑小鸭、鳄鱼、蛇、恐龙……每一种猜测都是一个有趣的画面。

学生自主选择一种小动物，续编一个小故事，适时提示：小宝贝出了蛋壳，看到了什么？说了什么？做了什么？后来它怎么样了？学生展开合理想象，编小故事。

2. 小组内练习，演一演故事。

学生依所选的小动物自愿成组，共同起一个可爱的组名。练习模仿小动物说话、动作、神态，表演自己的小故事。表演时，适时结合课文的语言表达，如模仿"摇摇晃晃"地走路。

选出表演好的蛋宝，大家共同为他出谋划策完善表演，准备参加班级表演，共同争得"最可爱的宝贝蛋"小组。

3. 班级表演赛，评选最佳蛋宝贝

每个小组推选一个蛋宝参加班级表演，学生观看表演，填写评选卡。表演后，当场唱票，选出最佳蛋宝贝，全组成为"最可爱的宝贝蛋"。全班表示祝贺。

【活动效果】

课文结尾"它是谁？"这个开放的结尾，给予学生广阔的想象空间。充分发挥这一空白的作用，服务于语言发展，激发了学生编故事的兴趣。在愉快地表演活动中，学生的读、说能力得到加强，发展了想象与思维。

活动2

【活动主题】观察诞生 感受生命神奇

【活动内容】

1. 参观活动。

以科技馆为依托，学生近距离观察小鸡孵化过程，直观感受成长过程，感受生命的伟大。

2. 绘思维图。

参观后及时总结，学生借助思维图画一画小鸡的孵化过程，配以简单词语或句子说明，表达自己的感受。

学生带着任务观察，在老师引导下，有目的地看、想，获得充分感知。班级交流时，学生认真倾听，补充完善思维图，全面了解了小鸡孵化过程。

亲眼所见，历历在目，交流思维图时，学生仍然感动于蛋宝贝钻出蛋壳的喜悦。在"说一说"中，更加深了对生命的认识。

3. 绘圆形思维图，全面了解蛋，感知生命脆弱。

（1）轻松聊天，感知蛋的多样特点

师生共同梳理，从四个方面认识鸡蛋：种类、生命、营养、相关历史文化。

（2）启发谈话，明确活动目标

蛋可以孕育生命，蛋清、蛋黄能够变出活生生的小动物，真是神奇的事。生命脆弱，蛋壳易碎，所以，我们将开展护蛋行动——宝贝蛋上学记。

【活动效果】

学生获得了亲身感受，是真切的实际获得。而绘制思维图，班内交流又将这种感受深化，充分感受到生命的神奇。同时，学生的观察和语言表达能力得到锻炼，对蛋的认识更加多元和深入。

活动 3

【活动主题】宝贝蛋上学记 懂得爱生活

【活动内容】

1. 策划保护蛋宝宝方案——懂得规划，科学优选措施。

2. 亲身保护蛋宝宝上学——珍惜生命，感受生命宝贵。

3. 绘制思维图表达爱心——热爱生活，运用语言表达。

4. 回顾经历填写省思卡——发展思维，走向深度学习。

【活动效果】

　　学生亲身参与保护蛋宝宝的活动，用自己的智慧与爱心看护一天蛋宝宝，让它安全度过一天。过程中学生亲身经历，引发真情实感，感受生命的脆弱，生活的不易，受到珍惜生命的教育。活动后把过程画一画、简单配一句话写一写，同学间讲一讲，学生的说话、写话能力得到锻炼。

活动 4

【活动主题】描绘彩蛋 感受美好生活

【活动内容】

　　根据一年级学生手部小肌肉群不发达的特点，安排在熟鸡蛋上绘画，降低空蛋壳作画的难度，聚焦体验生活。

　　学生学习独立设计图案；亲手描绘自己心中最美的画，表达真实的情感，发展创新性思维。

1. 畅谈设计，填写规划书。

2. 亲笔描绘，表现美好生活。

3 见图生言，合作、创新故事。

　　这里绘画前学生畅谈设计，绘画后聊一聊创作感受，口头表达能力得到锻炼。

【活动效果】

　　彩色描绘、奇妙手指画，学生乐在其中，创作自己心目中最喜欢的表情、花草、动物……见景能生言，把自己的创作清楚地讲给小组同学听，学生从中感到自豪和自信。当全班的蛋宝贝集中在一起，更激发学生的兴趣，各自都活跃思维、津津有味地创编着新故事。当众讲故事，锻炼了孩子们的表达能力，促进了思维的完整性和逻辑性。

三、基于主题的教学实践活动案例一

宝贝蛋上学记

（一）主题内容设计

语文学科丰富的人文内涵，给予学生感悟生活的灵感，引领学生深入生活，感受生活。本次"宝贝蛋上学记"活动，把语文学科的内涵融入各个小活动，促进学生在游戏化的实践活动中充分体验、思考、说写，在"做"中学习、运用语言。

（二）教学目标设计

1. 寻找最佳护蛋行动，懂得先规划再行动的做事方法，锻炼创新思维。

2. 通过起名字、护蛋日记，锻炼说写能力。

3. 学习抒写感受，表达珍爱生命的情感，懂得热爱生活。

（三）教学资源与实践条件设计

1. 教学资源

教师资源：一年级四个班的语文教师均为班主任，在校内与学生生活在一起的时间充裕，便于随时观察护蛋行动，及时给予帮助和指导。

思维图：一年级学生入学即学习画圆圈图的思维图，能够帮助学生下定义，给宝贝蛋起名字。

2. 实践条件

护蛋行动所用的鸡蛋是家庭生活日常食品，家家都有，学生实践时可以随时选用，十分便利。家长支持本次活动，为学生实践提供了精神和物质准备。

3.课时安排

1 课时。

（四）教学过程设计

活动实施过程：

1.策划保护宝贝蛋方案，懂得规划，科学优选方法。

为宝贝蛋起名字，亲手打扮"宝贝"。学生如父母般给自己的宝贝蛋起个名字，说说为什么叫这个名？自主填写"我的宝贝蛋"起名卡。

起名卡

<div align="center">**我的宝贝蛋**</div><div align="center">蛋爸与蛋妈为宝贝蛋起名字</div>我的宝贝蛋叫_____。 因为（蛋的表情故事）_____。

【活动效果】

有的同学给蛋宝宝起名字非常可爱：小丽丽、小蛋蛋、小可、小爱、晶晶、美美……有的真的把自己的蛋宝宝当作自己的孩子，给它起名"张蛋"，因为他自己姓张。孩子们不仅写了自己蛋的名字，还给自己的宝贝蛋画了很漂亮的肖像画；还有的写了起名的原因。这一设计既让孩子对蛋宝宝产生更强烈的责任感，又激起了对即将开展的护蛋行动强烈的好奇。

2.策划自己的护蛋行动，懂得爱它就要付出。

想一想"你将如何保护自己的宝贝蛋？"

学生对这个问题进行了积极的思考。有的同学写：我要用棉花给他包起来；有的同学说：不，我要用泡沫纸；还有的同学写：我要给它做一个小家。有的同学到校后跟小伙伴商量：今天不闹了，都要对彼此的蛋进行保护，不能搞破坏。

【活动效果】

这一说一写，好像许下的诺言，像是对宝贝蛋的承诺。学生在交流中增强了责任感，对即将胜任的蛋妈、蛋爸的身份有了直观的角色意识，产生了担起责任的自豪感。带着对宝贝蛋的喜爱与责任，同学们跟妈妈一起为宝贝蛋安置在一个安全舒适的家：有的将装茶叶的铁盒拿来，把小毛巾铺在里面，然后把宝贝蛋放进去。有的用饼干盒做了一个小家，将卫生纸放在里面，围成一圈，保护蛋宝宝。还有的准备了一个毛线织成的小网兜，把它挂起来。想法多多，创意无限。先策划再行动，培养学生养成良好的思维习惯，了解做事的方法。

（五）**活动感悟**

1.照顾宝贝蛋安然度过一天不容易。

上午上完第一节课开始，教室里就有生鸡蛋的气味。宝贝蛋在粗心的鸡爸爸、鸡妈妈手中夭折。孩子们看着掉在地上的蛋宝宝，一摊蛋液把他们吓坏了，不敢相信就这么一下，宝贝蛋就没了！孩子愣住了，一脸落寞，眼泪在眼眶里直打转；还有蛋妈的哭泣声。这时，孩子在想什么？想说什么？没有人起哄，大家默默走开，老师轻轻帮他收拾蛋液。之后，请他写下护蛋日记。

其他蛋爸、蛋妈更加小心翼翼地将宝贝蛋揣在口袋中、精心准备的盒子里，提心吊胆地度过保护蛋宝宝的每分每秒。

【活动效果】

这次活动基于语文，又超越语文。亲身护蛋的过程，使学生感受到对生命的珍爱，是语文课堂远远达不到的。而在实践活动中，学生真真切切地感受到了生命在自己手中"生"和"死"，带给心灵的震撼是读文和听讲所无法实现的。

2.意外时有发生，护蛋倍加小心。

大部分孩子们带着"宝宝"格外小心，他们把蛋宝宝放到桌洞里，隔一会儿就偷偷瞄一眼；有的放在书包里、文具盒里或者干脆握在手里一刻也不放松；

有的下课后不再蹦蹦跳跳了，而是安安静静地在座位边守着，生怕弄掉了。

3. 记录护蛋日记，反省思维促深度思考。

离开学校，孩子们要带着"蛋宝宝"回家了。孩子们在护蛋的过程中表现出独特的耐心和爱心。一些孩子为了照看"蛋宝宝"，吃饭、睡觉、上厕所也形影不离，一些孩子睡觉前还跟"蛋宝宝"说悄悄话。

晚上，孩子们为"蛋宝宝"写日记，记录这一天自己的心情，反省护蛋的得失。

【活动效果】

蛋妈、蛋爸在成长，蛋成活率提高。孩子们再把"蛋宝宝"带回来时，不再跑跳了，而是安安静静地走动，把"蛋宝宝"从桌洞里拿出来的次数也变少了。蛋宝宝幸存的数量明显增多。放学时，孩子们骄傲地互相交流，"你看我的蛋宝宝一点儿都没坏""我给蛋宝宝做的家特别安全"，等等。

（六）活动反思

护蛋行动不仅仅是一场游戏，实践活动的教育目的在于引导学生在游戏化的活动中体验、运用、实际获得。课堂交流时，学生从以下几个方面进行反思，思维逐渐多角度，走向深刻性。

1. 保护蛋宝贝各有高招，最优方案是什么？方法有三种，哪种最安全？

一是直接把"蛋宝宝"拿在手上；二是用某种材料直接把蛋装起来，如，塑料袋、纸杯、彩泥、小篮子等；三是在某种可封闭的材料中铺上软的棉花、海绵、布头等，把蛋裹在其中并封上。

经过统计，放在封闭盒子里的"蛋宝宝"成活率最高。全班一半学生采用这种方法，80% 的蛋宝宝都安全度过一天。

孩子们总结出经验：要借助材料保护脆弱的蛋；带着"蛋宝宝"的时候不能跑跳，要小心对待它。这就是认识的提高，思维能力的提升。

2. 护蛋心切，蛋破掉时的心情怎样？

通过护蛋日记，回忆蛋破掉时的心情以及当时的感受，孩子们重温了当时难过的经历。这为理解父母育儿的良苦用心打下感情积淀。

"蛋宝宝"破掉时，孩子们的心情很难过，也很自责。听到他们嘴里会自己念叨"要是刚才我……就好了"。

后悔总是在事后，孩子们理解了"事后诸葛亮"这句俗语的含义。更懂得了做事情瞻前顾后的科学方法，不要一时意气行事。

3.联系生活。当你受伤时，家人的心情？

由蛋宝宝的失事，孩子们联想到自己受伤时，家人的心情。每个孩子都是父母的"宝贝蛋"，把自己护蛋的心情与父母心疼孩子联系起来，体会到当自己受伤时，父母内心的难过、自责。从而感同身受，理解父母对自己的深爱。

有一名同学太爱她的蛋宝宝了，课间时不时地把它捧在手心欣赏，可是，一不小心，蛋宝宝滑落在地上，她伤心地哭了起来……她在反思中说道：我很伤心，蛋宝宝在我身上只待了半天，我没有照顾好它，而妈妈照顾我们却要坚持那么长的时间，妈妈真的很辛苦，以后我要更爱我的妈妈。

4.联系自己，如何保护自己？

根据保护"蛋宝宝"过程中的体会，联系到自己的生活，学生思考：怎样在日常生活中保护自己，不让爸爸妈妈担心呢？

孩子们列举在各类游戏中、外出活动中、与小朋友相处中的事例，表达自己对"安全"的重视。

5.差异性省思：护蛋的过程中你对自己的新发现？

孩子对自己的发现主要分为两类：发现自己的爱心；体会父母的良苦用心。

6.语言训练：把今天的启示讲给妈妈听，说一句感恩的话。

【活动效果】

蛋是有生命的，保护鸡蛋就是保护生命，保护蛋宝宝的目的就是想让孩子体验照顾人的辛苦。现在的孩子大多是独生子女，由于受到父母长辈的宠爱，容易养成以自我为中心，很少能考虑他人的感受。通过保护"蛋宝宝"活动来增强孩子"爱"与"被爱"的双重体验，培养孩子的耐心和责任心，激发孩子保护他人的潜能。

四、基于主题的教学实践活动案例二

描绘彩蛋 感受美好生活

（一）主题内容设计

充分发挥语文学科以文传情的优势，融合美术学科的专业知识，促进学生对美的彩绘，创造表达对美的感受，培养审美情趣，提高对生活的感悟能力。在独立创作、合作分享中锻炼表达能力；朗读诗文，提高思维能力，提升对美好生活的感悟。

（二）教学目标设计

1. 独立创作蛋画，能利用文字和图画表达对美好生活的向往，提高思维的完整性和逻辑性。

2. 共创"美好生活"的作品，学会合作，能与他人分享自己的创新作品。

3. 能完整、清楚地介绍自己的设计，提高语文综合素养；朗读诗歌，提升对美好生活的感悟。

（三）教学资源与实践条件设计

1. 教学资源

美术教师具有 20 多年的教学经验，能够结合活动提供专业的美术知识，巧妙地引导一年级的学生领悟绘画技法，提高学生描绘彩蛋的效果。

学生具有指印画的经验，能够合理想象、构思画面，迁移指印画的技巧创作新画面。

2. 实践条件

家庭为活动准备多个鸡蛋，便于学生反复练习绘画，锻炼技能。教师提供指印画所需印泥。

3. 课时安排：共 3 课时。

（四）教学过程设计

1. 创意绘画

每一个宝贝蛋都有一个小故事，对幸存的蛋宝贝，你想怎么打扮它呢？你想画什么，表达你的心情呢？

播放视频：美术老师讲解用色技法、色彩搭配技法和原则。

出示：蛋壳绘画范例及技巧。

谈话领会蛋壳染色技巧及选蛋原则。

2. 独立彩绘，互助合作：

根据个人特长，自主选择彩蛋绘画方式。

学生独立思考，写写自己的创意卡。

独立彩绘，边绘边创故事。

宝贝蛋创意卡

宝贝蛋有创意
蛋爸与蛋妈为宝贝蛋创意设计
因为 _____，
我要画成（什么样）_____。

【活动效果】

学生年龄小，手部的小肌肉群不发达，但是笨拙挡不住他们彩绘的热情。有的同学喜欢画表情，就小组合作画了一组表情各异的小脸蛋。有的同学有一定的指印画的基础，就伸着小手在鸡蛋上印指印，一朵花、一只小老鼠很快生动地展现出来。还有的同学喜欢涂色块，一条条一块块，真画出了"彩"蛋。这是孩子们创意的表达，创新思维的具体体现，每一枚彩蛋都承载着他们美好的故事。

3. 同桌交流，讲讲宝贝蛋的新故事。

每位同学都展示并讲解自己的宝贝蛋创意和故事，无论精彩与否都是有趣的。

"小老鼠出去找吃的，找到十几粒花生米。它只能搬三粒，剩下的怎么办呢？哎，我请朋友们来帮忙吧！它迅速地跑回窝里，叫来了最好的朋友二毛和长尾巴。它们把花生米搬到一张纸上，一起拖着纸，把花生米都搬回了家。"这个指印画小故事，不仅有趣还有合作意识，孩子们的创意很有思想。

在白鸡蛋上作画，颜色鲜艳，孩子们的艺术热情被激发，创意故事语言生动，内容感人。女同学总是细腻地表达美的感受："下雪了，小树叶不想落在地上，它们三个好朋友紧紧地挤在一起。一阵冷风吹过，它们一起飘落在洁白的雪地上，小脸冻得通红。朋友们在一起，组成了一幅美丽的画。它们多高兴呀！"

【活动效果】

一年级学生编故事带有浓浓的生活痕迹，总是在故事中复现自己生活中见到、听到，甚至想象到的事和物。充分发挥学生的想象，鼓励创意故事，锻炼了学生思维的完整性。这种把语文学习和生活关联起来，既根植于生活，又立足于语文训练，吸引孩子积极投入，兴趣盎然，锻炼了表达能力。

4. 全班展示，评选最佳。

小组里选出最佳创意故事，在班级展示讲一讲。当众表达是能力，更是增强自信的锻炼。在小组推选、练习的基础上，学生都兴致勃勃地给全班同学讲了自己的故事。同学们听得专心、热心，而后填写"最佳蛋宝贝"评选单。

"最佳蛋宝贝"评选单

最佳宝贝蛋
为最喜欢的宝贝蛋投票
因为_____，我选_____的宝贝蛋为最佳。

5. 全班合作，共创新故事。

①围绕主题，形成班级主题——我们的美好生活。

同学把自己的蛋宝贝放到班级这个大家庭里，又有什么新的故事发生？大家都有自己的奇思妙想，能不能创编一个新故事呢？小组合作，试一试再次编故事。

②蛋宝成家，创意新故事。

③小组展示，合作讲故事。

④自由投票，评选最佳故事：奖励小组合作。

最佳故事评选卡

> **最佳故事**
>
> 为小组合作评奖
>
> 1. 故事内容最有趣（　　　）。
> 2. 我最喜欢故事中的（　　　　　　　　）。
> 3. 讲得最清楚的小组是（　　　）；讲得最有趣的是（　　　）。

【活动效果】

　　全班的彩蛋重新组合，形成了几个小主题，有"十二生肖"，有"小小动物园"，还有"美丽风景""多姿的表情大家庭"。这个场面的确令学生震撼，他们惊讶、兴奋，编故事的热情再次被点燃，纷纷地主动合作，创编新故事。这一幕，师生都感受到了合作的力量。

（五）抒写感受，获得启示

1. 组织反思，梳理活动内容

今天我们做了什么？小组里回忆说一说。集体交流，说收获。

2. 总结提升，懂得生活美好

个人的小故事很有趣，创编的班级新故事，让你有什么发现？

有的同学说："才发现我们的生活有很多有意思的地方。"有的同学感受到集体的力量，说："一个宝贝蛋很好看很有趣，大家组合起来更棒，故事更好玩。"有些学生通过现象感悟了道理："大家的宝贝蛋放在一起，组成大家庭，让我震动，合作、团结的力量最大。"更有的孩子说："一个人的快乐与人分享就变成了大家的快乐。"这就是孩子在活动中的实际获得。

3. 抒写收获，获得多元启示

（1）一起欣赏一首小诗，说说懂得了什么？

　　快乐是一只吉祥的鸟儿，

　　能在心灵的枝头唱出婉转优美的歌；

　　快乐是一个人的，

与人分享就变成了两份快乐。

生活中的快乐时时有，

用心体会快乐多。

快乐幸福很简单。

（2）用简单的词语或者句子抒写这次活动的感受。

鼓励自由表达自己的真情实感。遇到不会写的字可以画图、写拼音。

宝贝蛋启示卡

宝贝蛋给我的启示故事
写一写"童心绘彩蛋 共创美好生活"活动的收获
1.我觉得最有趣的是（　　　）。（宝贝蛋、故事、小组……）
2.我最喜欢的是（　　　）。（宝贝蛋、故事……）
3.我最大的收获（　　　）。（画、讲、说、编、展示……）

【活动效果】

结合绘彩蛋活动，读这首小诗，丰富学生的感悟。有的谈到了分享的快乐，有的谈到了与人合作的结果，还有的反思自己没有跟同学交流。反省式思维，促进学生多角度思考，从活动过程看收获，从与人合作看交往，更从情感提升看素养。

（六）教学效果分析

在设计语文实践活动时，我们既关注语文本位的学科能力的培养，又关注课程的整体育人功能。在本次语文实践活动中，学生先独立思考和创作，学会思考；又分工合作创编新故事。既用自己的双手创造快乐生活，又学习运用丰富的语言积累，表达生活的美好。活动中既锻炼了听说读写能力，又培养了审美情趣；既立足于语文学科，提高学科能力，又延伸到生活，为培养身心健康、热爱生活、珍惜生命的全人做出努力。

1.体现学科内整合

这次活动设计了一个个的小情境，为学生创设了一个个语言运用的情境，创造了生动有趣地表达的"场"。努力做到语文基本能力的综合发展，如先说后做，先画后写，有感生言，以思促说，说促进思，这个互促过程进一步促进了思维发展。

2. 加强学科间的联系

实践活动改变了单一的学习内容，增强了语文与其他学科的联系，达到相融相生，一加一大于二的实效。在活动中，学生学习在蛋壳上作画，表达彩蛋背后的故事，把画与说结合起来，培养热爱生活、装点生活的审美情趣。如何构图、选色、怎样在立体蛋壳上绘画，这需要专业的美术教师给予指导。专业指导后，学生的作品的确构图美观大方、含义丰富、色彩和谐，达到了激发学生热爱美好生活的目的。在此基础上，让学生写一写感受才有的放矢。如果没有美术教师的专业参与，学生作画定效果不尽如人意，情感表达也难以在笔尖流露。因此，学科间互相促进，达成了本次活动的目标。

（本论文获得北京市基础教育教育教学成果一等奖，并入选《小学语文学科实践活动课程案例研究》一书）

第二节　以测量为核心

——基于 10% 数学综合实践活动的开发与实践

设计者：祁红　张晴　侯丽丽　王昭晖

北京教育科学研究院丰台实验小学在"北京教育科学研究院丰台实验小学发展指导委员会"专家的指导下，切实走内涵发展之路。在调查研究、广泛论证的基础上，提出了"每一个都重要"的办学理念。《北京市实施教育部〈义务教育课程设置实验方案〉的课程计划（修订）》的出台，为学校课程改革指明了方向，如何把过去的实践与课改精神相结合，找到切入点，为此我们进行了深入的研究与探索。

一、研究背景

（一）课程改革的新形势

2015 年 4 月北京市教委发布《北京市实施教育部〈义务教育课程设置实验方案〉的课程计划（修订）》。根据《课程计划》，北京将在科学论证的基础上，进一步扩大各区县和学校课程建设自主权。进一步下放课程自主权到学校，鼓励学校根据学科、课型等积极开展长短课、大小课相结合的课程实验，总学时时长不得超过相应年级规定的学时总量。

此外，《课程计划》倡导课程创新实验，加强综合性实践活动课程建设。中小学校各学科平均应有不低于 10% 的课时用于开展校内外综合实践活动课程。该类课程可以某一学科内容为主，也可综合相关学科开展。学科实践活动系列课程由市、区县、学校三级共同组织开发实施，鼓励广大社会资源单位参与课程建设。

根据《课程计划》，综合实践活动课程包括学科实践活动、信息技术、劳技、研究性学习、社区服务和社会实践等，旨在使学生通过亲身实践，综合培养人文、科学素养，培育和践行社会主义核心价值观，提高综合运用知识解决问题的能力、交流与合作的能力、创新意识与实践能力；让学生有适当的劳动体验，通过出出力、流流汗，培养学生正确的劳动价值观。

《课程计划》指出，学科实践活动课程的开发和实施，要突出实践性、探究性，尽量依托参观、调研、制作、实验等形式，要逐步形成学科内综合以及跨学科多主题、多层次（知识类、体验类、动手类、探究类等）的系列课程。

（二）《数学课程标准》对综合实践的定义

《小学数学课程标准》虽然没有对综合实践进行定义，但是数学中有"综合与实践"，也对我们的研究起到了指导的作用。

课标中对综合与实践定义为一类以问题为载体、以学生自主参与为主的学习活动。在学习活动中，学生将综合运用"数与代数""图形与几何""统计与概率"等知识和方法解决问题。"综合与实践"的教学活动应当保证每学期至少一次，可以在课堂上完成，也可以课内外相结合。

《义务教育数学课程标准解读》中指出，现在学校内数学教学的主流形式是讲授式、传授式，"教师讲解概念方法、例题示范，学生模仿练习、作业巩固、复习提升"，这是"先教后学"的模式，但它不应该是学生学数学的唯一模式。"不教不会，不练不会"并不是学数学的最主要的东西，现在学生普遍缺少的是自主学习、独立思考、自主解决实际问题的机会和能力，缺少应用意识、问题意识，这恰恰是创新人才的核心素质所在。

综合实践活动是培养创新意识的重要载体。综合实践充分体现数学的应用价值，帮助学生把握数学的特点，更好地理解数学的源与流。因此要通过"综合与实践"让学生认识到数学有用、可用、能用，进而想用、会用。

（三）寻找课内与综合实践的结合点——测量

数学综合实践课是课程改革的一大契机。这样的综合实践活动，不仅仅要勾连起数学的各个分支，还要促进数学与语文、科学等其他学科之间的联系，引导孩子们发现身边的日常生活所涉及的内容不单单是数学、语文，而是综合了各个学科的知识，综合了各种各样的工具，综合了各种各样的方法……

这样的综合实践课，在突出数学学科的同时，辐射到其他领域。需要注意的是这里的整合不是几个学科简单拼凑而成的四不像的怪物，而是有着鲜明学科立场的整合。各科教学在内容的安排上，注重彼此间的联系。相对于独立学科而言，需要教师进行沟通，对课程安排进行详细、周密的协调和计划。

"学科+"，所谓的"+"绝不是简单的加法，而是丰富的乘法。

纵观小学六年12册京版数学教材，梳理数学能力和学科素养脉络。从教材内容而言，简单而有意义，同时能激起学生的好奇心。基于教材内容、尊重学生兴趣、培养学生的数学素养，我们设计这次主题实践活动。确定以"测量"为主题的系列综合实践课程。我们出于以下的几点考量：

1. 常见的量是小学数学"数与代数"领域的重要内容之一，这些计量单位的认识都和实际问题有紧密的联系，需要在现实情境中引入，在解决问题的过程中理解和掌握。而几乎每一个"常见的量"背后都离不开测量。

2. 书本上所能体现出来的测量大多具有局限性，如时间的测量仅能观察到表针的变化却体会不到时长，长度的测量局限在十几厘米范围内的线段测量，而实际生活中的测量值往往大于学生尺的测量范围等。

3. 学生在日常生活中对常见的量有所感悟，但是测量的经验比较缺乏。学生在日常生活的实践中，往往因为操作工具缺乏、测量需求少、家长老师包办代替，而错失了测量的机会。

因此，选择"测量"此内容也是对教材内容的一种补充和完善，在丰富学生的数学知识的基础上，起到了培养学生动手、动脑、使用工具、团队合作等多方面的能力，在不同的学段，都有其特殊的意义。

二、结合学校的文化体系 构建"数学+"课程体系架构

（一）学校文化体系

1. 学校的办学理念："每一个都重要"，包括三层内涵。

（1）每个人都重要：指每个人都受到尊重和重视。每个人的行为很重要，每个人的语言很重要，每个人的表情很重要，每个人把每件重要的事情做好很重要。

（2）每个人都独特：每个人都有价值，每个人都能带来变化。主要是指每一名学生的家庭背景、思维类型、认知方式、性格特征等都不同，存在差异。而每一个人的兴趣、潜能、智慧都需要点亮，尤其在成长的关键期。因此作为教师要了解差异、包容差异、理解差异、善待差异、完善差异。这里包括两层含义，一层是每一名学生达到基础底线，即能够达到学校的基本目标以及课程标准的要求。二是每一名学生都能得到个性化发展，差异发展。

（3）每件重要的事情做好很重要。

2. 学校的培养目标：懂规划、用工具、会学习、善沟通，有动力、有能力、有方法可持续发展。

3. 构建"每一个都重要"文化体系

基于对文化的认识和理解，我们将"每一个都重要"文化建设纳入学校整

体工作中，认真规划并实施，并通过"每一个都重要"文化建设深化"每一个都重要"的办学理念，将"每一个都重要"文化建设的内涵不止停留于营造一种文化氛围，更重要的是将其作为一种品质、一种教育目标来实现。为此，我校以"每一个都重要"为核，完善"每一个都重要"的精神文化体系，通过"每一个孩子站在中央"的课堂文化，"每个孩子都有选择权"的课程文化，"每一孩子都成为主角"的德育文化，"每一位教师成为用脑子工作的善行者"的教师文化，"让每一个孩子享受高贵生活"的物质文化等维度进行探索与实践，努力构建能够充分展示我校个性魅力和办学特色的学校文化体系，实现师生素养的提升，促进办学质量的提高。

（二）学校的课程体系——建构"每个生命独特绽放"课程体系

在基教所、课程中心和基教研中心的共同指导下，学校对学生进行了现有课程情况的调研。调研结果发现：

1. 学生对现有课时课程基本认可，但是认可程度不算高，有调整课程结构以进一步服务满足学生需求的必要性。

2. 讨论时间、动手时间、教师单独指导时间还存在缺口。

3. 学生对于活动类课程更有兴趣。

在专家的指导下，我校准备开展以"调动学生学习需求"为目的，以"提高课程的主体参与度"为方向，以"了解每一个、尊重每一个、帮助每一个、发展每一个学生"为特色进行课程结构变革实验。

建构了"每个生命独特绽放—五三一"课程体系。一个核心：每一个生命独特绽放为核心；五大素养：运动健康、人文、科技、艺术、国际理解素养；三大层次：基础课程，实践课程和探究课程；一大综合："学科＋"综合实践活动课程。

（三）确定"数学＋"综合实践课程的系列主题

在学校的综合实践课程体系架构下，"数学＋"综合实践课程以"测量"为主题，在不同的学年段，根据学生的年龄特点和能力培养目标，分别以时间、长度、角度为内容进行切入，涉及历史、科学、美术、手工、信息技术、食堂资源等多领域。

表 9-2-1 "数学+"综合实践课程的系列主题

关注点	年级	主题	目标	涉及领域
提出问题 发现问题 分析问题 解决问题	一年级	"嗒嗒嗒，时间的脚步"——时间	1. 通过观察钟面提出问题，认识钟面，会认读整时和半时。 2. 在认识钟表的过程中，学会观察、比较等方法，培养学生的观察能力。 3. 在设计钟表的过程中，培养学生对数学的兴趣和创新思维。 4. 在交流展示的过程中培养学生清楚表达的能力，并学会倾听。	1. 美术课 2. 手工课 3. 历史 4. 科学
	二年级	"谁的纸飞机飞得远"——距离	1. 掌握测量方法，正确应用长度单位，会使用测量工具。 2. 通过研究飞行路线，学习正确辨别方向。 3. 在制作纸飞机的过程中，了解折纸技巧以及纸飞机的装饰技巧。 4. 在交流展示的过程中，培养学生倾听和表达的能力，并尝试初步进行小组合作。	1. 手工课 2. 美术课
	三年级	"亲历过程，体验价值"主题——周长	1. 掌握测量方法，正确应用长度单位，会使用测量工具。 2. 能根据身上的尺子估计身边物体的长度。 3. 能灵活运用测量方法测量不同物体的周长。 4. 能在实际制作中感受同等周长可以形状不同。 5. 在制作风筝的过程中了解风筝的历史文化，了解风筝的绘画技巧和画面构成方式以及风筝不同图案的不同含义。 6. 通过发现校园中国旗杆影子长度的不同，启发学生关注数学和自然科学的联系。 7. 通过绘图，初步认识周长在绘图中的应用及学习和认识测量的价值。进一步体会学习数学的价值。	1. 美术课 2. 手工课 3. 校园生活
	四年级	"做一把我喜欢的椅子"——角度	1. 通过测量椅子靠背的角度，使学生感到角在生活中无处不在。 2. 在制作椅子的过程中，培养学生的4C+1（交流、沟通、合作，创新）能力。	1. 信息技术课 2. 美术课 3. 手工课 4. 校园生活

（四）成立跨学科研究团队，为课程实施提供保障

相对于独立学科教学而言，"学科＋"综合实践课程，更需要不同学科教师之间的沟通、交流、研讨，因此学校根据不同教研组的需要，组建了不同的教师研究团队。

三、实践过程

【一年级】以"钟表"为核心　主题类综合实践活动

钟表在日常生活中经常接触，我们的日常生活中处处都离不开时间的知识，学生每天起床、吃饭、上课、下课都要按照一定的时间来进行，在生活中，学生潜移默化地就感知了时间这一抽象概念的存在，而且一年级学生在学前教育时就初步认识了钟面，所以以钟表为研究对象的综合实践活动对于他们来说并不陌生，在综合实践的同时，注重对学生进行爱惜时间的教育，注重培养学生养成合理安排时间的良好习惯。

一年级组以学科素养为统领，初步确定以"嗒嗒嗒时间的脚步"为题的"数学＋"综合实践课程的系列主题，根据学生活泼好动，对世界充满好奇的特点，整合了人文、科学、美术等学科，对学生进行核心素养的培养。在4C能力＋学科目标的基础上设置了认识钟面、了解历史、现代钟表、微信钟表展和创意钟表五个主要活动。

活动 1

【活动主题】认识钟面——钟表基础知识

【活动内容】通过数学课堂学习，了解钟面是由指针（时针、分针、秒针）、数字、小格组成的；发现指针是转动的，时针转得最慢，秒针转得最快；生活中还有电子表，直接用数字表示时间。

【实际操作】学生结合数学课本知识学看钟表认识钟面，知道钟面的各组成部分，锻炼学生观察生活的能力，体会生活处处有数学，并绘制有关钟面内容的括号图。充分利用多媒体课件和学具，调动学生多种感官参与学习。让学生在看得见摸得着的情况下学习新知识。又能在实际中运用所学知识解决问题，充分体现了数学来源于生活，又服务于生活的理念。

【活动效果】在活动中，孩子们积极踊跃将钟面内容绘制成了各种各样的括号图，很多学生在括号图中用箭头的粗细、长短标示着表针的特点，不但巩固了课内的知识，孩子们对此还非常有兴趣。

活动 2

【活动主题】钟表历史——钟表发展历程

【活动内容】古时候没有钟表，人们根据太阳影子的长短来判断时间。后来又用沙漏、日晷、滴水的方法来计时，随着科学的发展，人们制造了各种各样的钟和表，给人类生活带来方便，还可以美化生活，在学校的地理园中就有古代计时用的日晷、浑天仪等，学生通过历史学习和参观，感受到了钟表厚重的发展史。渗透只有认真思考，刻苦钻研才能学到更多知识，为科技的进步做贡献。

【实际操作】通过历史简介，纵向了解钟表的发展过程，体会计时是来源于生活的需要，体会钟表的发展是随着人类社会进步而进步的。与此同时，通过将黑板的古代计时工具涂上颜色，根据应用的时间给计时工具们加上箭头，进行排序，学生们丰富了对钟表历史的了解。

【活动效果】给计时工具们涂色是孩子们非常喜欢的活动，很多孩子都把这些计时工具们涂得五颜六色，通过这样的方式，更细致地了解了计时工具的各个部分。对这些古代计时工具的了解也更加深刻。这些涂好的计时工具布置在走廊的展板中，每当有其他年级的孩子来参观时，我们的孩子们总是积极地给他们讲解，"这是水钟""这是日晷"……

活动 3

【活动主题】多样钟表——钟表功能拓展

【活动内容】通过现代钟表，横向了解现在各式各样的钟表，开阔学生视野，有助于培养学生的想象力，为后面学生自己创作钟表做铺垫，并将了解到的有关钟表历史的内容绘制圆形图，培养学生创造创新能力、批判性思维。

【实际操作】学生通过调研，发现了各种各样的现代钟表，通过小组汇报汇总在一起，对钟表有了更深的了解。在汇报之后，又把各自的收获绘制成了"钟表圆形图"。班内交流又将这种感受深化，充分体会到计时工具的功能。同时，学生的观察和语言表达能力得到锻炼，对钟表的认识更加多元和深入。

【活动效果】学生获得了亲身感受，是真切的实际获得。同学们把了解到的关于钟表的各项内容都画在了里面，钟表有三角形、圆形、长正方形等各种形状，钟面有指针，有石英表、机械表，还有的钟表有日期，世界钟表、潜水等各种功能，钟表可以用来提醒大家起床，计时赛跑等。

活动4

【活动主题】微信钟表展——钟表不同外形特点

【活动内容】举办微信钟表展，学生寻找生活中的钟表并进行介绍，培养学生的观察能力，为后面的创作做准备，同时锻炼学生信息搜集的能力、交流的能力。

【实际操作】在十一期间，班级微信群中开展了一场别开生面的钟表展览，很多孩子都把自己在家中、旅游中、展览中，看到的各式各样的有着各种功能的钟表，发在了微信群里，并配上了自己的语音说明，孩子们把参观的空间和时间都拓展到了最大，充分分享了各自的发现。

【活动效果】挂钟、异形表、古董表、无数字的表盘……学生通过微信这种新媒体工具，把自己的发现清楚地讲给班里的同学听。学生在微信中浏览到了各式各样、各具特色的钟和表，当全班的钟表集中在一起，更激发了学生的兴趣，各自都活跃思维、津津有味地介绍着自己的钟表。既锻炼了孩子们的表达能力，促进了思维的完整性和逻辑性，又拓展了学生的见识。

活动5

【活动主题】创意钟表——发明创造"心中"钟表

【活动内容】"学习的最好刺激，就是对学习材料的兴趣。"兴趣不仅是学生主动学习、积极思考的内在动力，更是学生从事创造性活动的内在动力。它可以推动学生积极参与创造活动，对创造活动充满热情。兴趣是最好的老师，有了兴趣学生才能全神贯注地投入。创意钟表活动就是让学生更有兴趣地去制作钟表，认识钟表。

【实际操作】利用自己的材料，设计自己喜欢的钟表，并进行制作。有的学生制作了异形钟表，有的学生制作了立体钟表，有的学生对钟表进行了功能的创造，还有的学生将钟表内部的齿轮和弹簧也进行了制作，展现了钟表的内部构造。

【活动效果】在活动中，孩子们发挥了自己的创意，比如说上面提到的案例，那是一个小姑娘制作的盘子钟表，是由两个一次性餐盘叠在一起制作的，但是，它可没有这么简单。每一个钟表数字都可以掀开，后面隐藏着分钟，比如，当分针指向6，掀开就是30，这样就是30分了，孩子说，她觉得看分钟特别难，有了这个钟表，就可以非常容易认出时间了……

在寒假期间，综合实践活动也没有停止，学生设计了自己的寒假作息时间，记录了自己在寒假中每天的什么时刻在做什么，寒假结束的时候，家长反馈，孩子真的按照自己制定的作息时间，安排了自己的假期生活，看来综合实践在生活中发挥了自己的作用体现了价值。

【二、三年级】"测"量的意义　探究类综合实践活动

表9-2-2　三年级"数学＋科学、美术"活动建构

活动	主题	分目标	课时
1	测量周长	1.学校足球场、篮球场周长测量。 2.教学楼周长测量。 3.轮胎周长。 4.地理园、停车场周长。 操作步骤：猜测选定内容的周长；选定要估测的方法或工具；小组结合实际测量。	1课时
2	有趣的影子	早、中、晚旗杆影子的不同长度引发的思考。 为什么影子的长度不同？ 整理一份关于影子不同长度的调研报告。	1课时

续　表

活动	主题	分目标	课时
3	了解、制作风筝	活动目的：使学生在制作风筝龙骨的过程中感受外围的总称是周长，周长是线的维度的含义。	3课时
4	制作毛线画	1. 用同等长度的毛线围成一个不规则图形。 2. 创作你喜欢的作品。	1课时

数学综合实践课——突出问题解决的思考与方法

测量开放空间的长和宽

1. 问题呈现

学校要召开科技节，在开放空间办展览，每块展板的长是1米，开放空间可以摆下几块展板，要解决这个问题，你有什么好办法吗？

生：要知道是哪个开放空间？要知道开放空间一共有多长？要测量开放空间的长和宽？

2. 提出问题

现在我们就去测量开放空间的长和宽，你还会想到什么问题？

生：需要准备什么？（用什么工具）怎样记录？怎样合作？

3. 制定方案

请同学们针对这三个问题，设计组内的方案。制定方案的过程就是回答数学本质问题的过程。

4. 实际测量

学生进行实际测量。

5. 总结反思

（1）成功的经验是什么？

（2）出现的困惑是什么？如何解决的？

【四年级】聚焦"椅子" 探究类综合实践活动

四年级"做一把我喜欢的椅子"数学实践活动，可综合使用的资源根植于学生的现实生活。确定这一主题，源于学生学习京版教材第七册中《角的认识》。生活中的角度无处不在，促进学生对各个实物角度为何不同产生了浓厚的探究兴趣。椅子在生活、工作、休闲中人人都离不开，为开展活动能够提供丰富的实践活动素材。

对于司空见惯的椅子，设计怎样的活动才能让学生既充满兴趣，又能让实践活动深入学生心里，保证活动效果的显著而多样呢？本次实践活动依据中年级学生年龄特点，活动设计体现信息化、趣味化、体验化，创新化，有效地激发学生参与热情，激发了家长的参与热情。

活动 1

【活动主题】了解椅。

【活动内容】

1.回忆内容，生活中的角。

学生学习京版教材第 7 册第《角的认识》之后，对结合文中最后一句话"生活中都在哪见过角？"轮船、火车、滑梯、椅子……应学生所需，开展实践活动。

根据生活经验，学生说一说都知道有哪些椅子？学生椅，办公椅，休闲椅……猜测这些椅子都在哪里有角度？大约是多少度？每一种猜测学生脑中都是一个椅子的画面。

学生自主选择小组上网搜索有关椅子的相关内容；例如，椅子的结构、椅子的功能、椅子的种类、制作一把椅子要考虑的因素……想到了什么？搜索了什么？有什么注意事项？

2.小组内相互的交流、提示。

学生依所选的项目自愿成组，共同起一个适宜的团队的组名。

绘制圆形思维图——"椅子的基本及结构"。

泡泡图——"制作椅子要考虑的因素"。

【活动效果】上网搜做关于椅子的相关内容。培养了学生独立解决问题的能力。给予学生广阔的想象空间。充分发挥课上学习的信息技术的知识填补对椅子了解少的这一空白。在同学的合作中学生的沟通能力、与人合作的能力搜索信息的能力得到加强。

活动2

【活动主题】设计椅。

【活动内容】

1. 设计一把我喜欢的椅子。根据查到的关于椅子的相关信息，设计我喜欢的椅子。可以选择合作伙伴思考内容：我设计的椅子的功能，材料的选择，舒适的程度，适宜的场所，等等。

2. 展现的形式。学生带着任务观察生活中不同场所的各种椅子，在老师引导下，有目的的看、想，获得充分感知。展现的形式可以文字描述，也可以配有简单的设计图纸。

3. 班级交流时，学生认真倾听，补充完善思维图，全面了解了椅子的各种功能及怎样才能凸显自己的设计特色。

【活动效果】学生获得了亲身感受，是真切的实际获得。而绘制思维图，班内交流又将这种感受深化，充分感受一把简单的椅子其设计背后也源于很多的知识和思考。同时，学生的观察和语言表达能力得到锻炼，对椅子的设计认识更加多元和深入。

活动3

【活动主题】（制作）创造椅。

【活动内容】

1. 调整策划制作椅子方案——懂得规划，科学优选措施。

2. 确定制作椅子选用的材料——匹配设计，沟通生活联系。

3. 亲手制作具有特色的我喜欢的椅子——热爱生活，运用椅子表达。

4. 回顾自己的制作历程填写省思卡——发展思维，走向深度学习。

【活动效果】学生亲身参与制作椅子的活动过程，用自己的智慧、耐心和细心让椅子凸显自己的设计理念。硬纸、塑料、易拉罐、棉花、鸡蛋壳、彩泥等，各种材料的选择多种多样；休闲椅，沙滩椅，办公椅，沙发椅……适宜的场所无处不在；舒适的程度，牢固的状态，功能的多样……考虑得无比周全。过程中学生亲身经历，引发真情思考，感受制作的快乐，合作的幸福。活动后把过程说一说、写一写，同学间讲一讲，相互取长补短调整自己的作品。学生的动手能力、沟通能力、创新能力得到锻炼。

活动 4

【活动主题】推销椅

【活动内容】自己设计的椅子是否有市场、是否有人喜欢，还要亲自做一下调研，每个同学拿着自己的椅子到老师们、学生们、家长朋友们或者路人那里进行推销，做一次实地的考察。

1. 介绍自己椅子的功能。

2. 请顾客为自己的推销和自己的椅子打分。

3. 请顾客对自己的椅子提出建议，加以改正。

4. 完成小作文《我的第一次推销经历》。

学生制作后大胆地走出教室向老师、同学、家长、路人畅谈自己的设计理念，与人的沟通能力，口头表达能力，写作能力得到锻炼，自豪感不由得油然而生。

【活动效果】对自己作品的高度认可，走出教室大胆地表达，真诚地接受别人的建议，学生乐在其中……见物能生言，把自己的创作历程清楚地讲给别人听，从中感到自豪和自信。当全班的作品集中在一起，更激发学生的创作兴趣，锻炼了孩子们的表达能力，促进了思维的完整性和逻辑性。

活动 5

【活动主题】反思椅

【活动内容】

1. 介绍自己椅子的特点，乐于与小组同学分享自己的作品，互相说说与众不同之处。

2.反省制作椅子活动过程中对自己将来再次制作的启示，多角度思维多重收获，写省思卡。

【活动效果】这次活动促进孩子们深度观察生活，发现一张简单的椅子能让生活充满情趣。与爸爸妈妈，同学制作的过程，密切了亲情和同学间的协助。与此同时，孩子们亲自制作，做出每个人与众不同的特色椅子，既增强了操作能力，又体验到了创新的快乐。更是感知和体验到了解决问题的全过程。如此，一项活动多重收获，从学校到家庭的实际获得，孩子们切身喜欢这样的实践活动。

五次活动既单独成系统，又呈现活动间教学目标的逐层递进：由最初的对椅子的不了解一直到制作出有自己特色、有不同功能、适用于不同场合的各种用椅，活动内容由课内到课外延伸，延伸到不同学科，不仅在课堂上合作交流，更在家庭中协作互助，也在人群中沟通交流，让数学知识在生活、社会中"用"起来，学生的各种能力得到全方位锻炼。

四、实践效果

1.学生的综合实践能力得到了提高

解决问题的能力不需要单独教授，而是需要在具体的学科、具体的情境下学习，尤其是学生熟悉的、真实的情景。只有在熟悉的情景下，才能进行批判性思维，因此学校"数学＋"综合实践课，具有真实的情境性特征。它不是教授学生孤立、抽象的数学知识，而是强调还原于丰富的生活，结合生活中有趣、挑战的问题，通过学生的解决完成教学。实践活动不仅仅是一场游戏。它的教育目的在于引导学生在游戏化的活动中体验、运用、实际获得。

2.学生的创造思维得到有效发展

在活动中，学生充分锻炼了自己的审美、逻辑、创意思维能力，创造钟表从纸质的到立体的，从废旧光盘到铁质包装盒，孩子们充分发挥自己的想象，利用各种材料进行创造。

3.对教师的促进作用

综合实践活动用 10% 的课程促进了 90% 的课程反思，同时也促进了教师教学的改革，从以前的担心学生"可不可以""行不行"，到现在的发现孩子们身上越来越多的"可以"，越来越多的"可能"，教师本身也在发生着变化。

五、成果与创新——实践过程中，关注核心素养的培养

（一）关注"问题解决"的学习方式

"学科＋"综合实践活动课程，更加关注"问题解决"的学习方式。旨在让学生在"发现问题—确定问题—收集资料—研究问题—发表成果—总结反思"中应用知识、锻炼能力、发展思维、彰显个性。同时帮助学生体验科学研究的一般方法。

在实践活动中，我们不断追问"如何做""怎么办"，学生也在实践活动中不断地收获着。

在数学《测量开放空间的长和宽》中，我们就设定了生活情境，学校要召开科技节，在开放空间办展览，每块展板的长是 1 米，开放空间可以摆下几块展板，要解决这个问题，你有什么好办法吗？

生：要知道是哪个开放空间？要知道开放空间一共有多长？要测量开放空间的长和宽？

现在我们就去测量开放空间的长和宽，你还会想到什么问题？

生：需要准备什么？（用什么工具）怎样记录？怎样合作？

（二）关注深度学习

美国国家研究理事会（NRC）概括出深度学习的本质，即"个体能够将其在一个情境中的所学运用于新情境的过程（即'迁移'）"。大量研究表明，当学生深度学习，而不是浅表学习，且学习如何将知识运用到真实世界（社会生活或实践场景）中时，其对内容的保持会更好，并可以进行概括和运用到更广阔的情境，即迁移。学习科学家认为，深度学习还是浅表学习是学校教育成功或失败的关键原因。

　　二年级的赵佳老师讲述到"在测量操场的长度"的时候，很多孩子着急他们想测量操场的长度，但是尺子都不够长。我想还是先不要直接告诉方法，于是提醒他们如果尺子的长度够长肯定就可以测量了，有没有什么好办法，把尺子的长度变长些呢？其中一名女生恍然大悟，果不其然，她们两人拿起自己的卷尺，并且还叫了其他人，她们商量了一番后开始分工合作，有人按着第一把卷尺的起点，有人按着第二把卷尺的起点和第一把卷尺的终点的连接处，有人按着第三把卷尺的起点和第二把卷尺的终点的连接处，有人按着最后的测量终点，还有一个人专门记录数据。真是合理的分工啊，看到这里，我内心深处不禁为这些孩子们的智慧点赞！

　　孩子们测量完开始集中了，像是在讨论着什么，我带着好奇心走过去发现 80 ＋ 35 不会算，原来是计算上出现了问题，因为目前还没有学过千以内的加减法，所以对他们来说存在难度。我正想着要不要开口提醒，就听见有人说"80 ＋ 20 等于 100，然后再加上 15，应该等于 115""对，就是 115"，其他同学赞同道。听到这里我再一次被孩子们的灵活的思维震惊了，他们又给了我一个惊喜。见我走过来，他们都过来问我，把刚才他们的想法又跟我叙述了一遍，我称赞道："你们计算得非常准确，思路多么清晰啊，把 35 变成 20 和 15，把没学过的问题变成学过的问题，你们这么容易就把难题解决了，真了不起！"说着，我向他们竖起了大拇指，他们一个个开心的脸庞上扬，别提多骄傲了。

（三）关注个人省思意识的培养

　　在整个综合实践活动实施过程中，我们更加关注学生内省意识的培养。杜威认为人们的思维有各种不同的方式，其中"思维较好的方式叫反省思维"，"这种思维乃是对问题进行反复的、严肃的、持续不断的深思"，"反省思维可以在怀疑、批判、创造中使人超越"。因此，在课程实施过程，会提供给学生充足的实践与机会，鼓励其以多元的方式，从容地表达自己体验与反思，建立个人省思意识。比如按照活动的三个阶段将省思分为事实省思、差异省思和整合省思。

1. 事实省思：陈述现在的行动或事实。

2. 差异省思：沉淀行动的历程，看行动是怎么来的？

3. 整合省思：基于这样的一种认知，我校在二年级《谁的纸飞机飞得远》课程设计了这样的行动反思。

测量纸飞机的飞行距离不仅仅是一场游戏。实践活动的教育目的在于引导学生在游戏化的活动中体验、运用、实际获得。课堂交流时，学生从以下几个方面进行反思，思维逐渐多角度，走向深刻性：

1. 观察测量数据，你发现了什么？

大多数学生测量的数据都是白色纸飞机比创意纸飞机飞得远，当学生们发现这个现象之后就展开了激烈的讨论。当他们认真观察这两个飞机之后，终于明白其中的原因了。孩子们用他们简单、稚嫩的语言这样形容：

①因为创意纸飞机用彩笔在上面画画了，所以变重了，就飞不远。

②因为我在创意纸飞机上装饰了很多东西，机身变重了，所以没有白色纸飞机飞得远。

2. 这次课程中你最喜欢的活动是什么？

孩子们各自说着自己喜欢的活动：

①喜欢"问题的提出"，因为让我思考了许多关于飞机的问题，对飞机产生了兴趣。

②喜欢"认识测量工具"，因为这节课让我学到了书本里看不到的其他测量工具，了解了测量的历史。

③喜欢"放飞纸飞机"，因为我喜欢这种上课的方式，我们可以自己动手制作属于自己的飞机，自己进行测量。从中学到很多知识。

3. 在活动中，你遇到了哪些困难？怎样解决的？

学生们在反思卡上回想着整个综合实践的过程中遇到的困难，以及如何解决的。这个过程就相当于让学生回忆着自己从这次综合实践当中的点滴收获。

这些问句的优势在于能够让学生对活动进行深入的体验与反思，不是停留在表面的活动。经验的产生是连续的，它会影响未来的某一个经验，因此，活动设计时，必须要适时运用内省与分享方式，来帮助学生建立个人内省意识；有助于学生在反思之后，将解决问题的能力和积极态度运用于今后的日常生活。

（四）关注沟通交流能力

沟通交流包括发出信息和接收信息两部分。"学科＋"实践课程关注学生的交流能力。沟通交流也是 21 世纪的核心能力。

四年级《做一把我喜欢的椅子》，专门设计了调研、评价环节，这一环节学生要调研到底大家喜欢什么样的椅子，想要有哪些新功能。设计结束后还要找三个学生、两个教师、一个家长、一个参观者为自己的研究成果做评价。在找人评价前，学生要组织语言进行有效的沟通……

一个个活动，一次次沟通交流，学生的状态悄悄地发生了变化。过去在众人面前说话声音细若蚊蝇的学生，开始以嘹亮的声音发言了；过去兴趣不能持续，对活动不能集中精力的学生，都能持续地精神饱满地参与活动……

（五）关注真实的情境学习

四个年级的综合实践活动都是以生活常见的情境为切入点，一年级研究钟表时间，二年级研究纸飞机的飞行距离，三年级研究物体的周长，四年级研究椅子的角度，都是生活中的实际问题。

"雄关漫道真如铁，而今迈步从头越。"我们努力在学科之光、问题之智、主题之美中，大胆改革，相信随着我校课改的不断深入，我们的数学"学科＋"综合实践活动课程一定会走出自己独特的路！

（设计者：祁红　张晴　侯丽丽　王昭晖）

第三节　小学低年级学生英语音素意识培养的实践研究

设计者：闫庆锋　孙宏志　王思婧　赵曌　崔咏欣　景莉影

一、音素意识培养的背景

教育家们研究发现，儿童的阅读习惯与未来的学习成就有密切关联。学生阅读经验越丰富、阅读素养越高，越有利于各方面的学习，而且越早越有利。王蕾教授团队在《中国中小学生英语分级阅读标准》一书中提出培养学生阅读素养应从阅读能力和阅读品格两方面入手。解码能力是阅读能力的基石，解码能力中包含文本概念、音素意识、拼读能力和阅读流畅度，其四项能力层层递进。Israel（2008）认为儿童早期阅读能力起始于音素意识和拼读能力的发展。王蕾、陈则航（2017）提出，对小学生而言英语阅读入门所面临的主要问题和困难是建立书面词汇与其读音间的联系，儿童单词认知能力的发展是建立在形—音连接的理解的基础之上。因此，掌握拼读规则可以帮助学生解码生词，英语阅读的基础能力是拼读。学生具备一定的音素意识和拼读能力，能帮助学生自主、流利地阅读文本。拼读能力是指掌握并运用发音和拼写的搭配规则，它建立在音素意识基础之上。音素意识是指关注并熟练地运用口语词汇音素的能力（王蕾，陈则航 2016）。

北京教育科学研究院丰台实验小学英语教研组在学校领导的支持下持续进行阅读教学研究，在中国英语阅读研究院"十三五"规划第一期专项课题《小学生英语阅读素养培养途径与方法》课题研究中，以《小学低年级学生英语音素意识培养》为子课题展开了为期三年的实践探索。课题研究以低年级学生音素意识培养为突破点，基于学校学生实际及英语学习中的问题，主要体现在三方面。第一，我校学生英语水平以零起点为主。我校地处宋家庄，学生在入学之前很少有或没有英语学习经历，入学后除校内的英语课程以外很少有机会能接触英语。因此学生英语学习能力的培养需从基础能力抓起。第二，基于前课题的研究成果。2014年我校开展以培养学生阅读习惯为目标的课题研究，经过三年实践，学生对绘本课兴趣浓厚，并有一定的阅读习惯。为此我们期望学生进一步提升，实现独立阅读。但在实施过程中我们发现学生在单词拼读、句子朗读等方面存在困难。第三，学生口语能力有待提高。由于我校学生没有很好的语言学习环境和语言积累，导致学生口语表达能力不强。

因此，我们选准音素意识为突破点，通过加强环境的营造和音素意识培养的方法，指导学生逐步解决"会发音"这一核心问题。

二、音素意识培养的重要性

音素是最小的语音单位。音素意识是学生对音的掌握，学生了解词由音素组成，而且各个音素发音有区别并具有拼成词的能力。美国儿童阅读指导小组在2000年，在对美国儿童阅读的大量实验实证研究总结的基础上，总结出在小学阶段儿童在阅读方面要掌握的五大能力，分别为：音素意识（phonemic awareness），词的学习（或者自然拼读）[word study（or phonics）]，词汇（vocabulary），流利度（fluency），理解能力（comprehension）。其中每一个能力都是以前一个能力的发展为基础。由此可见，"音素意识是学会阅读的前提"（Tompkins，2010）。

英语作为一门语言，其主要功能在于交流，因此培养学生的英语表达能力是小学教学阶段重要目标之一。发音的准确与规范是口语表达能力的基础，音素意识是发音准确的有力保障。作为非母语的英语学习，音素意识培养是授之以渔。而且，在中、高年级书面表达时，学生经常出现单词拼写错误。究其原因是学生没有理解字母及字母组合与音之间的关系，音素意识的培养可以解决这一问题。因此，音素意识是学生在小学阶段需要培养成的一项不可或缺的能力。

三、音素意识培养的途径与方法

实践过程中，依托我校绘本课程，结合京版教材语音版块，以行动研究为指导，以培养音素意识为目标，积极开发音素意识培养体系，设计外显的技能活动，推进课题深入开展。

（一）融合拼读绘本资源

基于我校"每一个都重要"的办学理念，在校长的支持和全体英语教师的努力下，英语学科在国家一级课程课时规定的基础上增加了一课时的绘本阅读课。以常规英语教材语音知识设置线索为主线，嵌入拼读绘本的思路，最终在低年级开设阅读校本课程。强调音素意识培养，使学生逐步形成拼读能力，为最终实现独立阅读、终身阅读打好基础。

王蕾教授在《中国中小学生英语分级阅读标准》中提出了小学起步阶段（一、二年级阶段）学生音素意识能力标准。根据此标准，我校将一、二年级教材语音内容进行梳理，结合能力目标，匹配难度相当、音素相同的绘本资源。其目的为：第一，发展学生阅读素养。阅读是人们"获取信息、认识世界、发展思维、获得审美体验的重要途径"。良好的阅读素养可以帮助学生在今后的生活中甄别和提取有效信息，跟上时代的步伐。音素意识虽为技能，但是指向阅读，在阅读中感知、学习与运用可以落实阅读能力与阅读品格的双目标，从而培养学生的阅读素养。第二，有效解决音、形、义问题。音素意识培养指向学生拼读能力，通过音与形的对应帮助学生解决单词发音问题。绘本资源的融入可以帮助学生有效理解单词和句子，同时解决学生音、形、义三方面问题。

基于以上分析，结合能力目标与课程内容，我校一、二年级具体规划如下：

1. 一年级上学期定位为"磨耳朵"阶段。通过补充与教材语音学习内容相同的《丽声唱学自然拼读》中的歌曲，及音素意识培养的活动、游戏和习题等帮助学生磨尖耳朵，培养学生的音素意识。

2. 一年级下学期为 26 个字母音的学习阶段。学生需要掌握 26 个字母的字母名与字母音，快速进行音素识别，并在文本中定位该单词。这一学期字母内容较多，除了教材中的学习，绘本课我们选用北师大出版社的《攀登·有趣的字母》系列中的几组字母绘本重点学习。如：a&e，c&s，f&v，qu&r。选择这些字母的依据主要有三个：1. 发音类似容易混淆的；2. 语文拼音和英文发音不同的；3. 中文没有相应发音的。

3. 二年级上学期，学习 A，E，I，O，U 五个字母长元音及发音相同的字母组合。学生此阶段需要熟练掌握长元音发音及辅音字母发音。能够熟练进行音素的识别，分离及组合。此阶段我们选择《我的第一套自然拼读故事书》中的绘本进行学习。

4. 二年级下学期，学习 A，E，I，O，U 五个字母短元音及字母组合 ar 的发音。由于本学期的学习内容在一年级下学期时有所涉及，内容相对简单，因此学生需要达到的能力目标为能够指出押韵词，并了解部分字母组合发音，同时能够拼读单音节单词。此学期我们匹配《大猫自然拼读》系列一级及《大猫分级阅读》系列中的绘本，并根据学生的学习情况匹配出学音与用音两个层次的绘本内容。

（二）设计外显的技能活动

教学目标的达成需要有具体的活动作为支持，音素意识是一项技能，因此需要通过活动进行外显的练习与反馈。刘宝胤教授提出的音素意识的八个能力为：音素分离、音素识别、音素归类、音素组合、音素切分、音素删除、音素添加和音素替换。在实践过程中，我们发现音素培养的八个能力有着相互连通、相互影响的效果，我们着重培养学生的音素识别、音素分离、音素组合和音素归类四个方面的能力，在学习过程中，另外四个能力也可以触类旁通。

在实际教学中，我们针对能力目标设计不同的活动进行练习与反馈。音素识别能力主要表现为学生能够识别并区分单词中的首个音素、中间音素和结尾音素，在练习音素识别能力时，教师最常用的就是"Heard it！"这个活动，即让学生听韵文或句子，告诉学生要听出的押韵音，学生听到该音后将手放在耳后示意。比如让学生听 The cat is in the hat，听前提示学生要示意的押韵音为/at/，听中，当学生听到 cat 与 hat 时把手放在耳后。类似的活动还有：听音拍手、"消失"的字母等。

1. "拼读板"实现音素分离。音素分离主要表现为学生可以听辨单词中的单个音素，并能辨别出目标音素在单词中的位置。在培养音素分离能力时，教师可以使用拼读板。教师说一些含有相同发音的 CVC 单词，学生将该字母贴在相应的位置上。如教师说含有 /d/ 发音的单词，如 dog, pad，学生听后将字母 d 贴在拼读板中的相应位置。音素分离活动还有"我说你做""我说你选"等。

2. "趣味拼读"实现音素组合。音素组合能力要求学生能够将单词中的单个音素组合在一起，发出一个完整的音。在培养音素组合能力时，教师同样可以使用拼读板。学生可自行挑选音素，进行粘贴与拼读，相关活动还有趣味拼读、跳舞的单词等。

3. "找间谍"实现音素归类。音素归类要求学生可以从 3 ~ 4 个词中找出不同类的一项。在培养音素归类能力时，最常用的活动为"找间谍"。教师首先明示所练音素，然后出示词汇，发现未含有该音素的单词则将手做成枪的形状，并发出"biu"的声音"击毙间谍"。相关活动还有：分篮子、盖房子等。

在教学时，教师可以结合课程内容将活动进行"包装"，与绘本的情境、情节、主题等进行勾连。让学生在故事学习中进行音素意识的培养，不但更符合学生的认知规律，还能实现技能与素养的双落实。

（三）引导学生迁移应用

有学习就会有迁移，学习就是迁移，学习为了迁移，迁移是检验学习成果的最佳路径。音素意识的培养同样需要迁移，学生在教材中学习的音素可以在绘本中进行迁移和应用，反之亦可。例如，一年级下学期，在教材中学习字母 e 的发音时，我们运用教材中的韵文培养学生的听辨音能力，同时进行字母音的学习。在学习绘本 Red Ben 时，我们引导学生迁移与应用 e 的发音规律，进行绘本的学习；在二年级下学期，学习字母组合 ar 发音时，我们利用《大猫分级阅读》中的绘本 The Very Wet Dog，进行音素的学习。在学习教材第 24 课语音内容时，我们引导学生运用已学发音，拼读教材中所涉及的词汇。教材与绘本学习内容、方法的迁移极大地促进了学生的音素意识提升，实现了技能的固化与应用。

四、音素意识培养的效果

经过三年的实践与研究，我校一、二年级的学生基本达到了我们所设定的目标，掌握了音素意识的 8 个能力，学生在识字速度、拼读能力、阅读流利性和阅读理解能力等方面体现出明显的优势，开始尝试家庭独立阅读。大量实践也进一步证明音素意识培养对于提升学生阅读能力，培养学生阅读素养有促进作用。因此教师在小学低年级阶段，应结合情境有效进行音素意识培养，通过活动进行技能的评估与反馈、迁移应用、固化技能，让学生在有意义的语篇、活动与任务中体会英语学习的快乐，提升阅读的能力，从而实现独立阅读，为终身阅读打好基石。

第四节　基于"STEM+"课程开展深度学习的探索

设计者：张海燕　李佳　熊颖　程鹏

课程水平是学校软实力的重要体现，课程建设是学校发展的重要支点。在实施课程建设的过程中，学校在北京教育科学研究院的大力支持下，在学校"绽放"课程体系之下开发出了"欢宝看世界"综合实践活动课程，其中STEM 课程的开发与实施经历了螺旋式上升的开发历程，让这一课程真正成为学生深度学习的沃土。

一、诊断与定向

（一）基于社会变革引入 STEM 课程

随着科学技术的飞速发展，人类文明已经进入第四次工业革命时期，以互联网为核心的物理、数学、生物、化学等多学科领域界限日益模糊，对人才的要求也随之发生了改变。教育部《关于全面深化课程改革落实立德树人根本任务的意见》的文件中，在着力推进关键领域和主要环节改革章节中明确指出：要在发挥各学科独特育人功能的基础上，充分发挥学科间综合育人功能，开展跨学科主题教育教学活动，将相关学科的教育内容有机整合，提高学生综合分析问题、解决问题能力。在此背景下，北京教科院帮助学校与美国教育联合会建立合作关系，进行 STEM 课程的本土化的开发与实践。

（二）基于 STEM 课程开发重新定位

学校与美国教育联合会合作建构了以"问题式学习"为导向的 48 节 STEM 课程，涵盖了 1—6 年级。这一课程着力于培养学生的合作能力、创造与创新能力，通过大量的探究与实践，培养科学探究和解决真实问题所必备的技能、策略和思维方式。

张熙所长带领团队通过听取汇报与课堂观察的方式对学校的 STEM1.0 课程进行了诊断，从学生参与的程度、问题解决、创意物化等方面给予了肯定，也明确指出 STEM 课程不是为了知识而开设，而是为了培养孩子的综合素养和创造能力。在调研团队老师的点评中，我们进一步明确 STEM 教育的本质是通过跨学科整合，让学生在深度学习中，逐渐形成能够适应终身发展和社会发展需要的必备品格和关键能力，把学生的个人修养、社会关爱、家国情怀以及自主发展、合作参与以及创新实践的这些素养的培养渗透在课程之中。

二、学习与调整

（一）从"STEM"到"STEM+"

《中共中央国务院关于深化教育教学改革全面提高义务教育质量的意见》指出，要坚持"五育"并举，全面发展素质教育。总观学校开发的 48 节 STEM 课程，是偏重于科学、技术、工程和数学的理工"STEM"，中国特色的 STEM 课程还应该包括社会、态度、环境和梦想等人文"STEM"，让"STEM"成为"STEM+"，即应该承担起社会责任，对任何事情都有积极向上乐观的态度，能够正确处理好人与人之间、人与环境之间的关系，富有理想和梦想并为之而努力，即将社会主义核心价值观完整地嵌入到学生的健康成长和发展中。只有坚持正确的 STEM 育人观，坚持立德树人，才能更好地对学生的全面发展起到促进作用。

"STEM+"课程建设首先要从选题上进行调整，需要注重知识内容的情境性及真实性以及学生的学习体验，选取符合学生经验背景的认知情境。

1. 基于中华优秀传统文化的课程调整

STEM 课程扎根中国这片沃土离不开中华优秀传统文化的滋养，因此在梳理 48 节课程的基础上选取与学生生活关系密切并和中华传统文化对接的 STEM 课程进行深度开发。通过分析对其中的 12 节课程进行了深度开发，制作了基于网络平台的微课。

表 9-4-1　欢学园 STEM+ 课程

年级	一年级	二年级	三年级	四年级	五年级	六年级
传统文化本位	1. 小鼓咚咚响 2. 缤纷调色师	1. 声音可以移动 2. 遮风挡雨	1. 轮子转起来 2. 气象学家	1. 光和影 2. 盒子变古筝	1. 探秘悬臂梁桥 2. 漂浮的胡萝卜	1. 疯狂的乒乓球 2. 防震高塔

比如：《疯狂的乒乓球》这一主题，学生通过探寻历史上战争中投石车的运用，感知科学与生活的密切联系，在探究中了解历史事件、物理概念、测量方法等，还根据探究过程和记录的实验数据，分析、归纳出投石车的规律和抛物线的轨迹，并利用规律模拟历史上的战争情形。在学习过程中，学生不仅掌握了知识，更在与前人的对话中深刻感受到了祖国源远流长的灿烂文化。

2. 基于社会现实生活的动态课程建构

建构主义认为：学生正是通过自主地建构自己头脑中的内部理论，来解释周围的事物，认识自己的生活环境，丰富自己的认识的。因此，选题上要注重现实情境下真实问题的研究与解决，在这样的情境中解决真实的问题可以帮助学生明晰学习的目的，进而提高学习兴趣。

"STEM+"课程的另一个纬度就是基于社会本位的课程建构。这一部分课程以当前社会值得关注的、重要的社会问题为研究主题，诸如环境污染、生态危机、人口增长、可持续发展等，来组织和编排不同学科的知识内容，使学生通过这些问题的探索不仅学得相应的知识，而且增强社会责任感。比如：在新冠肺炎疫情暴发后，围绕这一内容在不同年段开展了 STEM 项目探究活动，学生在研究"新冠病毒是什么""为什么世卫组织将此疫情列为重要卫生事件""这一疫情对国家和我们的生活有什么影响"，在研究中形成对疫情的整体认识，并针对自身生活、社区生活形成合理的解决方案。

社会本位的 STEM 课程为动态课程，由 STEM 团队教师根据当前热点引导学生共同建构和开发。美国教育心理学家布鲁纳指出，"孩子们在教室里所为和科学家在实验室里所为只有程度不同，没有本质区别"。STEM 课程一定要找真问题，要做真探究，要得真结论。

（二）从浅表学习到深度学习

深度学习是指学习者在全身心投入的状态下，运用高阶思维，将所学的知识和技能应用到新的复杂情境的认知过程，并逐步形成正确的价值观和必备品格。深度学习指向立德树人，指向培养全面发展的人，是转变死记硬背、灌输式的浅表学习的有效方法。STEM 的学习方式要做到自主探究、批判思维、高阶认知及情境迁移，而这些正是深度学习的表征。

1. 充分利用"跨"和"融"的特点

STEM 课程最重要的特点就是跨学科、多学科的融合，也就是说，这个课程中涉及的问题，往往需要综合两个以上学科方能解决。跨学科应以学科为依托，确定与其相关联的内容，包括横向相关联和纵向相关联的内容。在此基础上，确定课程内容中与科学（S）、技术（T）、工程（E）、数学（M）、艺术（A）或者人文（A）等学科知识的融合点，并据此设计 STEM 学习内容。

比如：在《漂浮的胡萝卜》课程开发中，教师围绕科学、技术、工程、人文、数学进行课程设计，用以帮助学生完整建构浮力的概念，并逐渐能够综合利用知识解决造船的问题。

● 为什么船可以浮在水面上？（S）

- 什么样的材料更合适？（S）

- 这些材料如何连接？（T）

- 船要如何造？（E）

- 为什么要造船？（A）

- 造船给谁？（A）

- 需要多少船员？（M）

- 需要建多大的船？（M）

- ……

2. 预设问题注重学生高阶思维能力的培养

跨学科学习可以帮助学生强化高阶思维技能，即分析、应用和综合，也可以帮助学生在不同学科领域之间建立更完善的知识体系和进行更有意义的研究。高阶思维在教学目标分类中表现为分析、综合、评价和创造，在教学中教师的设问要注意不同层次的思维引领。比如在《探秘悬臂梁桥》课程中，教师就进行了不同层次的设问。

- 塔吊的结构为什么能够吊起重物？（理解）

- 说说塔吊的结构原理是什么？（应用）

- 塔吊的原理和杠杆有什么相同点和不同点？（分析）

- 吸管之间有哪些连接方式？（分析与创造）

- 参考实际生活中的例子，除了受力，悬臂还会受哪些方面的扰动？（应用与分析）

- 怎么克服这些各个方向的扰动？（评价与创造）

- 实验中出现了哪些问题？怎么解决的？（分析、综合与评价）

3. 创造迭代的任务情境让学生投入探究

"STEM+"课程要让学生像科学家一样研究，在产品的不断迭代中提升综合素养。比如在《疯狂的乒乓球》课程中，制作投石车时需要不断进行测试、反馈，以期达到预期的目标和结果。教师通过三个给定的任务让学生依据任务进行调试，第一个比远，第二个比准，第三个又远又准。影响"远"和"准"

的因素包括皮筋的弹力和投射的角度，在不断地调试中学生完成一次又一次的产品迭代。孩子们像科学家一样经历"提出假设—实验验证"的过程，一步步地寻找问题的答案。

三、实施与建构

"STEM+"课程主要通过项目驱动的教学方式，让学生在解决问题的过程中学习。根据项目研究的特点，形成了以问题解决为目标的 5E 教学模式。

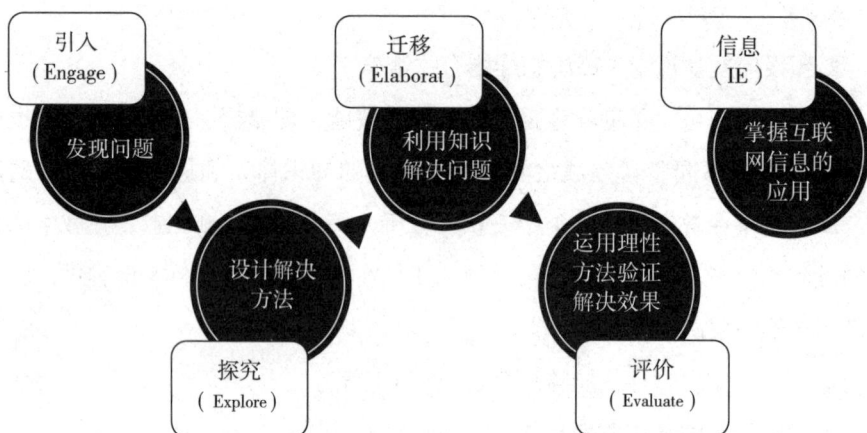

图 9-4-1　以问题解决为目标的"5E 教学模式"

下面以《防震高塔》为例进行说明：

（一）引入：发现问题

《防震高塔》这个主题由教师创设了地震后房倒屋塌的问题情境，进而引导学生在头脑风暴的质疑中确立驱动性问题——"怎样使建筑物防震"。这一问题有可扩展和深入研究的可能性，是基于"地震是什么""地震为什么发生"基础上的与生活密切相关的问题。

（二）探究：设计解决方法

这一环节需要让孩子在探究中提出假设或设计解决方法。这种假设是基于已有的科学知识和新的科学事实做出的一种科学假定，因此需要在提出假设前进行资料的搜集及相关知识的统整。

《防震高塔》课程实施中学生搜集各种资料，了解形成地震的知识，知道了最先到达的是纵波，但对建筑物破坏最大的是横波。我们还走进了古代建筑博物馆、中央电视塔进行了考察，了解到了建筑物防震的主要方式有：耐震结构、减震结构、免震结构。各组通过讨论初步提出了自己的防震解决方案。

（三）迁移：利用知识解决问题

这一环节要综合利用知识把设计的方案付诸实施，从而验证方案。选择什么材料？如何在地基部分完成滚珠、滑轨或阻尼器的效果？塔身如何制作才能保证稳定性？

有的小组为达到滚珠的效果，把纸板挖槽，再把钢珠放在槽内滚动，带动上层纸质隔板，当地震波来临时塔基整体挪动保护了高塔起到免震作用。有的小组利用吸管里插入长竹签的方法模拟滑轨，当地震波来临时塔基整体挪动保护了高塔起到免震作用。有的选择泡沫、橡胶、超轻黏土、塑料等切割成小方块有序排列粘贴在纸板中，代替阻尼器形成隔震层，当地震波来临时起缓冲作用。

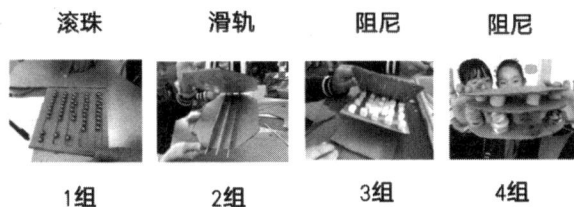

图 9-4-2　物理材料

在造型上，有的小组设计了六棱型塔，突出古人传统造塔的六边形的特点，支撑的柱子上细下粗，起到强有力的支撑作用；有的小组搭建了具有中国特色的中国风塔，塔身共分为三层，采用上小下大的结构，降低了建筑物的重心，增加了它的稳定性。

防震高塔的制作涉及物理中的力学问题、数学中的测量、美术中的绘图、工程中的设计与建造等一系列知识与概念。学生充分意识到，学到的知识是有用的，学到的方法可以用在多个地方，思考的方法原来可以解决许多实际的问题。

（四）评价：运用理性方法验证解决效果

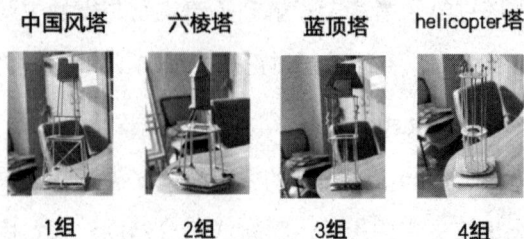

中国风塔　　六棱塔　　蓝顶塔　　helicopter塔

1组　　　2组　　　3组　　　　4组

图 9-4-3　物理实验

这一环节要对产品进行验证：假设是否成立，是否需要修正等。由于科学研究的复杂性，一次实验求证不一定都能得出确定的结论。因此，它需要不断修正方案，不断进行验证，进而不断地修正结论。为了便于验证，在出示任务的同时给出评价量规，学生依据量规进行自我评价，并在汇总后参与集体汇报。

表 9-4-2　评价量规表

项目	1分	2分	3分
小组分工合作	无分工，有人无事可做	有分工，但合作得不够好	有分工，每人都有明确任务，合作良好
设计图	无设计图	有设计图，能够让人看懂	有较详细的三视设计图，图中标示清楚
尺寸限定	有一项不满足尺寸要求	两项均满足	各小组建筑底座面积最小或建筑高度最高
无承载防震测试（3次）	稳定性差	垂直或水平方向稳定	多方向稳定性强
静载荷测试（30秒）	只能负载1种	能同时负载2种物品	能同时负载2种物品
承载防震测试（3次）	只能通过一项测试	能通过两项测试	能超重通过2项测试
材料用量少	用量最大组	用量介于两者中间	用量最少组
外表美观	无任何修饰	少量装饰	装饰美观，并能陈述功能
总结展示	1人上台汇报，表述不完整	1人上台汇报，表达能力强	2~3人共同汇报，能详细说明过程，表达能力强

其中最重要的评价任务是防震测试。各个小组完成的高塔是否达到"防震"的效果呢？各组在地震测试台上测试 s 与 p 波对高塔结构的影响，并根据测试结果进行调整。设计、执行、反思与修正是训练工程思维方式的重点。

表 9-4-3　s 与 p 波对高塔结构

假设 s 波为零				假设 P 波为零		
测试次数	P 波	现象		测试次数	s 波	现象
1 次（1cm）				1 次（1cm）		
2 次（2cm）				2 次（2cm）		
3 次（3cm）				3 次（3cm）		

完成任务后，各小组进行自我反思并参与集体分享。通过这一环节，学生对自己发现问题、验证问题和得出结论中的经验和错误做出分析，提炼成功经验，促进解决方法的可迁移性，提升学习迁移能力。同时，与学生共同分享交流有助于产生新的观点，发现新的问题。

（五）信息：掌握互联网信息的应用

在这一主题学习过程中，学生理解工程领域中各类建筑所面临的地震挑战，学习工程师的思考和行为方式。同时也要充分利用互联网的搜索信息、处理信息和应用信息的能力和习惯，更好地做到知识的迁移和应用。

四、成效与反思

STEM 课程让学习真正发生。孩子在课程中像工程师一样设计与建造，像科学家一样探索与发现，像数学家一样思考与计算，像艺术家一样创作与表达。

（一）发生兴趣：学习发生的起点

让学生产生学习兴趣是产生能动性的根本前提，兴趣是激发心灵的重要内部力量，是学习发生的重要起点。STEM 课程激发学生的学习兴趣。所有参与这个项目的学生，带着问题和任务调动各学科的知识，多感官参与，既动脑又动手，深入挖掘潜力，促进思维发展。STEM 学习，通过挑战性的激励，激发学生的学习动力，能提高学生的学习能力和综合素养。

（二）发生合作：学习发生的原点

STEM 课程培养学生的团队合作意识。一个 STEM 专题或者项目，往往涉及多个环节，需要分析、设计、实验、完善，甚至是对结果（产品）进行包装。这不是一个或者两个人能完成的，需要多个人共同研究，密切配合，合作攻关。在这个过程中从最初团队的建立开始，这是项目学习的原点，团队合理分工、共同参与，这是对合作意识和团体协作能力的锻炼。

（三）发生创新：学习发生的力点

STEM 课程培养学生的创新能力，实现从验证到创新的突破。STEM 教育就是要综合运用知识，完成一个创新物品的设计。这一目的与创新人才的培养息息相关，是学习发生的最根本的目标，是学习发生的着力点。

（四）发生元认知：学习发生的远点

STEM 课程的学习最根本的因素在于形成终身学习的必备品格和关键能力，这是促进学生元认知发展。这不是普通的认知，而是关于"认知的认知"，通俗地讲，就是清晰地知道，"我是谁？""我要做什么？""我该怎样做？"这是最高的学习境界。真正的学习，完成学习任务不是目的，应对考试更不是目的，而是基于学习，为了一生可持续发展，这是学习的远点。

STEM 课堂上到底什么才是学生的成功？深度学习激发孩子解决问题、闪亮的创意、与同学合作、领导力、遇到困难不气馁，当然也有失败是成功之母的故事。未来的方向，一定是"整合跨界能力"效用远大于"单项突出"，STEM 课程的教学方式更接近智能化时代对人的需求。为未来的教育，为教育的未来，让我们一起努力！

第五节 "体育游戏 +"跨学科主题课程

设计者：张文会　孙靓　帅亚南　崔雯婷　吴爽

一、主题分析

（一）"体育游戏 +"主题课程与学科的联系

"体育游戏 +"跨学科主题课程是基于"体育游戏"并通过体育学科、语文学科、数学学科、美术学科共同合作完成的课程。是以"体育游戏"为核心，达成不同学科学习目标的综合课程，使学生通过"体育游戏"在运动健身、语言表达、书面写作、数据统计、人物绘画等方面综合性发展，为学生的全面发展提供更多的空间和路径。

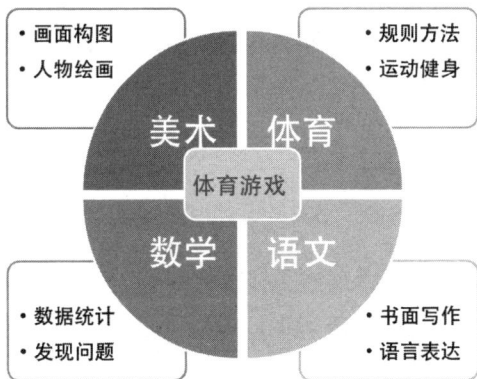

图 9-5-1 "体育游戏 +"主题课程与学科的联系

学生在进行体育游戏、创编体育游戏过程中，不仅仅要会玩游戏，懂得体育游戏的规则、方法，在活动过程中达到运动健身的目的。在游戏的过程中仔细观察、认真记录，通过对体育游戏场景的描绘、总结，以书面的形式呈现出名称、方法和规则，并通过语言表达叙述清楚。通过对体育游戏图例、图示、绘本的绘画，使学生将直观的体育游戏运用合理的构图、合适的比例将体育游戏场地、道具、运动人物表现出来，并运用语文学科非连续文本标注简要的提示性文字。在体育游戏统计过程中，运用数学中不同的统计方法整理汇总统计数据，并从不同的统计结果中发现自己感兴趣的问题。

（二）"体育游戏 +"主题课程实施背景

"体育游戏 +"课程在学校的整体课程构建中有着非常重要的作用，对全面发展每一个学生有着积极的促进作用，是以国家课程、学校课程的总体规划和培养目标为基础而进行的。

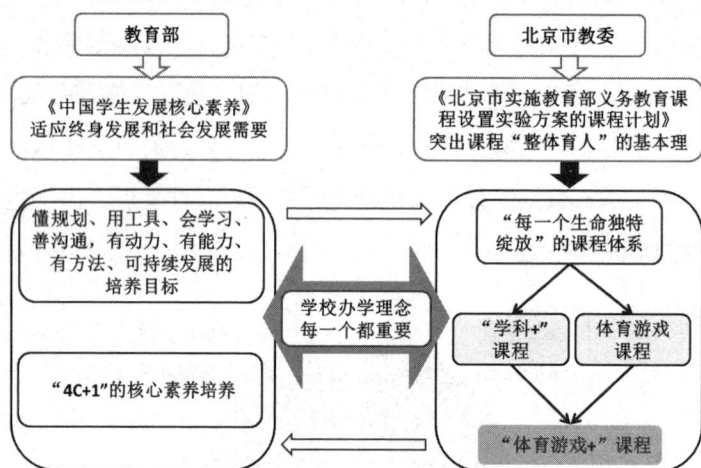

图 9-5-2 "体育游戏 +"主题课程设计背景

1. 以学生发展核心素养及课程计划为基础

在《中国学生发展核心素养》中，提出了学生应具备的、能够适应终身发展和社会发展需要的必备品格和关键能力的 9 大核心素养；《北京市实施教育部义务教育课程设置实验方案的课程计划》突出课程"整体育人"的基本理念：统筹各学段、各学科、各育人环节、各方参与人员和育人环境，以实现全科育人、全程育人、全员育人和实践育人的理念。这些都是以教育教学和各种活动培养"完整人"为目标。

同时由于孩子们喜欢体育游戏，喜欢每一天来到学校都能在操场上奔跑、游戏，所以在学生原有体育游戏兴趣基础上，为他们提供更多的路径，使学生自觉自愿地参与到"体育游戏"课程中，使他们在"体育游戏+"跨学科课程中运用各种学科技能完成各种不同的学习任务，实现学校"整体育人"的目标。

世界各国开始普遍关注跨学科综合学习、主题化学习及实践活动课程，为此学校根据实际情况，以"学科+"为主题的实践课程的基础上，以体育游戏为切入点，设计了体育、美术、数学、语文的跨学科"体育游戏+"主题课程。旨在创造更多的条件，完成"整体育人"的目标。

2. 以学校办学理念、培养目标、课程目标、核心素养为依据

（1）基于我校的办学理念、培养目标及核心素养培养

在学校"每一个都重要"办学理念的指导下，使每一个师生家长都参与到"体育游戏+"跨学科课程中，重视每一个人对体育游戏的设计；使每一个独特的学生都能找到自己学习上的价值，为不同差异的学生提供在"体育游戏+"活动中的不同发展。使每一位学生都能在"体育游戏+"跨学科课程中获得不同程度、不同方面的发展，使他们逐步建立做好每一件事的人生态度。

在"体育游戏+"跨学科课程中，对学生规划体育游戏选择方向、使用多种工具完成体育游戏创意、利用语言文字进行沟通和交流，展示自己不同方面的能力都提供了很适宜的渠道，同时也为学生提供了反复进行体育游戏，反复修改自己的游戏从而达到激发体育运动兴趣、形成体育运动习惯、掌握体育基础知识，自觉进行身体锻炼的目的。也是学校以可持续发展人为培养目标的一次实践。

设计"体育游戏+"跨学科课程的目的就是通过这样一个活动，以体育游戏为载体，以创编体育游戏为路径，多渠道学习不同体育运动知识和基本规则和方法，培养学生在创新过程中与同学、教师、家长沟通的能力，在不断反复修改游戏中接受不同的观点并进行反思继续改进的思维方式，以不同渠道获取关于中心问题的信息的能力。使学生逐步形成合作与协作，沟通与交流，批判性思维和创新能力等素养，为学生的社会能力奠定基础。

（2）基于我校"学科+"综合实践活动课程体系、目标及路径

在基教所、课程中心和基教研中心的共同指导下，学校建构了"每个生命独特绽放一五三一"课程体系。学校的"体育游戏+"跨学科课程的实施就是在这个体系中"运动健康"素养的一个方面，其中也包括了人文、艺术、国际理解的素养。属于课程实施路径中基于学科的"学科+"实践活动课程，具有跨学科整合的一些特征。

基于《体育课程标准》基本理念和领域目标，基于体育教学教材内容中的体育活动游戏，通过不同的体育游戏及体育运动项目知识的学习，联动到美术、语文、数学等学科领域中。

学校近两年来开发并逐步实施"体育游戏"课程，从前期课程中已经积累了50多个符合学生年龄特征、符合学校场地器材要求、符合学校人员规模的体育游戏，并由家长、教师、学生方面引入了更多的体育游戏，使得课程进展很顺利，所有学生都熟悉和掌握了游戏的规则和方法，这是进行"体育游戏+"跨学科课程的实践基础。而且，学校引入了丹麦体育游戏和跑酷的理念，为学生带来了更多的进行体育游戏创编的空间。

表 9-5-1 体育游戏课程框架

体育游戏课程	体育游戏来源	具体来源	游戏类别	游戏目的	器材	年级	形式	品质
	国内经典游戏	教材内	走、跑、跳、投、钻、跨、绕、攀、爬	速度、灵敏、耐力、柔韧、力量	无器材、小器材、大器材、固定器材	低中高	个人、小组、团队	勇敢、顽强、拼搏、团结、责任、理解
		参考书						
		教师创编						
		学生创编						
	国外典型游戏	网络上获得						
		活动中获得						
		外教执教获得						

学校体育活动进行了基于体育游戏的课程改革，使体育游戏成了孩子们喜欢的一个课程，每一个孩子进入校园都会学习很多的体育游戏活动，在体育教材中的部分游戏和教师开发的体育游戏已经遍及每一个班级和学生中，形成了

人人都愿意参与到体育游戏的氛围中。

在学校 2015 年 12 月进行的"学科＋"的市区展示活动中，对语文、数学、综合实践等学科有了更进一步的实践基础。

从 2016 年 3 月开始，学校开始了体育游戏课程为主题的"体育游戏＋"的跨学科整合的实践活动。

二、主题内容及目标设计

（一）"体育游戏＋"跨学科主题课程内容

"体育游戏＋"跨学科主题课程内容包括：体育教师推荐游戏、学生原创体育游戏、经典体育游戏、国外好玩游戏、班级体育研究项目。基于"体育游戏"的课程内容，体育与健康、美术、语文、数学学科共同参与课程的实施。

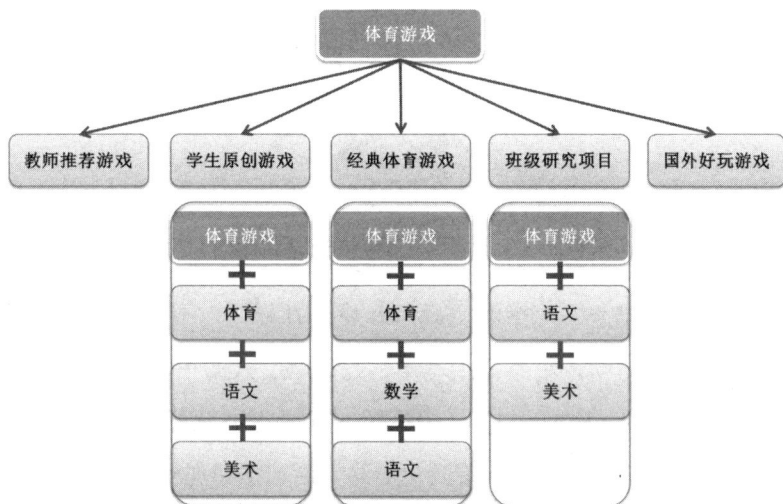

图 9-5-3 "体育游戏＋"跨学科主题课程框架

（二）"体育游戏＋"跨学科主题课程总目标

通过"体育游戏＋"跨学科主题课程，使"整体育人"的理念落到实处。在课程中使学生正确认识自我，能够运用不同学科的知识与技能，在不同的团队中共同完成综合性学习任务，培养学生依靠团队成就自我、成就团队的心理品质。

以体育游戏为基础，依靠学科联动，培养学生书面表达能力、语言交流与沟通能力、绘画技能、身体素质、统计分析能力、创造性思维（写、说、画、算、练、创），为学生在多个方面的发展创造空间。

通过课程的实施，培养学生体育、艺术、语文、数学等方面的素养，使"每一个都重要"的学校理念落到实处。

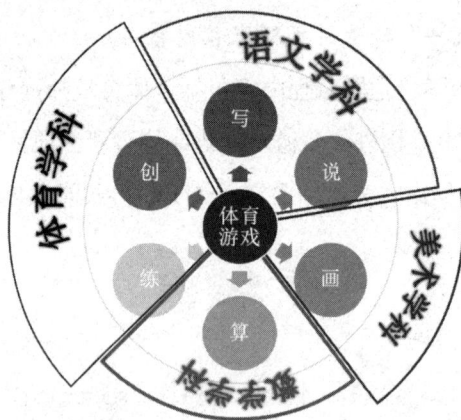

图 9-5-4 "体育游戏 +"跨学科主题课程总目标

（三）"体育游戏 +"跨学科主题课程学科目标

通过体育游戏活动，培养学生基本的跑、跳、投的正确动作及基本技能，发展学生速度、灵敏、耐力、力量、柔韧身体素质及团队分工合作能力。

通过对体育游戏说明图示的绘制，培养学生观察和理解能力；学会用简洁明了的文字表达游戏的名称；学会用简练的语言说明游戏的方法和规则。

通过体育游戏绘本的制作，培养学生捕捉动态画面的方法，培养学生通过构图、色彩、材质完成美术作品的基本技能。学会用具有感染力的词汇和短语以非连续文本的形式与画面配合，说明游戏的规则和方法。用通顺的语句进行流利的表达，并很好地表达自己的想法，具有一定的感染力。

通过调查问卷发放、回收、分组统计、全班统计、学校统计的实践，让学生学会用"画正字""数字""excel 表格"等方式统计结果，用统计图表的方式呈现统计结果。并能针对统计结果及对比提出自己感兴趣的问题。

通过课程使学生在不同的团队合作中建立自己的责任感，通过合作完成任务，建立良好的团队关系。

三、活动准备

1. 以"体育游戏"为基础，发挥各学科优势，调动全体人员参与

"体育游戏 +"跨学科课程在校长的引导下，实现课程实施的层级管理。以教学干部各负其责带领体育、语文、数学、美术学科教师协作制定出符合学科目标、符合跨学科需求的课程内容。

各学科教师、各位班主任、每一位学生、每一位家长都参与到活动共同完成课程的具体实施。

2. 以 5 个活动主题为切入口，分时段分别实施

"体育游戏 +"跨学科课程从设计实施到完成历经了两个多月的时间。课程分为 5 个主题，其中"十大原创体育游戏""十大经典体育游戏""班级体育研究项目"为主要的跨学科课程。

根据课程整体设计，三个大主题课时总量较多，另外两个主题"体育教师推荐游戏""国外好玩游戏"，主要由体育教师策划并使学生学会，课时较少。各个主题在进度上非连续性安排，而是根据主题内容，穿插进行，做到充分利用课时，不互相影响。

语文、数学学科实践用了三个半天的学科实践活动时间 8 课时；一个半天的综合实践 3 课时；并充分利用体育课的游戏时间和课间操的体育游戏时间累计约 10 课时；部分学生的课余和课外时间。

3. 课程用学具、用具、道具主要由学校提供

课程实施过程中的所有器材均为学校提供，部分工具由学生自备。

四、活动流程

主要分为三个阶段五个主题：

第一阶段：制定和解读课程方案。

第二阶段：五大主题课程。

第三阶段：课程展示与总结。

每一个阶段都围绕课程目标不断推进，各个阶段相互联系，每一个主题都是为中心目标服务，同时又能够单独为一体，各个主题之间横向都是围绕着体育游戏而设计。

"体育游戏+"跨学科课程主要从体育游戏入手，分为五个主题：其中有三个主题课程是跨学科课程，包括体育游戏创编、班级体育研究项目和经典体育游戏。

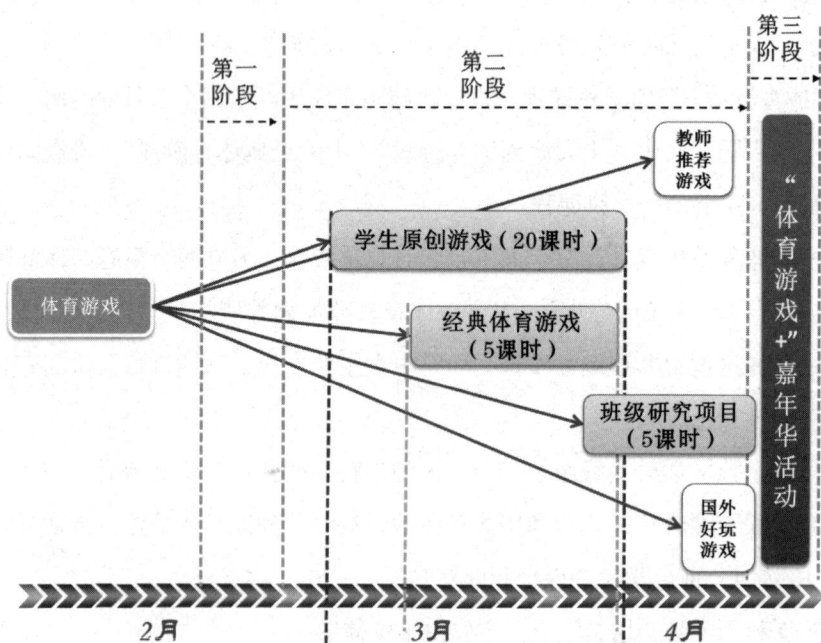

图 9-5-5 "体育游戏+"跨学科主题课程实施时间及流程

五、活动过程

根据课程内容和课程目标，制定符合学校实际情况的课程方案，公布并征集对方案的意见和建议，并进行具体实施，一共分为 6 个活动。

活动 1："十大原创体育游戏"创编的实施

步骤一：每个班级分为 4 个小组，以组为单位进行游戏的创编活动。初期在原有体育游戏的基础上进行改编，之后发挥小组成员的创新精神进行游戏的创造，要明确游戏名称、游戏方法和游戏规则。

活动指导：由体育教师向全校学生公布原创体育游戏方式、方法，向学生提供所需的创编游戏的方法。体育教师和班主任共同对学生创编活动进行有目的的指导。

设计意图：学生不是生来就会创编游戏，需要一个"教、扶、放"的过程，前期的很多体育游戏学生都可以进行改编，加上教师的指导，才能真正放手让学生自己去完成创编。

步骤二：以组为单位绘制创编游戏初稿，并以班级为单位上交给体育教师。

活动指导：这个环节中，美术教师、语文教师和体育教师共同参与到学生初次的绘制中，对游戏名称的定义、游戏规则的界定、游戏方法的说明、图例绘制的方法等进行指导。

设计意图：学生创编之后比较难的就是将游戏以图示、文字的方式呈现出来，所以在设计中初次是让学生以草稿的形式出现，是想通过这样的方式让学生学会怎么完成游戏的说明，也是给学生一种获得后的鼓励。是对学生前期创编活动的一个肯定。同时各学科共同参与到学生指导过程中，教师以团队的形式出现在各个班级中，也让孩子们对团队合作有了更多的思考。

步骤三：以班级为单位评选出两个原创游戏并绘制统一格式的游戏说明提交给学校体育组。

活动指导：进入第一阶段的评选后，联合各学科教师继续评选出的游戏以规范的格式完成，对书面文字表达、绘画构图上进行更多的指导。在游戏规则和方法上让学生能够更加严谨。

设计意图：在初稿的基础上，学生已经学会了如何写出体育游戏的说明，但是在规范程度上还不够，所以这个阶段是在原有基础上的一个提高，对语文、美术、体育教师的指导要求更高了，同时对学生的要求也就更高了。

步骤四：体育组录制上交的体育游戏视频。每班选派 5 名同学，观看视频并评选出学校的十大原创体育游戏。

活动指导：体育教师根据游戏方法、内容等对学生进行视频录制的一个指导，语文教师从语言表达方面对学生进行训练。教师给出评选的基本标准，将主动权放手给学生，让他们选自己喜欢的原创游戏。

设计意图：学生敢于在镜头前展现自己是对学生心理素质的训练，同时在解释说明游戏方法和规则中则是对学生语言表达能力的训练。能够把游戏玩得精彩，让别人喜欢，是学生身体素质的一种考验。

步骤五：学生通过课间操时间学习"十大原创体育游戏"，班级绘制原创体育游戏绘本。

活动指导：体育教师、语文教师、美术教师从几个方面完成对学生体育绘本的绘制指导。综合所有的要求绘制出高水平的绘本。

创造性是思维的最高表现形式，学生从开始只会做体育游戏到能够创编出大家喜欢的体育游戏，是以体育运动为基础的创新活动，是将学生思维方式与体育游戏相结合的一种形式，并促进学校体育游戏课程的不断完善，让学生成为游戏的创编者、参与者、运动者。

活动 2："十大经典体育游戏"调查、统计

经典体育游戏其实有很多，不仅是体育运动传承下来的一种文化，更是对创造游戏的前辈的一种铭记。许多游戏都会做，但是究竟有多少体育游戏是几辈人都耳熟能详的呢？我们也是很期待有一个结果。于是便有了这样的一个主题课程，从体育和数学两个学科方面一同完成的调查。

在统计之前，体育组先行进行了部分教师、学生和家长的调研，请他们快速说出 5 个自己最熟悉、最爱玩的体育游戏。经过统计，按照从高到低的顺序选取出 20 个体育游戏，制作调查问卷并发放给全体教师、全体学生、全体家长，问卷全部收回。之后学生开始了统计工作。

学生活动 1：数据统计

学生拿着自己的问卷和自己家长的问卷，以小组的形式汇总本小组两个群体的得票情况，有的组用画"正"字的方法、有的组用数字"+1"的方法、还有的用手指计数。最终班级汇总各个小组的统计数据，由一名同学在黑板上统计，另一人在电脑上直接操作统计。最终得出各个班级学生和家长两个群体的统计结果。

活动指导：班主任同数学老师配合对数学统计方法进行讲解和说明，并安排小组进行统计。数学教师发现不同组的统计方法并进行记录。对统计过程中好的方法进行鼓励和建议。

活动意图：数学中的统计是比较简单的内容，面对自己所选择的喜欢的游戏是不是能够上榜，是比数学统计更加让学生期待的事情，这是他们感兴趣的事情，所以从身边的体育问题入手，进行数学统计的学习，是学生们特别喜欢的事情。

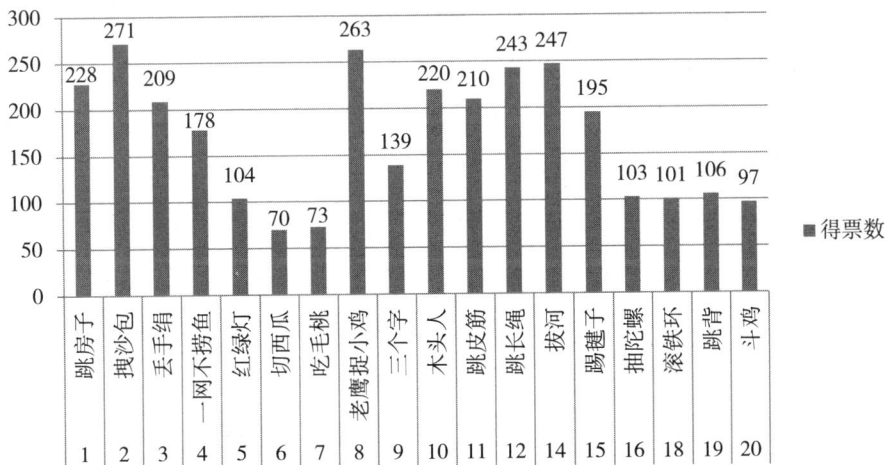

图 9-5-6 "十大经典体育游戏"全校家长调查统计表

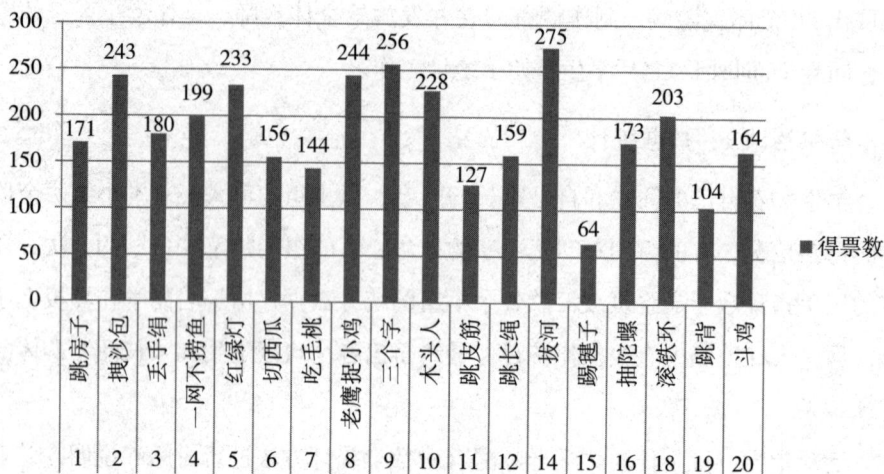

图 9-5-7 "十大经典体育游戏"全校学生调查统计表

在各个班级统计汇总之后，各班级还要派出代表，统计年级和全校的数据。在这样的过程中，得出了班级、年级、学校三个级别的 6 个数据，加上教师的统计一共有 7 个和自己相关的数据，而从全校角度来说，数据量就非常大了。相同的很少，那么这些数据又能看出什么呢。

学生活动 2：数据分析

在数学老师的带领下，学生从班级间、家长和学生间、年级间等不同角度对数据进行了分析，提出了很多问题。

活动指导：数学教师对如何进行数据比较和分析进行了教学和指导，对学生发现的问题给予一个及时的评价。

设计意图：从统计结果入手进行比较和分析，是学生以问题入手进行数学学习的一个方面，同时也是学生继续深入进行思考的一个手段，这样的环节让每一个学生都会产生一系列的心理问题，激发了学生学习、求知的欲望。同时也使学生产生了尝试学会这些游戏验证结果的兴趣。

统计结果出来后学生做的数据会说话，对此次调查结果进行比对，并阐述自己的发现和问题。

活动 3："体育教师推荐游戏"

这个课程主要是从体育的角度，从学校培养学生目标的角度，完成对学生身体素质、团队合作、意志品质等多方面培养和发展而进行的课程。虽然由体育教师推荐，但是很多游戏确实是前期学生们都特别喜欢的竞争性较强的游戏。体育组整理出在体育游戏课程中学生喜爱并具有团队合作性质的体育游戏，并带领全体学生回顾这些的玩法。

活动 4："国外十大好玩游戏"

这部分主要是从奥运会、体育教材上规定的比赛和必学的一些项目，而这些项目都是从国外开始发展壮大的项目，是对体育教材内容、田径运动会项目、大小球类项目的一种集合，是让学生更多地了解不同的运动项目。体育组整理出十个在全球具有代表性的体育运动项目，并根据这些项目搜索、改编成体育游戏。

活动 5："班级体育研究项目"

这个源于对国外十大好玩游戏的设计初衷，让学生学会运动，同时也需要他们了解更多的体育历史、体育项目、体育运动方式。让体育的文化植根在学生的心中，让体育在孩子们的心中有更深的吸引力。

从调查研究到绘制班级研究项目绘本，到非连续文本的使用，最终到完成讲解，让学生在体育运动中了解体育知识，带着他们进入更广阔的运动天地，让孩子们能运用更多的手段获取相关的知识，并在不同的技能之间实现一种综合运用。达到学校对学生不同学科核心素养和 21 世纪人才素养，更是为学生完整的发展提供一个平台。

在原创体育游戏绘本之后，这部分内容完成起来就相对容易了很多。原创绘本，首先是体育组根据各个班级年龄特点，挑选出 14 个国内外有特色的体育项目，分配到各个班级进行研究。其次，班级内分组、调研主题。再次，各组进行资料搜集并完成研究项目的本组的绘本绘制。之后，班级进行装订。最后是班级代表在语文教师的指导下完成体育绘本的说明和讲解。

综上五个主题活动内容，完成了"体育游戏+"跨学科课程的一个阶段性的成果，是基于学生对体育游戏的需求而进行的体育游戏课程的一次跨学科的成果。

表 9-5-2　体育游戏课程

序号	十大原创体育游戏	十大经典体育游戏	教师推荐十大体育游戏	国外十大好玩体育游戏	班级体育研究项目
1	打地鼠	拔河	旋风跑	网球游戏	乒乓球
2	大象抓人	拽沙包	跳袋	排球游戏	羽毛球
3	小猫几点了	老鹰捉小鸡	障碍跑	乒乓球游戏	垒球
4	奔跑吧兄弟	木头人	滚轮胎	羽毛球游戏	足球
5	青蛙跳圈	跳长绳	投火箭	标枪游戏	攀岩
6	拉车高手	跳房子	协力板	足球游戏	篮球
7	谁是卧底	三个字	毛毛虫	旱地冰球游戏	高尔夫球
8	篮球飞跃	丢手绢	两人三足	棒球游戏	排球
9	钻洞球	一网不捞鱼	传送接力	攀岩游戏	珍珠球
10	洞穴大作战	跳皮筋	滑梯、拓展	跑酷游戏	曲棍球
					橄榄球
					棒球
					网球
					标枪

活动 6："体育游戏+"嘉年华活动

为了更好地展示"体育游戏+"跨学科课程的成果，学校组织了嘉年华活动，是对课程实施的梳理和总结，也是后续体育课程的开始。

学生活动：每个班级学生分为 4 个小组，其中两个黄队、两个蓝队，全校学生形成黄、蓝两个大的对抗竞赛团队，每人都有一本黄色或者蓝色的"体育游戏嘉年华护照"。

在活动中，学生带着护照，带领自己的家长，以小组的形式投入到五大体育游戏区域的活动中，每完成一个体育游戏，小组的每位成员都会获得相应的该游戏的黄色或者蓝色的即时贴。每完成一个区域的体育游戏，都会有签证官对护照进行签证过关。最终统计黄、蓝两队的累计完成体育游戏的数量，累计多的获得团队优胜旗。

活动指导：在学生进行体育游戏之前由体育教师带领做热身操并说明活动的具体要求：安全、有序、竞争。每一组学生要完成一个区域内的全部游戏后才能获得通关的签证，进入到新的游戏区域。在活动过程中，由全体教师团队组成的签证官团队对学生在五大活动区域的活动情况进行总体把握，避免拥挤、有序进行。由学生和家长志愿者组成的签证助理团队负责各个体育游戏的规则说明、方法讲解、活动完成度的判断并发放即时贴。

设计意图：活动的设计是对前期课程的一个展示与总结，是对学生体育游戏掌握、团队合作意识、团队荣誉、遵守规则等的一个很好的实践。通过小组与两大团队的关系，让学生时刻能够充满一种竞争的意识，通过"游戏签证"的方式，使学生明白在实现目标的路上需要一个脚印一个脚印地完成。

"护照"本身也是对课程的一个总结，通过游戏实践、我的感受、精彩时刻等内容，再一次让学生感受到跨学科课程带给他们的收获。

六、活动效果评价

"体育游戏 +"跨学科主题课程的评价是针对课程内容实施、课程目标达成情况的评价。是对主题课程和各学科知识、技能方面学生情况的一种反馈。是对本课程学生在体育游戏过程中"练、创、说、写、画、算"几个方面效果的反馈。

评价主要由两种方式，一种是主观评价，一种是客观评价。主观评价方式以学生参与活动的态度、完成体育游戏情况为主进行的。客观评价是学生上交的文字、绘画、统计资料等为依据进行的评价。

（一）体育游戏创编活动中

1. 评价内容

积极讨论并参与到体育游戏创编活动中，能够协同一起完成游戏规则和方法的文字说明并进行书写。自己绘制出游戏图示说明。

2. 评价指标

每个人都参与到创编小组中，按照规定时间和规定格式完成并上交创编游戏。

（二）十大经典体育游戏调查问卷

1. 评价内容

教师、家长、学生完成十大经典体育游戏调查问卷。

学生每个人都参与小组、班级的统计活动中。

学生每个人都进行数学实践活动中"数据会说话"，并从统计图中发现问题。

（此文入选小学跨学科主题实践活动丛书《小学跨学科主题实践活动》）

"丰实团队"教育金句

一、语文团队

胡素玲：有温度就有爱，有爱就有教育。

高宝洁：教着，感受着；走着，快乐着。

徐庆红：致虚极，守静笃。

贾兴洁：把不忙不闲的工作做得出色，把不咸不淡的生活过得精彩。

王琳：表扬和鼓励是激发学生潜能的最佳途径。

王薇：像海一样包容；像海一样热情；像海一样深邃；像海一样坚韧。

张蕊：所谓父女母子一场，只不过意味着，你和他的缘分就是今生，今世不断地在目送他的背影渐行渐远。

李颖：捧着一颗心来，不带半根草去。

李影：用心甘情愿的态度，过随遇而安的生活！态度决定一切！

齐季：青春没有选择，只有试一试。

齐薇：梦想，不在于拥有，而在于追求。

刘醒：积极的态度像太阳，照到哪里哪里亮。

朱丽莎：用心培育爱的种子。

池铭：对待学生要像春天般的温暖。

贺普佳：好办法事半功倍，好习惯受益一生。

刘美含：我见青山多妩媚，料青山见我应如是。

许明：执着追求并从中得到最大快乐的人，才是成功者。

丁晨茜：不是每一朵花，从一开始就是一朵花。

张广宇：书山有路勤为径，学海无涯苦作舟。

付雨昕：捧着一颗心，不带半根草去。

二、数学团队

王昭晖：用千百倍的耕耘，换来桃李满园香。

郑文明：能力所致，定当竭尽全力。

侯丽丽：不要着急，最好的总会在不经意时出现。

耿艳：让爱心伴随自己，把精彩留给学生。

丁莹：用欣赏的眼光看待学生，用宽容的心态面对学生。

张帆：用自己的辛勤播种幸福的种子。

范迎君：踏踏实实做人，认认真真做事！

张晴：爱心献给孩子，诚心送给家长，信心留给自己。

曹梦媛：默默耕耘，静待花开。

韩偲：胎花如米小，也学牡丹开。

梁丽京：勤于给一棵棵稚嫩的幼苗松土、浇水、捉虫、施肥的园丁，终将迎来百花盛开的春天。

李欢：越努力越幸运。

贺佳：不要轻言放弃。

于畅：教育植根于爱。

王子玲：让每一个孩子在快乐中学习，在幸福中成长！

三、英语团队

孙宏志：I am not a teacher, but an awakener.

景莉影：用发展的眼光看待学生，用宽容的心态面对学生。

王思婧：一生温暖纯良，不舍爱与自由。

邵羽佳：把爱播撒进每一个孩子的心田。

赵甦：人生如逆旅，我亦是行人。

崔咏欣：君子严于律己，宽以待人！

四、音乐团队

郭巍：不忘初心，方得始终。

耿立：扬黄牛精神，做平凡工作。时刻谨记业精于勤！

张婧楠：喜欢自己才会拥抱生活。

五、美术团队

杨春花：三人行必有我师焉，择其善者而从之。

刘爱力：欲立艺者，先立人。

张玲：站一天讲台，封毕生真情。

六、体育团队

孙靓：宝剑锋从磨砺出，梅花香自苦寒来。

帅亚南：以人格引领人格，以心灵赢得心灵，以思想点燃思想，以自由呼唤自由，以平等造就平等，以宽容培养宽容。

赵鹤鸣：以动为主体，现健康第一。

崔文婷：热爱学生就等于塑造学生，多一份赏识，就多一份成功的希望。

耿帅：让每一名同学在运动中学到知识。

七、综合团队

詹卫平：（计算机）帮助了你，也就陶冶了我，做快乐的教师。

李佳：（综合实践）只要你善良、诚实、可靠，一定能过上幸福的生活，其他的，不重要。

熊颖：（计算机）认真做事，踏实做人。常怀律己之心，常思为学之道。

程鹏：（科学）严慈并济，教学相长。携耐心与宽容陪你们一起走过花季岁月。

八、后勤团队

倪彦庆：上善若水。

荣建春：不积跬步无以至千里；不积小流无以成江海。

王迎霞：每天运动一小时，健康生活一辈子。

九、行政团队

祁红：（书记、校长）让每一名普通学校的学生优雅地享受不普通的教育。

张海燕：（副校长）志于道，据于德，依于仁，游于艺。

陈立：（副书记）认真做好每件事，开心过好每一天。

张文会：（工会主席）不积跬步，无以至千里。

荣建伟：（语文主任）临危不惧，笑看人生；勿念过往，心向将来；面朝大海，春暖花开。

张冬梅：（数学主任）以智慧教书，用情感育人。

闫庆锋：（英语、后勤主任）天道酬勤。

张蕊：（德育主任）教师的工作是教书育人，不光是传授学生知识，更要教学生怎样做人。

携手教科院　共筑教育梦

　　和许许多多普通小学一样，教科院丰台实验小学是一所地处普通居民小区的学校。从建校之初家长的质疑、教师的迷茫、事务的忙乱，到今天家长的追捧、教师的激情、秩序的自觉，短短九年间学校面貌焕然一新，业已成为区域优质校新锐。究其变化原因，是丰台教委帮我们牵手的北京教育科学研究院这个大伙伴成了学校发展的加速器。北京教科院是我们办学思想的提炼者，教师成长的引路人，课程建设的搭台者，环境文化的策划人……尤其是与专家携手共研出"每一个都重要"的理念后，学校工作有了发展的"魂"，各项工作有目标可走，有章法可循。

一、每一次改革促进一次生命生长

　　记得方院长讲过："名校的显著特质，是走在改革的前列。""每一次改革都会激活学校一次，激活教师一次。在改革中教师会再思考'给孩子什么样的教育'，促进教师教育生命的成熟。"四年来，我们努力尝试着一次次的改革。

在教科院专家的指引下，我们探索性地开设了动力课程，希望通过固定的短课程时间、采用参与式游戏的形式实现巧手健脑、激趣启智的育人目的，为学生提供学习的能量。随着实践的推进，我们发现学生对"动力课程"的喜爱程度远远超出了我们的想象。动力课程的开发，让教师们感受到教学不是教师教、学生学的机械相加。传统的严格意义上的教师教和学生学，将不断让位于师生互教互学，彼此形成真正意义上的"学习共同体"。在教师的课堂里，我们确实真真切切地感受这"不断让位"的过程，教师越来越多地关注学生的"学"，反思自己的"教"，这正在成为一种更为普遍的现象。

"学科＋"课程是我们在教科院专家方向与方法的双重引领下进行的又一次课程改革的深化，是指向学生核心素养、变革课程内容与结构的新尝试。由于改革在全市起到了一定的引领作用，因此 2015 年 12 月 4 日在我校召开了"北京市落实义务教育新课程计划研讨——'学科＋'课程研讨会"。随着课程建设的推进，教师逐渐意识到成为名师，不是只有公开课和写作两条途径。教师建构自己的课程是成为名师的第三条路径。

四年来，体育大课间游戏课程的改革，思维导图在教学中的有效应用改革，分享式教学的改革，"发现问题，提出问题"课堂教学改革，信息技术有效应用改革，等等，都促进了教师教学理念的不断转变，教学技能的不断提升。

二、每一次专题研讨会凝聚一次人心

2015 年 1 月 13 日，在首都"加大市级优质资源整合力度，构建北京新教育地图"的教育形式下，我校首次召开"北京市教科研机构支持中小学办学工作研讨会"。这是我们第一次组织市级大型研讨会，时间紧、任务重、规模大、人员少，没经验、人年轻，我们内心十分忐忑。但是所有教师都有一种拼劲，不办则已，要办就办好！在专家的帮助下，我们毅然出发行走在路上。还记得会议结束后，所有教师都没有走。大家你一言我一语，描述着会议每一个美好的瞬间，沉浸在会议成功的喜悦之中！

　　九年来，学校相继举办了多次市区级教育专题研讨会。每一次活动都精心筹划、细心组织、循环指导；每一次活动都成就了一批教师，无论是组织能力还是课堂教学实践艺术都有明显提高。这一切极大地凝聚人心、凝聚力量、提升信心，使大家感受到作为北京教育科学研究院的实验小学所具有的得天独厚的优势。

　　我也在思考，为什么每一次会议都能凝聚人心求发展呢？每一次会议都有明确的努力目标，而这一目标赋予了教师们协作工作的意义和灵感，把教师的心理能力状态推进到一个新的高度。这个目标的方向上是以实现学校的办学理念为导向；内容上具体明确，不笼统抽象；难度上"伸手不得，跳而有余"；层次上总体目标分解出具体目标，长远目标分解出阶段目标；发展上体现递进性、进取性；管理上全体教师全员参与。有了这样的目标，教师们就会形成共同的价值观，愿为实现学校的目标而在自己的岗位上尽心尽责，做出贡献。

三、每一次机遇助推一次职业幸福感

　　每个学校都在谈教师的幸福感，职业幸福的高低，取决于职业高峰体验的状态。高峰体验越是强烈，越是高频，职业幸福的指数就越高。

　　一位新参加工作的音乐教师，由于有了市区教研员的帮助和指导，在教育信念、课程理解、教学艺术等方面跨越式提升，工作不到两年，俨然成为外校工作同事的"小师傅"。

　　像这样的例子还有很多很多，也还将继续发生……

　　优秀教师之所以成长为优秀教师，大部分并不是我们进行师德教育的结果，甚至也不是我们天天搞培训的结果，最重要的是有一个机遇催生他有了内在的动力。正是一次又一次的机遇，与市教研员相遇的机遇，做市区公开课的机遇，等等，使教师在偶然、不经意间实现了自我超越，让教师们体验到了特别的成功与喜悦，而这正是产生职业幸福感的源头活水。这一份成功与喜悦不是外求而来，它不可"告诉"，不能复制，不能灌输，只能从自己的内心深处冒尖、生长。

四、每一次对话引发一次深刻思考

四年来，我最喜欢的是与专家的对话，每一次对话都引发一次自己的思考，每一次对话都为学校发展的关键问题指明了方向。

（一）一次与方中雄院长的对话

我说："院长，对于新建校，兴趣班是多多益善吗？"

方院长说："课程建设关键是让每个孩子有几门自己喜欢、能投入进去的课程，这样就能激活每一个孩子生命活力，由一个点而撬动一个面。在孩子深入进去，感兴趣的时候，学生的情绪、心境就会更加阳光，从而回馈学生的全面发展。"

看来，课程开得不在多，而在"趣"上。基于此认识，我校将课外兴趣班进行了重新规划，将活动经费进行重组，集中在学生非常感兴趣的社团上，力争通过搭建各种平台、创建各种策略、引入各路名家，引领学生由兴趣走向入迷、勤奋和忘我。

在与院长的一次次对话中，我们成为第一个在空间上最大限度展示学校作品的学校；第一个孩子能从坐滑梯出教学楼的学校；第一个有下沉式地理园的学校……

（二）一次与张熙所长的对话

我："学校统一做的课间操，学生都不喜欢。原本很有朝气的事情，孩子们却一个个皱着眉头，怎么办呢？"

所长："看你想要什么？带大家参观个学校吧，看你能想到什么。"

随后，所长带实验校的校长到宜昌天问小学进行实地参观访问。参观归来，我感触良多，进而开始大胆地进行了体育游戏大课间的改革与实验。

现在"学生原创体育游戏""中国经典体育游戏""教师推荐体育游戏""国外好玩体育游戏"四类游戏、40多个项目，娃们撒欢儿玩。孩子们由不会玩，没时间玩，没有空间玩，到现在健康地玩，随时随处信手拈来地玩；由一个人玩到随时随地组团玩；由玩指定游戏到随时随地创意玩；由厌烦课间操到每一次都全身心、充满激情地投入地玩。四（2）班丁御在"数据会说话"的数学实践课程中写道："现在我特别喜欢上学，因为我早上可以玩儿游戏，上操可以玩儿游戏，课间还可以玩儿游戏，就连上体育课都有游戏可玩儿。"朴实的话语折射出了改革带给孩子的内心愉悦。学生全情投入，运动量也增强了许多。在没有进行任何集训的情况下，我校学生的体质健康荣获全区测试第四名的好成绩，被评为丰台区体育工作十佳学校。

在与所长的一次次对话中，我们成为第一个开发"动力课程"的学校；第一个将"动力"理念植入课堂教学的学校；第一个将传统课间操改成体育大课间游戏课程的学校……

我们与贾美华主任对话，寻找到课改的突破点，成就了"学科+"课程实验；与吴正宪老师对话，引出了"分享式教学""发现问题，提出问题""画图解决问题"的研究；与张立军老师对话，引发了"如何在语文教学中培养学生的思维能力"的思考；与王建平老师对话，使我校加入了"英语绘本教学"的研究，等等。

五、每一次活动提升一次认可度

与两年前相比，家长的变化是我们最欣慰的。学校教育中每一个方面都重要，尤其是作为新学校，家庭教育更不能忽视。

从这个学校一建校，由于社会问题，学校基建问题，家长对学校怨声载道，大多抱着试试看、观望的心理选择我校。家长过多地挑剔学校，由挑剔到指责、到群闹、到埋怨。"什么思维导图，大学生都不会画""这个学校简单问题复杂化""吃什么了就这么贵，平民的学校贵族的收费"……

几年来，在教科院专家的帮助下，学校组建了三级家长教师协会，开展了丰富多彩的家校活动。每一项措施的出台，学校尽可能征得家长的认可。"家校共研、畅想愿景""我喜爱的校服现场会""我的管乐我参与"等等使家长参与学校的热情高涨。"家长大讲堂""欢宝妈妈讲故事""家长义工"，等等，使家长成为学生全面发展的重要资源。过去单纯依赖学校教育与管理，现在家长、教师共成长，拧成一股绳、形成一种力，如一股清泉徜徉在校园之间。现在我校已经成为当地群众向往的学校，得到了当地家长的高度认可。

总之，我们庆幸牵手北京教科院这位大朋友。它助推了学校快速发展，压缩了学校成长周期，引领了学校综合改革，加速了教师成长进程，使学校的各项工作有高度、有深度、有广度。我们将继续在北京教科院和丰台教委的指导引领下，务实求真，办一所家长满意的精品学校。作为北京教科院丰台实验小学，我们更有责任在教科院指导下，破解当前中国基础教育难题，转变教育方式，促进教育均衡，在深化教育领域综合改革方面做出有建设意义的新探索，实现团队支持下的"每一个都重要"的教育理想！

祁　红

2021 年 6 月